도시 쌀

도시의 속살
카메라, 자전거와 떠나는 우리 도시 20

ⓒ 김대홍, 2010

1판 1쇄 인쇄 | 2010년 9월 6일
1판 1쇄 발행 | 2010년 9월 15일

지은이 | 김대홍
펴낸이 | 최광열
만든이 | 최재균
편집 | 이윤환
디자인 | 최혜진, 박상희
표지 디자인 | 최혜진
마케팅 | 김승환, 이재복

포토넷PHOTONET은
사진에 대한 애정을 바탕으로 사진에 관한 전문성을 서비스합니다.
단행본, 작품집 등 사진 관련 도서를 출간하고 다양한 기획 사업을 운영합니다.
포토넷PHOTONET은 더 풍성하고 수준 높은 사진문화를 향해 나아갑니다

포토넷PHOTONET
add_ 서울시 종로구 필운동 289 JNJ빌딩 3층 ㈜세화전자 포토넷사업부
tel_ 02-736-1214 fax_ 02-736-1217 web_ www.mphotonet.com

ISBN 978-89-93818-14-7
책값은 뒷표지에 있습니다.

포토넷PHOTONET 은 ㈜세화전자의 임프린트입니다.
잘못 만든 책은 구입하신 곳에서 교환해드립니다.
여기에 실린 모든 글과 사진은 신저작권법에 따라 보호를 받는 저작물이므로 전재와 복제를 금합니다.
이 책 내용의 전부 또는 일부를 이용하려면 반드시 저작권자와 포토넷PHOTONET의 동의를 받아야 합니다.

카메라, 자전거와 떠나는 우리 도시 20

도시의 속살

도시여행자 김대홍이
자전거 타고 카메라에 담은
우리 도시 이야기

글, 사진 **김대홍**

PHOTONET

나는 늙는다, 도시도 늙는다

　1980년대 후반이었을 거다. 때는 가을. 귀뚜라미가 울고 있었다. 시곗바늘은 분명히 자정을 얼마 남겨 놓지 않고 있었을 터. 나는 1년 동안 모은 돈이 든 저금통을 몇 번이나 쳐다봤다. 저금통을 깨서 택시를 타면 마산에서 부산까지 왕복으로 다녀올 수 있을 것으로 생각했다. 부산은 유년 시절을 보낸 곳이다. 가을밤 귀뚜라미 울음소리는 어린 시절을 보낸 땅에 대한 향수를 불러일으켰다. 굳이 가을이어서만은 아니었다. 매년 명절이면 부산에 갔고, 그때마다 어린 시절을 보낸 옛 동네를 어슬렁거렸으니까. 중·고등학교를 지배한 향수병은 대학교에 들어간 뒤에야 고쳐졌다. 그 뒤 향수병은 아련한 추억과 기억으로 자리 잡았다.

　세월이 흐르고서 어린 시절 살았던 동네를 찾았다. 한 군데는 큰 도로가 뚫리면서 살던 집이 사라졌고, 또 한 군데는 집 옆을 흐르던 도랑이 메워졌다. 부산뿐 아니었다. 마산에서 살던 집도 도로가 뚫리면서 사라졌다. 사진 한 장 남기지 않은 그 집들은 이제 오롯이 기억 속에만 남았다.

　세월이 흐른다는 건, 나고 사라지는 것이라는 걸 알게 됐다. 초등학교 시절 집 앞 가게 아저씨는 참 유쾌했다. 항상 웃는 얼굴이었다. 어느 날 사고로 그 아저씨가 세상을 떠났다는 소식을 들었다. 매일

보던 사람이 사라지는 건 뭐라 표현할 수 없는 놀라움이었다. 어머니, 아버지 윗세대분들도 그렇게 한 분 한 분 세상을 떠났다. 대신 아기들이 태어나 초등학교에 들어갔고, 나이를 먹어갔다.

  그런 사람들이 사는 곳이 도시다. 사람은 도시를 닮고 도시는 사람을 닮는다. 바닷가 도시 사람들에게선 갯냄새가 나고, 너른 평야를 낀 도시 사람들에게선 넉넉함이 느껴진다. 거친 자연 속에서 자란 사람들은 자연에 순응하는 도시를 세운다.

  어느 순간 '도시도 태어나고 자라고 늙는다.'라고 느꼈다. 5년 전 모습과 지금이 다른 것처럼 10년 전, 20년 전에도 틀림없이 달랐을 것이다. 더 시계를 돌리면 100년 전, 1,000년 전 모습도 더듬을 수 있을 테고. 궁금했다.

  도시에 대한 내 관심은 애초 향수에서 시작했다. 어릴 때 살던 길과 집을 찾았다. 그곳은 골목이었다. 골목에 서면 딱지 치던 친구들, 정윤희가 주인공으로 나온 영화포스터, 도랑을 타고 흘러내려 온 장난감, 길을 막고 으르렁거리던 개 등이 떠올랐다. 그건 시간여행이었다. 이삼십 년 전으로 떠나는 시간여행. 그 이전은 과연 어땠을까.

도시가 좋았다. 놀 것 많고 먹을거리 많은 곳

애초부터 시골에 대한 향수는 없었다. 시골은 심심한 곳이었다. 공기는 느리게 흘렀고, 개는 세상 아무 걱정 없이 바닥에 누워 하품만 해댔다. 이따금 들리는 닭 울음소리가 시골의 정적을 깰 뿐이었다. 어린 시절 시골에 갈 때마다 '심심하다. 심심하다.'라고 되뇌었다.

하릴없이 장독대에 붙은 파리를 파리채로 잡았다. 몇 마리 잡았는지 세는 게 가장 재밌는 놀이였다.

아무것도 모르고 대나무밭에 들어가 모기떼로부터 집단공격을 받기도 했다. 외할아버지가 만들어준 활을 들고 산에 올라갔으나 꿩 한 마리 잡지 못했고, 참새잡이 바구니에 줄을 매달고 기다려봤지만 참새는 항상 도시 꼬맹이보다 똑똑했다.

이 모든 게 지루해지면 탈출을 감행했다. 한쪽에 처박혀 있던 큰 자전거를 타고 1시간 정도를 달려 읍내를 찾았다. 그렇게 몇 번 하고 나면 내가 살던 곳, 도시로 돌아올 시간이 됐다.

도시는 할 게 많았다. 놀 곳도 많고, 놀거리도 많았다. 널린 군것질거리도 많았다. 나는 그런 도시의 번잡함, 시끌벅적함을 사랑했다. 뒷골목은 정글이 부럽지 않은 놀이터였고, 도랑은 우리가 어른이 되려면 반드시 뛰어넘어야 하는 '아마존 강'이었다. 골목이 많아 집에서 학교까지 가는 다양한 경로를 개발할 수도 있었다. 빠른 길, 느린 길, 중간 길 등 입맛대로 통학할 수 있었다.

　세월이 흐르면서 그런 도시가 너무나 빠르게 바뀌고 있다는 것을 알았다. 할머니, 할아버지가 길가에서 부채질하고, 아이들이 구슬치기하던 도시는 이제 사라졌다. 도랑은 모두 메워졌고, 군데군데 있던 흙은 모두 콘크리트와 아스팔트로 덮였다. 이제 아이들은 놀이터에서만 놀고, 길이란 곳은 자동차가 주로 다니는 곳이 돼버렸다. 할아버지가 아버지에게, 할머니가 어머니에게 자연스럽게 대물림을 하는 것이 아니라, 아랫세대가 윗세대를 지우고 그것이 전부인 것처럼 보이려 한다는 느낌을 받았다.

　강만 흐르는 게 아니다. 도시도 흐른다. 강이 너무 빨리 흐르면 모래가 쌓일 수 없고 수초가 자랄 수 없다. 적당히 빠르고, 때때로 굽어질 때 모래가 쌓이고 풀이 자란다. 풀을 먹고 자라는 물고기도 모일 테고. 적당한 빠르기에 적당한 부피를 지닌 자전거가 그런 도시에 어울린다 생각했다. 세상은 자동차 속도로 달려나가고, 자동차가 실을 수 있는 만큼 생산하고 소비했지만, 나에겐 과분했고 부담스러웠다.

자전거면 충분했다. 때때로 대중교통의 도움을 받으면서 자동차와 자전거가 공존하는 모습을 봤다.

　자전거를 타고, 필요하면 기차와 버스에 자전거를 싣고 도시 이곳 저곳을 유람했다. 한 도시를 보니 다른 도시가 궁금했다. 호기심은 끊임없이 피어났고, 내 눈과 귀를 다른 세상으로 이끌었다. 여행벽일 수도 있고, 유랑벽일 수도 있겠다. 내 태초의 유전자는 부모님에게서 왔을 테고, 더 거슬러 올라가자면 할아버지 할머니에게서 왔을 테고, 궁극에는 바다에서 왔을 게다.

　어머니는 전라도에서 태어났고, 아버지는 경상도에서 태어났다. 이사를 많이 했고 덩달아 전학도 자주 했다. 학창시절을 경상도에서 보낸 나는 서울로 올라와 가장 오랜 세월을 지내고 있다. 부모님 덕분에 나름 전국구 생활을 하게 됐다.

　한 지역에 뿌리를 틀고 사니 이전엔 어떤 사람들이 살았고, 어떤 이야기들이 있을까 궁금해졌다. 동네 역사에 대한 관심은 다른 동네 역사에 대한 관심으로 옮아갔다. 그렇게 여러 도시를 다녔고, 지금도 여행 중이다. 영원히 끝나지 않을 여행이다. 시간도 흐르고 도시도 흐르니 내가 오늘 본 도시는 내일 또 달라져 있을 것이기 때문에.

이 글 중 일부는 월간지 〈전원생활〉에 실렸다. 눈 밝은 손수정 기자에게 감사를 드린다. 책으로 만들게 된 건 〈포토넷〉 조경국 덕분이다. 책은 철저한 협력작업이다. 정성껏 책을 다듬어준 이윤환과 〈포토넷〉 식구들에게도 고생했다는 말씀을 전한다.
　친구 김희재는 몇몇 지역을 함께 다니며 말벗이 되었고, 선배 송준호는 글을 구성하는데 도움을 줬다. 고마운 이들이다. 무엇보다 이렇게 느낄 수 있는 눈과 귀, 튼튼한 두 다리를 준 아버지, 어머니에게 감사 말씀을 올린다. 덕분에 행복하게 도시를 여행했고, 그 결과물이 선을 보였다. 도시에 사는 많은 이들이 행복했으면 좋겠다. 더불어 세상 모든 이들도 그러하기를.

2010년 9월. 김대홍

차 례

여는 글 | 나는 늙는다, 도시도 늙는다　4

도시, 태어나다 ㊉ 비릿한 생명력, 도시를 잉태하다

오징어와 석탄이 넘치던 까만 바다　15
강원도 동해시 묵호읍

철길이 열리고 학교가 시작되다　28
인천시 배다리

일제가 남긴 흔적 지나 '산장의 여인'을 만나다　40
경상남도 마산시 신마산

비린내 나는 부두, 비린내 나던 사랑　52
경상남도 사천시 삼천포

새우젓 익는 냄새에 사라진 뱃길 그립더라　66
충청남도 홍성군 광천면

도시, 자라다 ㊡ 도시를 품다; 문화가 꽃피다

찬란했던 가락국 문화가 이어지고 이어져　83
부산시 동래

개혁군주 정조의 꿈이 잠들다　96
경기도 수원시 화성

검은 황금 시절 지나 봄은 다시 오리니　108
강원도 삼척시 도계면

퍼주고 퍼주어도 터내지 않는 어머니 같은　128
서울시 시흥동

도시, 성숙하다 江 역사의 소용돌이에 휩쓸리다

홍어도 삭고, 집도 거리도 맛있게 곰삭아가는　145
전라남도 나주시 영산포

인절미처럼 쌓인 옛 역사를 맛보다　158
충청남도 공주시 강남이남

빌딩숲에 묻힌 2천 년 역사가 숨을 쉬더라　178
서울시 송파

뱃길 따라 신명나던 장터엔 흑백사진만이　190
경기도 안성시 옛 안성읍

중원을 뒤흔든 패기도 유장한 강물에 씻기고　206
충청북도 충주시

아늑한 풍경에 긴장 풀고, 매끈한 미내다리에 넋을 놓다　218
충청남도 논산시 강경읍

도시, 곱게 나이 들다 地 풍요로와 더 애달프다

영웅은 전설을 만들고, 백성들은 술을 빚고　235
충청남도 당진군 면천면

애달프다! 역류하는 민초의 피와 고달픈 삶이여　250
전라북도 정읍시 고부면

흘러간 세월도 다가올 시간도, 가맥 한잔으로 어우러지네　270
전라북도 전주시 한옥마을

환란 속에서도 꿋꿋이 일어선 남도 대표고을　282
전라북도 남원시

경상도를 호령하던 살아있는 역사박물관　302
대구시 중구

닫는 글 ｜ 자전거로 달리고, 카메라에 담다　316

도시, 태어나다 海

오징어와 석탄이 넘치던 까만 바다　15
강원도 동해시 묵호읍

철길이 열리고 학교가 시작되다　28
인천시 배다리

일제가 남긴 흔적 지나 '산장의 여인'을 만나다　40
경상남도 마산시 신마산

비린내 나는 부두, 비린내 나던 사랑　52
경상남도 사천시 삼천포

새우젓 익는 냄새에 사라진 뱃길 그립더라　66
충청남도 홍성군 광천면

바람도
새들도
돌아
오지
못한다

먼 옛날 사람들은 조개를 돈 대신 썼다고 한다. 조개 속살은 먹고 껍질은 돈으로 썼다. 씨를 뿌리지 않아도 바다에선 끊임없이 조개가 나왔고, 그물을 던지면 어디에서 왔는지 물고기가 걸려 올라왔다. 풍요로운 곳, 생명을 잉태하는 곳. 이름 없는 모든 것들이 그곳에서 태어나 이름을 얻었다.

오징어와
석탄이 넘치던
까만 바다

강원도 동해시 묵호

  1936년 강원도 삼척 도계 지역을 중심으로 탄광개발이 시작됐다. 삼척 탄광은 생산량이 국내 최대인데다가 품질도 좋아 개발되자마자 국내 최대 탄전 지대로 떠올랐다. 1909년 4만 6천여 명에 불과했던 삼척 인구는 탄광 개발 직후인 1940년 13만여 명으로 크게 늘었다. 일제는 삼척에서 나온 석탄을 일본으로 실어나르고자 했다.

  1937년 묵호항-도계 간 42킬로미터 구간에 철도가 놓였다. 1940년엔 묵호항-철암 열차 구간이 뚫렸다. 길이 60.5킬로미터인 철암선이었다. 모두 삼척 탄광을 개발하기 위한 목적이었다. 1941년 8월 11일 묵호항이 개항했다. 오랫동안 조용한 시골마을이었던 묵호에 처음으로 돈과 사람이 몰리기 시작했다.

묵호에서 본 것은 어둠이었다. 그리고 빛이었다. 밤은 어둠을 더 어둡게 하고, 빛을 더 밝게 했다. 묵호는 찬란했고 빛 뒤엔 어김없이 그늘이 있었다.

까마귀가 많아서? 석탄 때문에? '까만 바다'

   묵호墨湖는 과거 '새나루'라 불렸다. 까마귀처럼 까만 새가 많이 모인다 해서 '까마귀 오烏자'를 붙여 오이진烏耳津이라 불렀다. 우리나라에서 까마귀는 흉조를 뜻했다. 음만 빌어 대신 '오동나무 오梧'를 붙였다. 지금과 같은 이름이 된 데는 몇 가지 설이 있다. 하나는 조선 순조1800~34 때 이곳 마을에 큰 해일이 일어나자 조사하려고 파견된 관리가 '이곳은 모든 게 검으니 먹 묵墨자를 써서 묵호라고 하는 게 좋겠다.'라고 하는 설과 일제강점기 이곳을 통해 연탄이 취급되면서

먹물 같은 바닷가라 해서 붙었다는 설이 있다.

〈묵호를 아는가〉라는 소설을 낸 지역 문인 심상대는 동해시 문화원장이던 외숙부에게 들은 '묵호' 이름에 얽힌 유래를 《탁족도 앞에서》란 책에서 풀어냈다. 꽤 자세하다.

정확한 연대는 알 수 없으나, 지금 묵호라 불리는 지역은 조선조 말까지도 십여 호가 부락을 이루고 있던 해변의 한촌이었다. 그러한 곳에 고착된 지명이 있을 리 없었다. 단지 인근 선비들의 시 구절로부터 연유한 오이진烏耳津이라는 명칭이 있을 뿐이었다. '오이진'이란 단애의 벼랑 아래 깊고 검푸른 바다의 색채와 그곳에 몰려 있는 바닷새에 대한 인상으로부터 기인한 지극히 시적인 표현이었다. 그러니까 '검은 바닷새들이 우글대는 나루터'라는 뜻으로, '이耳'는 음정을 맞추기 위한 보조어였다. …… 조선조 말 철종1831~63 연간에 강릉 삼척 인근에 큰 해일이 있어 해변 촌락이 큰 피해를 입었다. 당시 강릉 부사로 있던 이유응李儒應이라는 분이 재해지역을 순시하던 도중 이곳을 시찰하게 되었다. 부사가 이곳의 지명을 묻자 지역 선비들이 고하기를, 언칭 오이진烏耳津이요, 중앙에 장계를 올릴 적엔 오이진梧耳津이라 쓴다고 하였다. 그러자 부사는 '그 참 상서롭지 못한 지명'이라며 자신이 직접 그곳의 지명을 작명하였다. 오이진烏耳津이라는 지명이 말하듯 그곳은 검고 깊은 바다가 발아래로 내려다보이는 단애지다. 이 때문에 부사는 그러한 시각적 이미지를 바탕으로 즉흥적으로 묵호墨湖라는 지명을 지었다.

이들 설 사이엔 100여 년이라는 시간 차이가 있지만 '검다'라는 데서 이름이 유래한 것만은 분명해 보인다. 삼척에서 출발한 열차가 이곳에 엄청난 양의 석탄을 내리는 것을 본 주민들은 묵墨에서 '석탄'을 떠올렸을 듯 싶다.

석유를 '검은 황금'이라 부르지만, 당시 '검은 황금'은 석탄이었다. 묵호항-도계 간 열차가 놓인 지 5년 뒤인 1942년, 강릉군 망상면은 묵호읍으로 승격했다. 묵호진 항구에서 따와 붙인 이름이었다. 1947년 8월 25일 묵호항은 개항장이 됐다. 개항장이란 국내외 배가 드나들 수 있는 무역항을 뜻했다. 한국전쟁 당시 홍남항에서 출발한 배는 묵호항에 닿았다. 당시 묵호는 동해에서 가장 큰 항구였다. 묵호역은 입영열차 출발지이기도 했다. 교통 요지인 묵호에는 큰 시장이 만들어졌다. 당시엔 어업도 흥했다. 동해에서 잡힌 물고기는 묵호항에서 말려진 뒤 전국으로 퍼졌다. 당시 묵호읍에서도 묵호항이 있는 동네는 묵호진동으로 불렸다. 〈강원도민일보〉2008년 8월 15일는 묵호가 전국 수산물 시세를 좌우하던 시절을 다음과 같이 묘사했다.

시끌벅적한 환영은 없었다. 새벽에 찾은 항은 조용했다. 그래도 여전히 묵호에선 고기가 잡히고 시장이 열린다.

> 묵호진동에서 생산되는 대구와 황태포는 전국 가가호호 제사상에 안 오르는 곳이 없을 정도였다. 더욱이 오징어도 묵호진동 오징어 하면 전국에서 품질 좋기로 유명했다. 그래서 한때 이곳에서 생산되는 건어물은 전국의 80퍼센트 이상을 석권할 정도였다.

아무튼, 물고기와 석탄이 만든 부에 힘입어 묵호는 '개도 천 원짜리를 물고 다니는' 동네가 됐다.

화려한 시절은 짧았다. 석탄산업이 내리막길로 접어들면서, 1979

년 인근에 더 큰 최신식 동해항이 만들어지면서 묵호항이 지닌 매력은 사라졌다. 돈도 떠나고 사람도 떠났다. 지금 묵호는 화려했던 시절을 뒤로 한 채 다시 한적한 어촌마을로 돌아갔다. 2009년 피서가 절정에 이른 시절 묵호를 찾았다. 마침 이상 한파가 찾아와 사람들은 긴 팔을 입고 다녔다. 한여름에 긴 팔을 입고 다니는 낯선 풍경으로 묵호는 이방인을 맞았다.

영화 〈미워도 다시 한 번〉, 드라마 〈찬란한 유산〉에 나와 유명세

서울에서 동쪽으로 선을 그으면 강원도 동해시에 닿는다. 남대문에서 정확히 동쪽 끝까지 가면 묵호동 까막바위다. 까마귀와 인연이 깊은 묵호에서 까막바위는 까마귀 이야기가 전하는 곳이다. 까마귀가 바위에 새끼를 쳤다 해서 이름이 까막바위다. 까막바위 옆에는 문어상이다. 조선시대 호장戶長, 지금의 통·이장이 문어로 환생해 왜구를 물리쳤다. 그 영혼이 까막바위 아래 굴에 살고 있다고 전해져 주민들이 매년 풍어제를 지낸다. 까막바위 이야기만으로도 묵호 사람들이 오랫동안 어떻게 살아왔는지 짐작할 수 있다.

좌_ 묵호는 〈찬란한 유산〉 촬영지라는 후광을 얼마나 입을 수 있을까.
우_ 까막바위는 어찌 보면 멀리 바다를 바라보는 어부 같다.

까막바위는 2009년 인기 드라마에 나와 눈길을 끌었다. 〈찬란한 유산〉이란 드라마였다. 이승기은환와 한효주은성가 출연한 〈찬란한 유산〉은 최고시청률이 47퍼센트나 될 정도로 인기를 끌었다. 은환과 은성은 묵호등대공원에서 입을 맞췄고, 까막바위가 화면에 모습을 비췄다. 인기를 반영한 듯 까막바위와 묵호등대공원엔 '찬란한 유산 촬영지'란 푯말이 붙어 있다.

최근 사람들은 묵호에서 〈찬란한 유산〉을 떠올리겠지만, 60년대 영화를 즐겨 본 사람들이라면 영화 〈미워도 다시 한 번〉이 친근할 것이다. 1968년 개봉한 영화 〈미워도 다시 한 번〉은 국도극장 한 곳에서만 37만 명 관객을 동원하며 기록을 세웠다. 당시 서울 인구가 380만 명이었으니 열 명 가운데 한 명은 이 영화를 본 것이다. 요즘처럼 몇백 군데 스크린에서 동시 개봉하는 시스템이었다면 1억 명 이상 관람이라는 신기록을 세울 수 있었던 놀라운 인기였다. 1969년, 1970년에 잇따라 속편이 만들어지며 인기를 이어간다.

영화는 주인공 혜영문희이 아빠 없이 아이를 낳고서 8년 동안 묵호 바닷가에서 아들 영신김정훈을 기르는 장면이 나온다. 영신이 놀던 철길이나 미역을 줍던 바닷가는 모두

어린 시절 들었던
〈등대지기〉라는 노래는
어찌나 곱던지.
등대는
여전히 따뜻하다.

좌_도보여행이 인기다. 등대오름길은 시를 읽으며 오를 수 있는 길이다.
우_심상대가 쓴 소설 〈묵호를 아는가〉엔 흥청거리던 묵호가 담겨 있다.

묵호였으나 안타깝게도 지금은 흔적을 찾기 어렵다. 유일하게 남은 곳이 묵호등대다. 묵호등대엔 2003년 5월 21일 〈미워도 다시 한 번〉 기념비가 세워졌다. 등대는 1963년 6월 8일 처음 불빛을 쏘았다. 해발고도 68미터에 불과하지만, 바다에서 갑자기 솟아오른데다 등대 높이도 12미터나 돼 꽤 높아 보였다. 지금도 환하게 불을 밝히는 등대는 42킬로미터 밖에서도 볼 수 있을 정도로 밝다.

묵호등대에서 본 묵호는 아름답다. 바다는 부드럽게 선을 그리고, 요란스럽지 않은 불빛들이 점점이 켜져 있다. 등대 주변 마을은 가파른 골목을 따라 만들어졌다. 길은 경사가 급하고, 옹기종기 모인 집들은 평화롭다. 조심조심 길을 따라 내려왔다.

벽화길이 나온다. '등대오름길'이란 이름이 붙었다. 글과 그림이 나그네를 맞이한다. 그림 지도가 재미있다. 쨱쨱이 할머니네, 열여섯 새댁의 텃밭, 종점슈퍼, 만물슈퍼와 같은 이름들을 보면, 하나하나 문을 두드리고 인사를 드리고 싶은 마음이다.

작가 심상대는 1990년 《세계의 문학》에 단편소설 〈묵호를 아는가〉를 발표했다. 심상대는 묵호가 가장 흥청거린 시절을 귀향소설이라는 형식을 통해 되살려냈다. 벽화길 벽 한군데엔 심상대 소설 〈묵호를 아는가〉 한 구절이 적혀 있다.

묵호는 술과 바람의 도시이다. 부두의 적판장에서 날아오르는 탄불처럼 휘날려 어떤 이는 바다로, 어떤 이는 멀고 낯선 고장으로 그리고 어떤 이는 울렁울렁하고 나글나글한 지구에게 욕성을 퍼부으며 멀리 무덤 속으로 떠나갔다. 가끔은 돌아오는 이도 있었다. 바다. 한 잔의 소주와 같은 바다였다.

푸짐한 멸치회처럼 활기찼던 묵호항

묵호에서 하룻밤 묵고 아침 일찍 첫 배가 들어올 때를 맞춰 묵호항을 찾았다. 항 입구엔 과거 묵호항 사진 아래 '묵호항입니다. 찾아오신 모든 분을 환영합니다.'란 글이 적혀 있다.

5시 30분쯤 된 시각. 첫 오징어배가 들어왔다. 수십 대 오징어배가 들어와 흥청거릴 거란 생각은 오해였다. 그 시각 들어온 오징어배는 두 대에 불과했다. 배가 부두에 닿자 곧 경매가 시작됐다. 빨간 모자를 쓴 이들이 경매물품을 말하면 주변에 선 사람들은 종이에 가격을 적어냈고, 빨간 모자를 쓴 이들은 곧바로 금액을 확인한 다음 결과를 말했다. 경매는 곧 끝났다.

오징어가 주 경매물품이었고, 간간이 멸치가 섞여 나왔다. 생각보다 큼직한 크기에 깜짝 놀랐다. 경매물품을 실으려고 상인들이 끌고 나온 수레엔 산소통이 매달려 있었다.

멸치를 보니, '가장 맛있는 회가 멸치와 갈치'라고 들었던 것이 생

새벽 경매가 이뤄지고 있다. 싱싱한 고기가 팔딱거렸고 경매는 순식간에 끝났다.

각났다. 쇠뿔은 단김에 빼랬다고 멸치회를 구하려고 나섰다. 오징어 회는 지금껏 많이 먹어봤으니 굳이 흥미가 당기진 않았다. 멸치에 눈독을 들이니 한 상인이 말을 건다.

"한 바구니에 오천 원. 싱싱해요. 잡숴봐."

생각보다 싸다. 김밥 담는 통으로 두 통 가득하다. 달라고 했다.

"지금 바로 먹어야 해. 멸치는 죽으면 금세 흐물흐물해져 버려. 몇 시간 뒤면 못 먹어. 먹다 남기면 아깝다 생각하지 말고 버려. 알았지?"

멸치 한 상자를 산 뒤 손질하는 곳으로 갔다. 오징어 대중소는 각 각 5,000원, 4,000원, 3,000원이다. 정찰제였다. 가격 밑에는 '위 약관 위반 시에는 한 달 정지를 명합니다. 3번 위반 시 영구히 어판장

출입을 불가합니다.'라고 돼 있다. 냉정하다. 손님을 끌고, 관광객을 만족시키려고 상인들이 합의한 결과일 것이다.

할머니 몇 분이 열심히 회를 다듬고 있다. 한 할머니에게 멸치를 맡겼다. 환갑을 훌쩍 넘기신 분이다. 아침 일찍 나와 밤늦게까지 일하면 몇만 원 정도 벌 수 있다고 하신다. 이 일을 한 지는 몇 년 되지 않았단다.

멸치를 다듬고 나자 더불어 살 게 많았다. 소주도 사야 했고, 초장에 쌈장, 상추와 깻잎, 고추와 마늘도 사야 했다. 그 시간에 문을 연 가게가 없었다. 6시 30분쯤 항 주변을 뒤져 겨우 초장을 샀다. 그런데 상추나 고추, 마늘을 파는 곳은 도통 찾을 수가 없다. 식당 문을 두드렸으나 뒷골목으로 들어가 보라는 이야기만 들을 뿐이었다. 그렇게 묻고 물어 한 야채가게에 이르렀다. 제대로 찾긴 찾았다. 아주머니는 상추, 고추, 마늘을 담뿍 담아주셨다. 모두 더해서 3,000원. 묵호 토박이라는 아주머니에게 옛날 묵호에 대해 물었다.

"칠팔십 년대 묵호는 대단했지. 고기가 넘치고, 돈이 넘쳤지. 그때는 개도 돈을 물고 다녔다니까. 외지에서 일하러 많이 왔어. 할 일이 많았으니까. 지금은 별 볼 일 없지. 사람도 다 빠져나갔어."

삼천포나 통영, 목포도 한때 그랬다지. 석탄산업이 힘을 잃고, 고

좌_ 오징어를 다듬는 할머니. 동해에선 역시 오징어다.
우_ 멸치회는 부드럽다. 비릿하다. 한 입 먹고 나면 자연스레 소주에 손이 간다.

기량이 줄면서 묵호항은 활기를 잃었다.

묵호항 근처 바닷가에 자리를 잡고 소주병을 땄다. 멸치회를 집어 입에 넣었다. 살살 녹는다는 표현이 어울리는 맛이다. 씹을 게 없다. 약간 비릿하면서 기름진 맛. 소주와 섞이자 기름진 맛이 중화된다. 부지런히 먹었다. 친구와 둘이서 열심히 먹는데도 한 통 비우기가 어렵다. 주변에 놀러 온 일행이 있었다. 라면을 끓이던 가족과 물회를 먹던 친구 일행에게 멸치회 반을 나눠줬다.

친구 일행은 모두 지역 사람들이었다. 두 사람은 시내에서 가게를 하고, 한 사람은 그 가게 종업원이었다. 가끔 일을 마치고 바닷가에 나와서 술을 한잔씩 한다고 한다. 가게는 가장 번화하다는 천곡동이었다. 삼척군 묵호읍은 명주군 북평읍과 더해져 동해시가 됐다. 묵호와 북평은 서로 동해 중심지가 되고자 했다. 결국, 묵호와 북평 경계인 천곡동에 시청을 두는 것으로 결론났다. 한가한 동네였던 천곡동은 동해시에서 가장 번화한 곳이 됐다.

쇠락한 묵호항, 새로운 시대를 맞이할까

1989년 시작된 석탄합리화 정책은 묵호가 눈에 띄게 쇠락하는 계기가 됐다. 이후 많은 탄광이 구조조정되면서 폐광이 크게 늘었다. 탄광 수출기지였던 묵호도 몰락을 피해갈 수 없었다. 50년 정도 깜짝 영화를 누렸던 묵호는 어느새 추억을 품은 도시가 됐다. 과거 묵호읍은 망상동, 묵호동, 발한동 등으로 쪼개졌고, 그 이름은 묵호동, 묵호등대, 묵호항 등에 살아남았다.

빛이 강하면 그늘이 깊은 법이다. 빛이 강할 때는 그늘이 보이지 않거나 못 보고 지나쳐버리지만, 빛이 꺼지면 그때야 그늘이 보인다. 석탄과 시멘트가 흩날리던 묵호항 주변 사람들은 환경문제에 시달려야 했다. 항만시설이 낡아 유지비용까지 점점 느는 추세다. 지역에서는 무역항 기능은 동해항으로 옮기고, 묵호항은 수산·관광항으로 재정비하자는 주장이 나온다. 여기에 심상대의 소설, 영화 〈미워도 다시 한 번〉과 드라마 〈찬란한 유산〉 등 작품 속 여행을 더할 수도 있겠다.

집을 찾아
들어오는 배를 위해
등대는 밤새도록
불을 밝힌다. 배가 떠난
아침 등대는 휴식 중이다.

뛰어난 문명을 쌓아올린 나라나 도시의 후손들은 선조가 남긴 유산으로 먹고산다. 묵호는 비록 짧지만 50년 동안 화려한 유산을 쌓아올렸다. 지난 시기를 잘 돌아본다면 묵호는 예전보다 더 화려한 시대를 맞이할지도 모른다. 단, 그 시대는 예전처럼 석탄과 물고기가 넘치는 시대는 아닐 것이다.

철길이
열리고 학교가
시작된 곳

인천시 배다리

　19세기 말 신문물은 경쟁하듯이 조선으로 밀려들어 왔다. 입구는 제물포였다. 각국 상인과 외교관들은 제물포에 둥지를 틀었다. 조선인들이 둥지를 튼 곳은 그보다 조금 더 내륙인 배다리였다. 배가 드나드는 선창이었던 배다리는 19세기 말까지 큰 갯골이 있었다. 제물포에 짐을 내린 상인이나 외교관이 한양에 가려면 반드시 배다리를 지나쳐야 했다.

　제물포 개항장에서 한양으로 넘어가는 고개는 황골 황굴 고개로 불렸다. 이른바 경인가도인 셈이다. 인천 최초 신작로 또한 배다리 일대에 만들어졌다. 이름은 우각로였다. 우리나라 철도가 최초로 시작된 곳 또한 배다리였다. 1897년 3월 22일 우각리 지금 도원역 근처 에서 경인철도 착공식이 열렸다. 도원역 근처 공원엔 한국철도 최초 기공지라는 비석이 서 있다. 배다리는 교통의 요지였다.

해바라기가 하늘을 바라본다. 나도 바라본다. 하늘이 맑다. 마음이 깨끗해지는 느낌이다. 인천 배다리엔 참 꽃이 많다.

인천 최초 공장, 우리나라 최초 학교, 배다리에서 시작

서울에서 전철을 타고 1시간 넘게 달려 도원역에 내렸다. 도원역은 인천행 지하철 종점에서 불과 두 구간 남은 곳이다. 다음이 동인천역, 그다음이 종착역인 인천역이다. 배다리는 지금도 바다가 눈앞에 보이는 위치다.

교통 요지에 있으니 자연스럽게 상업과 공업이 발달했다. 1886년 우리나라 최초로 배다리에 성냥공장이 들어섰다. 인천 동구 지역 최초 공장이었다. 1917년 10월 4일엔 조선인촌회사가 세워졌다. 자본금 50만 원으로 국내 최대 규모 공장이었다. 인촌회사는 성냥을 만들었다. 국내 성냥 소비량의 20퍼센트를 댈 정도로 컸다. 수많은 성냥공장이 인천에 세워졌다. 인천 지역 성냥공장 총생산량은 국내 생산량의 70퍼센트 수준에 이르렀다. 성냥공장은 노동집약 산업이었다. 사람이 넘치는 인천이었기 때문에 가능했다. 나무와 황 등 원자재 수입이 쉽다는 점도 성냥공장이 번성하는데 이바지를 했다. 전력도 꽤 풍부한 편이었다. 이런 인천을 민다성은 〈성냥공장 아가씨〉라는 노래를 통해 표현했다.

인천에 성냥공장 성냥 만드는 아가씨 / 하루에 한 갑 두 갑 일 년이면 몇 갑이냐 / 서울에서 버스 타고 고향갈 땐 자가용 / 삐까번쩍 쏙 빼입고 폼나게 데이트 / 인천에 성냥공장 아가씨는 미스 김

1905년 11월 10일엔 일본장유주식회사가 배다리에 세워졌다. 간장, 된장, 양조 등을 만들어 파는 회사로 자본금이 70만 원에 이르렀다. 인천 최초 가마보꼬어묵 공장이 세워진 곳도 배다리였다.

배다리 중앙시장 역사는 해방 전으로 거슬러 올라간다. 일제강점기, 인천으로 일하러 온 조선인 노동자들에 의해 장이 만들어졌다. 2차대전과 한국전쟁을 거치며 시장은 사라졌지만, 한국전쟁 이후 피난민들이 온갖 물건을 팔면서 시장은 다시 만들어졌다. 동인천역 뒤편 화평철교와 배다리철교 사이 500미터 구간엔 400여 개 점포가 밀집해 있다.

우리나라 철도 역사는 배다리에서 시작됐다.

예나 지금이나 비슷한 건 학교가 생기면 사람이 몰리고, 사람이 몰리면 학교가 세워진다는 사실이다. 교통 요지인데다 상업이 발달한 배다리에 학교가 몰리는 것은 당연한 이치였다.

1892년 4월 내리교회 안에 영화초등학교가 세워졌다. 한국 최초 사립학교였다. 1910년 3월 준공된 건물 내부는 성서 연구와 기독교 교육을 목적으로 교회 내 설치하는 전형적인 주일학교Sunday School 형식이다.

당시 남녀가 유별한 유교 사회라는 점을 고려해 남자학교, 여자학교 따로 운영됐다. 1916년 영화초등학교 안에 영화유치원이 개원했다. 인천 지역 최초 조선 아동 교육기관이었다. 프로야구 선수 양준혁이 세우는 기록마다 '최초'라는 이름이 붙는 것처럼 영화초등학교 또한 그러했다.

학교가 배출한 인물들은 특별했다. 한국 최초 여대생인 김애리시를 비롯해 최초 여성 박사 김활란, 노동운동 대모 조화순, 일장기 말소 사건 동아일보 기자 이길용, 영화배우 황정순, 이화학당 이사장 서은숙, 이화여대 사범대학장 김애마가 영화학교를 졸업했다. 학교를 찾은 2009년 5월 담벼락엔 '황정순 선배님의 방문을 환영합니다.'라는 플래카드가 걸려 있었다.

100년을 훌쩍 넘긴 학교는 2000년 초 교사 체벌에 따른 재단 학부모 간 갈등으로 학생 수가 급감하며 폐교 위기에 몰렸다. 2007년 9월에 학생 수는 76명. 200명 이하 사학은 통폐합 대상이었다. 이후 대대적인 학교 살리기 운동이 벌어지면서 2009년 3월 재학생 수는 206명으로 크게 늘었다. 1911년 9월 완공된 3층 영화초등학교 본관 동인 존스기념관은 인천시 유형문화재 39호다.

영화초등학교와 담 하나를 사이에 둔 이웃학교는 인천 최초 보통학교 공립학교인 창영초등학교다. 1907년 4월 인천 공립보통학교라는 이름으로 세워졌다. 1921년 건축한 본관 교사는 인천시 유형문화재 16호다. 본관 앞엔 '3·1독립만세운동인천지역발상지기념비'가 세워져 있다. 당시 학교 재학생들은 3·1운동과 관련 도드라진 활약을 했다.

1919년 3·1운동이 벌어진 며칠 뒤 창영초등학교 고학년들이 주축이 되어 동맹휴업에 들어갔다. 인천 공립상업학교 학생들과 연합 만세시위를 벌이고 4일간 등교거부를 했다. 3월 8일엔 학교와 인천경찰서 간 연락을 막을 목적으로 학생 네 명이 밤에 학교에 침투해 교무실과 경찰서 간 전화선을 끊었다. 이 일로 한 명이 1년 6개월 형을 받고, 두 명이 태형 90대 벌을 받았으니 일제가 느낀 분노가 얼마나 컸는지 짐작할 수 있다.

창영초등학교 출신도 예사롭지 않다. 영화초등학교는 걸출한 여학생들이 많은 데 비해 창영초등학교는 남학생들이 많다는 게 차이점이다. 한국 최초 고미술사학자 고유섭, 법무부장관과 대법원장을 지낸

좌_ 인천 최초 보통학교(공립학교)인 창영초등학교.
우_ 우리나라 최초 사립학교인 영화초등학교. 32

쇠뿔고개길 사이로 낮은 집들이 빼곡하다. 왼쪽 하얀 건물이 도원역이다.

조진만, 서울대학교 총장이자 부흥부장관을 지낸 신태환, 국회부의장 김은하, 사회주의 혁명가 이승엽, 파월훈련 중 산화한 강재구 소령 등이 학교 출신들이다.

번성했던 배다리, 한국전쟁으로 쑥대밭

서구 문물이 쏟아져 들어올 때 앞장선 이들은 선교사들이었다. 그들은 새로운 땅에 복음을 전파하겠다는 의지로 가득 차 있었다. 그들이 주목한 곳이 배다리였다.

미국 북감리회 선교사 조원시존스는 1895년 우각리 38번지와 42번지 일대를 사들였다. 선교공간을 만들기 위해서였다. 1897년 7월 벽돌집 1층 건물인 에즈베리 목사관을 세웠다. 한국 최초 자립예배당이 세워진 자리였으니 상징성이 컸다. 자립예배당은 1895년 우각리에 세워진 한국 최초 예배당을 말한다. 한국 교인들이 일을 해서 모은 성금으로 세운 예배당이었다. 에즈베리 목사관은 이후 영화여자매일학교 교사로 쓰이다가 1902년 12월 화재로 완전히 불타버렸다.

조원시 선교사는 업적을 많이 남겼다. 〈신학월보〉도 그가 남긴 작품이다. 1900년 우각리에서 발행된 〈신학월보〉는 한국 최초 신학월간지다.

우각리엔 알렌 별장이 있었다. 고종의 어의이기도 했던 호레이스 N. 알렌은 우리나라 최초 서구식 의료기관인 광혜원을 세운 사람이었다. 그는 미국 북장로교 선교사이기도 했다. 서구열강이 각축을 벌이던 당시 고종 황제의 땅인 황장皇庄이 알렌 별장 옆에 있었다.

근대문물을 앞장서서 받아들인 배다리는 어미 새가 새끼에게 먹이를 주듯이 대한민국 곳곳으로 문화를 실어날랐다. 물자도 종교도 철도도 배다리를 통해야만 황제가 머무는 한양으로 갈 수 있었다.

번성했던 배다리는 한국전쟁과 함께 쑥대밭이 됐다. 인천시 일대가 집중 폭격을 받았기 때문이었다. 1953년 《인천시세일람》에 따르면 1952년 말 인천 지역 구호대상자는 13만 1,128명에 이르렀다. 당시 총인구가 25만 6,751명이었으니 2명 중 1명은 구호대상자였던 셈이다. 구호대상자 가운데 원주민은 6만 7,695명으로 51.6퍼센트, 피난민이 6만 3,433명으로 48.4퍼센트였다. 피난민도 곤궁했지만, 원주민도 오갈 데 없기는 마찬가지였다. 당시 배다리엔 꿀꿀이죽 골목이 있었다. 미군부대가 내다버린 음식쓰레기통에서 먹을 만한 것을 건져내 끓여낸 죽이다. 2009년 5월 어느 날 배다리 꿀꿀이죽

좌_ 옛날 배다리엔
꿀꿀이죽 골목이 있었다.
2009년 꿀꿀이죽
시식행사가 열렸다.
우_ 수도국산달동네
박물관에서
옛 배다리 일대를 봤다.

골목에선 그 시대를 재현하는 꿀꿀이죽 무료 시식행사가 열렸다.

전후 당장 하루를 걱정하던 이들은 배다리와 인근 수도국산에 모였다. 수도국산은 인천에서 최초로 생긴 급수시설이 산에 만들어져 붙은 이름이다. 수도국산엔 가난한 이들이 모였다. 이곳엔 2005년 수도국산달동네박물관이 들어섰다.

헌책방골목이 만들어진 것도 그 무렵이다. 한국전쟁 이후 생계를 이어야 하는 서민들이 책을 내다 팔면서 자연스레 배다리에 헌책방골목이 만들어졌다. 한때 40여 곳에 이를 정도로 성황을 이뤄, '작은 동대문'으로 불리기도 했다. 지금은 아벨, 한미, 창영, 삼성, 우리서점 등 10여 곳이 남아 명맥을 잇는다.

잊힌 배다리, 산업도로 건설과 함께 다시 주목 받아

모두가 개발을 외치며 달려가던 때 배다리는 그 모습 그대로 머물렀다. 마을 사람들과 동네는 세상 흐름과는 동떨어진 채 조용히 나이를 먹었다. 사람들 관심에서 멀어진 배다리는 1998년 배다리를 관통하는 왕복 16차선 너비 50미터 산업도로 건설계획이 발표되면서

배다리는 인천의 살아있는 역사박물관이다. 이 일대가 산업도로 건설 때문에 큰 위협을 받을 뻔했다.

다시금 세상 속으로 나왔다. 주민들은 애초 계획보다 큰 도로 건설에 깜짝 놀랐다. 조용한 동네를 송두리째 무너뜨릴 수 있는 크기였다.

2007년 2월 2일 마을 주민 10여 명이 모여 대책위를 만들었다. 3월엔 '배다리 우각로의 역사와 문화적 활성화 방안'이란 주제로 인천 도시문화포럼이 열렸다. 4월엔 중구 의회가 산업도로 반대 결의안을 채택했다. 6월엔 인천 시민과 지역 문화예술인들이 모여 '배다리를 지키는 인천시민모임'을 만들었다. 인천작가회의가 배다리를 찾았고, 송림동 일대 저소득층 지역 주민 아이 중심으로 문화예술교육활동을 벌이던 '반지하 퍼포먼스'는 아예 배다리로 옮겨와 '기억과 새로움의 풍경'이라는 문화공방을 열었다.

배다리를 찾아 동네탐사를 하던 '스페이스 빔'은 산업도로 건설문제를 확인한 순간 지역과 전국 언론에 타전을 띄웠다. 그리고 구월동 시절을 끝내고 배다리로 작업실을 옮겨왔다. 인천 출신인 최종규 씨는 이곳에 헌책 사진책 도서관 '함께 살기'를 개설했다. 배다리 헌책방골목 터줏대감인 아벨서점은 인근건물을 빌려 '시가 있는 작은 책 길'이라는 시집전시관을 마련했다.

사람들은 서서히 잊었던 기억을 들추기 시작했다. 배다리가 지닌 가치, 인천이 지닌 가치에 주목했다. 배다리는 충분히 '놔두라'라고 큰소리를 칠 만한 역사를 가진 곳이었다. 게다가 산업도로 건설은 법 위반이었다. 문화재보호법에선 국가지정 유형문화재는 150미터, 지방문화재는 100미터 이내에서 건축이나 도로개설공사 등을 규제한다. 근처엔 지역문화재로 지정된 곳이 두 곳이나 있었다. 정부는 공사에 위법성이 있음을 지적했다.

도원역에 내려 배다리로 접어들면 예술가들이 남긴 흔적이 곳곳에 남아 있다. 부담 없이 앉을 수 있는 나무의자 두 개와 작은 나무 한 그루가 전부인 한평공원 '하루.터', 담벼락을 올라가는 담쟁이넝쿨

예술가들이 배다리에 들어왔다. 이들은 곳곳에 흔적을 남겼다. 한평공원은 그 일부다.

그림, 공공미술 작가들이 손을 댄 한아름슈퍼와 개코막걸리, 영화초등학교 옆 담에 그려진 옛 배다리. 이곳 공공미술 그림들은 화려하지도 두드러지지도 않다. 마을에 있는 듯 없는 듯 조용히 내려앉았다. 작품이 돋보이길 바라지 않는 작가들의 생각이 작품 속에 스며 있다. 그렇게 예술가

들은 마을 사람들이 오랫동안 가꿔온 마을에 힘을 보탰다.

　주민들과 지역예술인들이 힘을 모은 결과 배다리를 관통하는 산업도로 건설은 멈춰졌다. 주민들은 산업도로를 만들되 지하화하는 방안을 대안으로 내놨다. 공사 측은 거부감을 드러냈다. 2009년 5월 13일 주민들은 '배다리 산업도로 지하화 및 삶이 보장되는 지역 만들기를 위한 주민집회'를 인천시청 정문 앞에서 열었다. 2009년 말 안상수 인천시장은 배다리 산업도로를 지하로 만들겠다고 밝혔고, 2010년 3월 인천시는 배다리 지하 산업도로를 2011년 상반기에 시작한다고 밝혔다.
　오랫동안 개발에서 벗어나 있던 땅, 사람도 많지 않고 그나마 나이든 이들이 많았던 배다리 주민들이 주축이 돼 만든 변화라는 점에서 놀랄 만한 성과였다. 그러나 완전히 마음을 놓긴 어렵다. 시는 배다리

배다리는 오랫동안 마을사람들이 곱게 가꾼 마을이다. 여기에 지역예술가들이 힘을 보탰다.

문을 닫은 양조장은 문화체험공간 '스페이스 빔'으로 바뀌었다. 스페이스 빔을 지키는(?) 로봇인형이 더위에 지쳐 조는 듯하다.

일대를 재정비촉진지구로 지정해 개발하는 방안을 추진 중이다. 그렇게 되면 이 일대엔 초고층 주상복합빌딩이 들어선다. 산업도로보다 몇 배나 큰 폭풍이 다가오는 중이다. 산업도로 건설을 막으려고 힘을 모은 주민들과 문화예술가들도 이후를 고민 중이다. 직장과 특정 돈벌이에서 벗어난 대안을 모색하는 지역통화제LETS, 싼 가격에 친환경 먹을거리를 사 먹을 수 있는 생활협동조합, '배다리' 브랜드를 내세운 사회적 기업, 역사문화마을재단 건립 등 다양한 방안을 고민한다.

폐허에서 싹이 나는 것처럼, 배다리에선 파릇파릇한 싹이 돋아나고 있다. 원래부터 있었던 싹인데 이제야 본 것일지도 모른다. 100여 년 역사를 고스란히 맛볼 수 있는 동네가 우리나라에선 흔치 않다. 배다리는 살아남을 자격이 있다.

일제가 남긴
흔적 지나 '산장의 여인'을
만나다

경상남도 마산시 신마산
2010년 7월 1일 창원, 마산, 진해가 통합하여 통합 창원시가 되었다.
지금은 창원시 마산합포구 신마산이다.

　1876년 강화도조약을 체결하면서 열강은 강제로 조선을 세계 속으로 끌어냈다. 이후 부산, 원산, 인천, 목포, 진남포가 차례로 문을 열었다. 마산포가 문을 연 것은 1899년 5월 1일로 여섯 번째였다. 조선을 지배할 야심이 있었던 일제는 1906년 행정조직인 이사청을 전국 10곳에 설치했다. 마산도 그중 한 곳이었다.

　비슷한 시기 각국 거류지제가 공포됐다. 거류지란 조약이나 관례에 따라 땅 일부를 외국인이 살고 영업할 수 있도록 허가한 지역이다. 마산엔 일본인들이 밀려들었다. 조선 백성이 주로 살던 마산포 일대가 아니라 좀 더 남쪽으로 내려간 곳에 자리를 잡았다.

　이때부터 이곳은 신마산이라 불리기 시작했다. 지금 말로 하면 마산 뉴타운쯤 되겠다. 돈과 권력을 쥔 일본인들은 신식건물들을 잇달아 지었다. 땅이 모자라자 바다를 메웠다. 일제강점기 동안 메운 땅이 대략 17만여 평.

무학산 중턱에서 바라본 마산 앞바다. 마산만은 바다에서 깊숙이 들어와 호수처럼 잔잔하다.

40년 넘게 영화를 누리던 일본인들은 일제 패망과 함께 이 땅에서 물러났다. 그로부터 60여 년이 지났다. 집도 사람도 길도 많이 바뀌었다. 바다는 더 메워졌고, 집은 더 높아졌으며, 길은 더 넓어졌다. 숨 가쁘게 바뀌었지만, 과거가 모두 사라진 것은 아니었다. 그만큼 일제 40여 년이 남긴 흔적은 짙었다.

일제 흔적만 남은 게 아니다. 한국전쟁 시절 마산은 최전선이었다. 전국에서 흘러들어온 피난민들이 이곳에 둥지를 틀었다. 미군들은 병참기지를 세우고 전투를 지원했다. 마산을 대표하는 자본가였던 고또환갑 씨는 미군 고객을 끌어들일 수 있는 시장을 만들었다. 시장은 깡통골목이라는 별명을 얻었고, 2007년 사라졌다.

신마산 쪽엔 결핵병원도 여럿 들어섰다. 나도향, 임화, 구상, 김남

일제가옥들.
어린 시절 흔하게 보던
집들이었다.
그때는 낯설다는 생각을
하지 못했다.
무심코 보면 곁에 있어도
모르는 법이다.
모든 게 그렇지 않을까.

조 같은 문인들이 이곳에서 병 치료를 하며 창작활동을 했다. 혹자는 마산을 '결핵문학의 산실'이라고 불렀다. 1957년 발표된 〈산장의 여인〉 또한 이곳 결핵환자를 본 작사가 반야월이 지은 노래다.

아무도 날 찾는 이 없는 외로운 이 산장에 단풍잎만 채곡채곡 떨어져 쌓여 있네. 세상에 버림받고 사랑마저 물리친 몸 병들어 쓰라린 가슴을 부여안고 나 홀로 재생의 길 찾으며 외로이 살아가네.

사라진 깡통골목, 명물 된 통술거리

마산시는 2007년 6월 1일 깡통골목 철거에 들어갔다. 1950년 만들어졌으니 57년 역사가 허물어지는 순간이었다. 지역 시민단체에서는 깡통골목이 지닌 가치에 주목해야 한다고 목소리를 높였다. 마산에 살던 사람들은 "깡통골목이 어디냐?"라면서 두리번거렸다.

깡통골목은 고또환갑1905~66씨가 기획한 작품이다. 당시 마산 최고 상권이던 반월시장 상인회 회장 고또환갑 씨는 인근 미군 부대를 주목했다. 반월시장 근처 바닷가엔 미군 부대가 자리 잡고 있었다. 이들을 고객으로 하는 시장이 만들어지면 좋겠다는 게 고 씨의 생각이었다.

깡통골목 자리는 원래 개천이었다. 한국전쟁으로 전국에서 흘러들어온 피난민들이 판잣집을 지어 살고 있었다. 고 씨는 이들에게 보상한 다음 하천을 복개하고 2층 건물을 지었다. 1층은 가게, 2층은 살림집 쓰임새였다. 예상은 맞아떨어졌다. 깡통골목은 반월시장 안에서도 가장 핵심 상권으로 떠올랐다.

깡통골목 입구엔 한 할머니가 깡통집이란 간판을 내걸고 장사를 했다. 영어 한마디 할 줄 모르는 할머니는 미군을 상대로 능수능란하게 물건을 팔았다. 할머니의 유명세에다 깡통에 미군전투식량을 담아 판 상술이 어우러지면서 골목이름은 자연스레 깡통골목이 됐다고 사람들은 전한다.

일본이름처럼 여겨지지만 고또환갑은 한글이름이다. 아버지가 환갑이던 때 태어났다고 해서 형님 이름이 고환갑이 됐고, 다시 이태 뒤 진갑이 되던 해 태어났다고 해서 고또환갑이 됐다. 거주민들에게 마음 상하지 않게 보상을 하면서 지역경제를 위해 많은 기획을 했다고 해서 주민들은 '고또환갑공적비'를 세웠다. 신마산 산 중턱지금 마산 중앙고등학교 옆 이면도로에 세웠지만 2005년 도로공사 과정에서 사라졌다.

옛 건물이 사라진 깡통골목 자리는 공원으로 바뀌었다. 골목 입구에 있는 깡통골목 상징물과 깡통집이 그때를 기억하게 한다.

깡통골목 옆은 마산 명물인 통술거리다. 통술집에 가면 메뉴판이 없다. 기본 안주 20여 가지가

깡통골목이
사라진 뒤에야
입구에 상징물이
생겼다.

좌_통술거리가 어느새 마산의 자랑이 됐다. 내가 마산에 살 땐 왜 이런 게 없었을까?
우_마산은 항구다. 통술거리에 가서 나오는 안주를 보면 그 사실을 잘 알 수 있다.

기본으로 나오기 때문이다. 안주가 한 상 가득 통째로 나온다 해서 붙은 이름이 통술이다. 바닷가인 만큼 해산물 위주다. 술은 마신 만큼 따로 계산한다. 오동동과 신마산 두월동 일대에 통술거리가 만들어져 있다.

통술거리 유래에 대해선 두 가지 설이 있다. 1980년대 마산항에서 일하던 사람들이 밥과 함께 푸짐하게 상을 차려놓고 술을 마셔 생겼다는 설과 1970년대 요정문화가 서민에게 맞게 바뀌었다는 설이다.

일제강점기 흔적, 조용히 남다

언젠가 마산에 계신 부모님께 일제가옥이 아직도 있는지 물어본 적이 있다. 그때 아버지께선 "아랫동네가 다 일본집"이라고 말씀하셨다. 깜짝 놀랐다. 모두 사라진 줄 알았기 때문이다. 눈여겨보지 않으면 아무리 가까이 있는 것도 못 본다는 사실을 그때 알았다.

평소 무심코 지나던 길을 신경 써서 걸었다. 역시나. 일본식 집들이 하나 둘 보이는 것이다. 일본영화나 드라마에서 보던 집들이다.

초중고를 다니며 숱하게 거닐던 길들을 천천히 걸었다. 초등학교 시절 보물찾기하는 마음이었다. 월남동 3가 8-11번지엔 옛 마산헌병분견대가 고스란히 남아있다. 1926년 지어졌으니 역사가 84년이다. 2005년 9월 14일 등록문화재 198호로 지정됐다.

그 시절 헌병대가 조선 백성에게 어떤 짓을 했을지는 미뤄 짐작할 수 있다. 해방이 되고서 지하 취조실에선 사람 뼈가 많이 발견됐다고 한다. 아픈 기억이다. 역사는 반복된다든가. 그 자리엔 마산지구 보안대가 들어섰다.

입구엔 1926년 지어졌다는 간단한 설명만 적혀 있다. 수많은 역사를 설명하기엔 너무 부족하다. 오히려 모른 채 시침 뚝 떼고 있다는 느낌이다. 요즘 건물 보수 공사 중인데 빠르면 2010년 9월경 개방 예정이다.

몇 분 걷다 보니 옛 러시아 영사관 자리다. 1899년 개항과 함께 설치돼 1904년 문을 닫았다. 개항 당시 일본뿐만 아니라 여러 나라 사람들이 이곳에 머문 흔적이기도 하다. 아쉽게도 표지석 말곤 어떤 상징물도 남아있지 않다. 터엔 월포초등학교가 들어섰다.

오래지 않아 일본영사관 터를 만난다. 역시 표지석뿐이다. 영사관은 이후 마산이사청, 마산부청, 창원군청으로 쓰였다. 이사청은 일본이 설치한 행정관청이다. 지금은 경남대학교 평생교육원으로 쓰인다.

좌_ 역시 첫단추가 중요한가 보다. 헌병분견대 자리엔 광복 이후 마산지구 보안대가 들어섰다.
우_ 이사청은 일본이 설치한 행정관청이다. 지금은 경남대학교 평생교육원으로 쓰인다.

근처 소공원 자리는 신동공사터다. 개항 당시 개항지 내 조계 행정 업무를 맡은 곳이다.

경남대학교 옆 육교에선 꽤 넓은 시가지가 보인다. 100여 년 전만 해도 모두 바다였다. 끊임없는 매립작업을 통해 땅으로 바뀌었다. 이 일대엔 1930년대 해수욕장이 있었다. 인천 송도해수욕장과 함께 전국 2대 해수욕장으로 알려진 마산 월포해수욕장이 매립된 후 대체 해수욕장으로 쓰였다. 월포해수욕장은 바닷가를 따라 길게 송림이 늘어서 있어 그 운치가 대단했다고 한다. 지금 마산시청 자리가 과거 월포해수욕장이 있던 곳이다. 그때나 지금이나 바다를 메워 땅으로 만들고자 하는 욕구는 대단하다.

오르막을 올라보자. 제일여고 자리엔 옛 신사가 있었다. 이 자리엔 마산 시가지와 앞바다가 고스란히 보인다. 일제는 도시 가장 높은 자리에 신사를 세우고 사람들이 허위허위 올라오게 하였다.
어쨌거나 그 시절을 기억할 수 없는 사람들이 산 중턱에 오르면 호수처럼 잔잔한 바다만 보게 될 뿐이다.
바다 한가운데엔 표주박을 반으로 자른 듯한 섬이 보인다. 돝섬이다. '돝'은 돼지의 옛말로 섬은 돼지 관련 전설을 품고 있다. 옛날 가락국 시절 임금이 사랑하던 후궁이 사라졌다. 신하들이 찾으니 마산 앞바다 섬에서 어슬렁거리고 있었다. 신하들이 돌아올 것을 재촉하자 후궁은 금 돼지로 변한 뒤 무학산으로 사라졌다. 그 뒤 백성이 사라지는 일이 생겼다. 왕은 군사들을 이끌고 금 돼지를 포위했다. 병사들과 싸우던 돼지는 힘에 부쳐 바위 밑으로 떨어졌고, 한줄기 구름이 섬으로 사라졌다. 섬은 돼지가 누운 모습으로 변했다. 이후부터

마산에서 살던 당시 집 주위는 온통 골목이었다. 내게 마산은 골목의 도시다. 저 멀리 바다 가운데 보이는 것이 돝섬이다.

섬은 돝섬이 됐다. 섬에선 밤마다 돼지 울음소리가 났고 광채가 흘러나왔다. 최치원 선생이 섬을 향해 활을 쏜 뒤에야 이 신비한 현상은 사라졌다. 선생은 이후 정성껏 제사를 지냈다고 한다.

역사는 흐르고 풍경은 무심하다. 신마산 바깥 가포에는 일제강점기 시절 일본 지바현 어부들이 옮겨와 살았다. 그래서 지바촌이라는 이름이 붙었다. 해수욕장으로 쓰이다 1976년 폐쇄되어 오랫동안 유원지로 쓰였다. 지금은 매립공사가 한창이다.

일제강점기 시절 공공건물들은 모두 온데간데없다. 마산헌병분견대가 거의 유일하다. 수많은 건물이 모두 사라진 가운데 왜 헌병대 건물만 남았을까. 쓸모에 대한 이해관계가 맞아떨어진 것일까.

도시, 태어나다 경상남도 마산시 신마산

1911년 5월 25일 마산에서 발전시설이 가동됐다. 1912년 11월 7일엔 인근 진해에 전력을 보냈다. 원거리 송전으로서는 국내 최초다. 1920년대 말 청주 양조업계 생산량이 전국 1위를 기록했고, 1930년대엔 국내 최대 장유간장 회사가 만들어졌다.

이런 수치들을 마산의 발전으로 볼 수도 있지만, 당시 상권과 행정은 일제가 장악한 상태였다. 게다가 조선 백성은 일본인과 처우가 달랐다. 과연 그 혜택이 지역민들에게 고스란히 돌아갔을까. 일제강점기 전국 10대 도시 가운데 마산이 들 수 있었던 데는 신마산의 경쟁력이 있었다. 그 신마산이 일본인 집단거주지였다는 사실이 씁쓸하면서도 아련하다.

물 맑고 공기 좋던 결핵문학의 산실

1962년 영화 〈하늘과 땅 사이에〉는 디자이너인 은경김지미과 은경의 오빠인 호경최무룡, 은경의 동생인 애경전향이 세 남매가 주인공이다. 극 중 애경은 결핵에 걸려 죽어가고, 은경은 동생을 살리려고 낮에는 출판사에서, 밤에는 양장점에서 일하며 돈을 번다.

이보다 몇 년 앞선 〈곰〉1959년이라는 영화에선 무식한 목수인 곰김승호과 곰이 사모하는 딸의 담임교사가 나온다. 매일 술로 인생을 보내며 딸을 학대하던 곰은 교사의 설득으로 멀리 돈벌이를 떠난다. 고생 끝에 돈을 벌어 돌아오지만, 여선

다니던 고등학교에선 바다가 아주 잘 보였다. 바다를 보기 위해 오랜만에 고등학교 교정을 찾았다.

생은 세상을 떠난 뒤였다. 병명은 결핵.

몇십 년 전만 해도 결핵은 무서운 병이었다. 영화는 그런 무서움을 고스란히 담았다. 질병관리본부가 밝힌 통계를 보면 1965년 결핵 환자 수는 무려 124만 명. 2007년 새로 결핵에 걸린 환자가 3만 5천 명가량이라는 점에 비춰보면 당시 얼마나 심각했는지 잘 드러난다.

결핵은 위생과 영양 상태를 개선해야 좋아지는 병이다. 좋은 환경이 필수. 널리 알려진 사실은 아니지만, 마산은 우리나라에서 결핵요양원이 가장 많은 곳이다. 풍광이 좋다는 뜻이니 마산 시민들은 자랑스러워해도 될 듯하다.

1946년 6월 1일 광복 후 최초 국립결핵요양원이 개원했다. 신마산 일대였다. 앞서 마산결핵요양소를 비롯해 국립신생결핵요양원, 결핵전문 시설인 마산교통요양원과 제36 육군병원, 마산공군병원요양소, 한국은행 행우장 등이 모두 신마산과 가포 부근에 들어섰다.

유난히 가난했던, 그래서 충분한 영양공급이 이뤄지지 못하고 깨끗한 환경에서 살 수 없었던 예술인들이 결핵에 걸려 마산을 많이 찾았다. 〈벙어리 삼룡이〉, 〈뽕〉 등을 남긴 작가 나도향이 1925년 마산을 찾았다. 일제강점기 때 유명한 사회주의 문학평론가였던 임화가 1935년부터 37년까지 마산 결핵요양소에서 병을 치료했다. 임화의 부인인 소설가 지하련 또한 결핵에 걸려 마산요양소에 입원했다.

시인 구상과 김남조도 마산에서 결핵치료를 했다. 시인 김지하는 1972년 5월 반공법 위반으로 입건되어 마산결핵병원에 강제 연금됐다. 이들 작가는 마산에서 결핵치료를 받으며 느낀 감상을 여러 작품에 남겼다. 경남대학교 강사인 한정호 씨는 〈마산 지역의 결핵문학과 그 유래〉라는 논문에서 마산을 '한국 결핵문학의 산실'이라 표현했다.

가장 손꼽을 만한 기록은 반야월이 지은 〈산장의 여인〉이다. 마산 반월동 출신이라 예명을 그렇게 지은 반야월은 마산국립결핵요양소로 위문공연을 갔을 때 창백한 얼굴로 슬프게 울던 한 여인을 보고 깊은 인상을 받았다. 여인을 수소문해보니 사랑의 상처를 입고 산장병동에 입원 중이었다. 역시 결핵에 걸려 요양 중이던 이재호가 곡을 붙였으니 〈산장의 여인〉은 결핵이란 인연이 만든 노래인 셈이다.

사연을 적으며 노래를 흥얼거리니 그 여인의 슬픔이 아스라이 느껴진다. 과연 그 여인은 요양소에서 병을 잘 치료하고 사랑의 아픔도 잘 이겨냈을까 문득 궁금해진다.

천 년 전 이야기를 간직한 신마산

신마산은 100년 이내 흔적만 담은 게 아니다. 1,000년을 훌쩍 뛰어넘어 신라시대 대학자 최치원이 말년을 보낸 흔적이 신마산 월영동에 있다. 당시 월영대 앞까지 바다였다고 하는데, 지금은 흔적을 찾을 길이 없다. 다만, 최치원이 말년을 보냈고, 요양소로 가장 사랑을 받았다는 사실에서 마산 지역 기후와 풍광이 남다르다는 사실을 짐작할 수 있다.

신마산과 구마산을 가르는 경계엔 몽고정이 있다. 1274년 고려 충렬왕 때 일본 정벌을 위한 고려 원나라 연합군 기지가 마산에 차려졌다. 당시 고려 원나라 연합군은 4만 명을 헤아렸다. 이들 병사를 먹여 살리려고 고려 백성은 많은 고초를 겪었을 것이다. 고려는 일본 원정을 위해 9백 척 전선을 만들어 바쳐야 했으니 전쟁비용 또한 엄청났을 터. 그러나 2차에 걸친 일본 원정은 실패로 돌아간다. 이후 환주산 무학초등학교 뒤 마산정수장 일대 일대에 해안경비를 위한 둔진을 설치하고 군사들이 머문다. 군사들이 마실 물을 대려고 우물을 팠으니 바로 몽고정이다. 몽고정이란 비석은 1932년 일본인 단체인 고적보존회가 세웠다. 이전까지는 고려정이라 불렸다 한다.

일제가 신도시로 만든 곳이 신마산이지만, 이미 훌쩍 나이를 먹어버린 신마산은 이제는 신도시가 아니다. 게다가 신라시대 최치원의 발자취, 고려 원나라 연합군의 역사까지 있으니 일제강점기 역사만으로 가두기엔 비좁다. 신마산만으로 이렇게 이야기가 많으니 나머지 마산 역사는 과연 얼마나 풍성할까. 호기심이 생겼으면 마산 지역 역사서 한 권 펼쳐들고 돌아볼 일이다.

좌_ 당대 최강대국 원나라는 일본을 정벌하기 위해 마산에 진을 차렸다. 엄청났을 흔적은 모두 사라지고 작은 우물 하나만 남았다.
우_ 3·15의거탑. 마산 하면 누구나 3·15의거를 떠올린다. 어떤 과거는 시간이 지날수록 또렷해지고 어떤 과거는 시간이 지날수록 흐려진다. 마산 시민들에게 3·15의거는 어떤 의미로 다가올까.

비린내 나는 부두,
비린내 나던
사랑

경상남도 사천시 삼천포

"그때 삼천포에 들어서면 비린내가 진하게 풍겼습니다. 곳곳에서 쥐치를 말렸거든요."

유철수36 씨의 고향은 지금은 사천시 소속이 된 삼천포다. 정확한 주소는 경남 고성군 하이면이지만 생활권이 삼천포였다. 학교도 모두 삼천포에서 다녔고, 친척도 모두 삼천포에 살고 있었다. 고성읍에 나간 것은 초등학교 5학년이 되어서였다. 그 뒤에도 고성읍에 갈 일은 없었다. 고향을 삼천포라고 말하는 것은 그래서 자연스럽다.

철수 씨는 삼천포를 '쥐포'로 기억한다. 어린 시절 흔하게 먹었던 간식, 시장에 나가면 여기저기서 쥐치를 말리던 풍경이 눈에 선하다. 그는 당시 삼천포에 있었던 쥐포공장 수를 정확히 기억했다.

삼천포제일중학교 2학년이던 시절 기억 덕분이다. KBS 〈퀴즈동서남북〉팀이 학교에 왔다. 그때 삼천포에 쥐포공장이 가장 많다는 퀴즈가 나왔다. 문제는 개수 맞추기. 답은 80여 개였다.

바다를 한껏 품은 생선들이 햇빛을 받아 꾸덕꾸덕 마른다. 바다도시 삼천포에선 햇빛 또한 찬란하다.

쥐포 판매 등 수산업이 호황을 누리면서 시내엔 돈이 넘쳤다. 철수 씨 아버지는 잠수부였다. 주로 잡았던 것은 키조개. 지역에선 '게이지'라고 불렀다. 아버지는 선금으로 몇백 만 원씩 들고 왔다. 돈다발이 방에 굴러다녔다.

게다가 1983년부터 84년 사이에 삼천포화력발전소가 들어섰다. 국내 최초 유연탄 전소식 발전소인데다 화력발전소로선 국내 최대였다. 일자리가 넘치니 외지에서 사람이 많이 들어왔다. 사람과 돈이 넘치고 도시는 북적거렸다. 철수 씨가 기억하는 1970~80년대 삼천포다. 삼천포가 번성을 누렸던 시절은 좀 더 거슬러 올라간다.

원래 삼천포는 한적한 바닷가였다. 992년 성종 11 고려시대 때 조세미를 거두려고 통양창通陽倉을 설치한 후 삼천리라는 마을이 생긴다.

삼천리라는 이름은 고려 수도인 개성에서 물길로 3,000리나 된다고 해서 붙은 이름이다. 1488년성종 19에는 삼천리에 삼천진三千鎭을 설치한다. 진鎭은 군사목적으로 만들어졌다. 고려시대 말엔 남해안에서 날뛰는 왜구를 막고자 구라량에 군항 시설인 대방진大芳鎭 굴항掘港을 만들었다. 굴항은 바닷가 땅을 연못처럼 파서 배를 숨기는 요새 같은 곳이었다. 임진왜란 때 이순신 장군이 수군기지로 썼다고 전해진다.

창고와 군사기지로 활용도가 있었으나 삼천포는 오랫동안 사천에 딸린 작은 마을이었다. 이런 관계는 고려를 거쳐 조선이 들어서고 나서도 바뀌지 않았다. 1832년순조 32 간행된 《경상도읍지》를 보면 사천현은 9개 면을 두고 있는데, 삼천포 지역은 삼천리면三千里面으로 기록돼 있다.

사천과 그에 딸린 포구마을 삼천포라는 관계가 바뀌기 시작한 것은 일본이 조선을 야금야금 삼키기 시작한 구한말부터였다. 일본은 구항 방파제와 철도 건설 등을 통해 삼천포를 인구 15만 도시로 키운다는 계획을 하고 있었다. 내륙으로 진출하는 데 있어 삼천포가 훌륭한 통로가 될 수 있다고 본 것이다.

좌 한 선배는 삼천포화력발전소에서 일하며 학비를 번 이야기를 했다. 발전소를 보면 자연스레 그 선배 얼굴이 생각난다.
우 하늘이 파랗다. 바다도 파랗다. 생선은 하얗다. 바닷가 마을에선 색깔이 또렷하다.

구한말부터 본격 개발, 경남 최초 신작로 뚫려

지역에선 각종 교통망 건설작업이 이뤄진다. 1909년 12월엔 삼천포항에서 사천을 통과하여 진주에 이르는 32킬로미터 도로가 뚫린다. 경상남도 최초 신작로였다. 1914년 6월엔 경성직거자동차부京城織居自動車部가 나타나 진주-삼천포 간 자동차 노선을 만들었다.

바다교통도 활기를 띠기 시작했다. 1908년 부산 기선회사, 1909년 합동 기선회사가 운항을 시작했다. 부산에서 출발한 배는 삼천포를 거쳐 여수까지 갔고, 장생포에서 출발한 배도 삼천포를 거쳐 목포로 갔다. 이러한 배경에 따라 도시는 커지기 시작했다. 1918년엔 수남면과 문선면을 합해 삼천포면이 되고, 1931년 11월 1일에 삼천포면이 읍으로 승격된다.

사람이 모이는 곳엔 시장이 발달한다. 당시 지역에서 가장 큰 시장은 삼천포시장이었다. 1924년 당시 사천군 정기 시장은 여섯 개였는데, 그 중 삼천포수산시장은 매매고가 16만 4,509원으로 성내시장 2만 7,519원, 사천시장 1만 2,823원, 주문시장 6,050원, 서포시장 1,620원을 압도했다. 또 다른 지역 시장인 삼천포시장은 매매고가 5만 76원이었다.

지금도 삼천포 지역 시장은 다른 사천시장을 압도한다. 《사천시사》에 따르면 점포수 230개인 삼천포중앙상가를 비롯하여 삼천포종합시장 199개, 삼천포서부상가 170개는 사천읍시장 162개보다 점포수가 많다.

1950년대 이후엔 철도가 뚫리면서 삼천포에 드나들기가 좀 더 편해졌다. 먼저 1953년 진주 개양와 사천을 잇는 사천선泗川線 10.5킬로미터이 뚫렸다. 1965년엔 사천-삼천포 구간이 개통됐다. 그해 운행을 시작한 부산-진주 간 전동열차 가운데 일부는 삼천포가 종착역이었다. 즉, 열차에서 앞부분은 그대로 진주로 들어가고 뒷부분은 떼어내 삼천포로 간 것이다. 이 때 뒷부분에 있다 때맞춰 갈아타지 못한 승객이 삼천포로 가는 일이 벌어지곤 했다.

평일 한낮 시장은 한산했다. 장을 보려고 나선 주부도, 술 한잔하기 위해 시장을 찾은 사람들도 아직 없는 거리였다.

삼천포행 철도는 한때 많이 쓰이다 지금은 거의 쓰이지 않는 '잘 나가다 삼천포로 빠진다.'는 말과 관계가 있다. 이에 관해 설이 여러 가지다. 조선 말 진주 사돈댁을 찾던 고성 사람이 길을 잘못 들어 삼천포로 갔다는 게 한 가지다. 부산에서 하동으로 출장 가던 고위관리가 밤늦게 운전하다 삼천포로 잘못 들어섰다는 설, 해방 후 유랑극단이 진주에 가기 전 삼천포에 들렀지만 별로 흥행을 하지 못해 악담을 퍼부으며 이런 말을 만들었다는 설, 진해로 가는 해군이 삼랑진에서 진해로 가는 기차 대신 삼천포행 기차로 갈아타 낭패를 봤다는 설 등이 있다. 나머지가 부산-진주 간 열차를 타야 하는데 삼천포행을 잘못 탔다는 설인데, 현재는 마지막 설이 가장 설득력 있는 것으로 받아들여진다.

1956년 시 승격, 빠르게 성장하다 90년대 들어 가파른 내리막길

아주 빠르게 인구가 늘면서 도시규모도 덩달아 커졌다. 마침내 1956년 7월 8일엔 삼천포읍과 남양면이 삼천포시로 승격했다. 승격 당시 삼천포시는 가구 수 8,249호에 인구 5만 1,288명이었다. 비슷한 시기인 1958년 12월 31일 사천군은 가구 수 1만 3,953호에 인구 8만 2,792명이었다. 인구는 사천군이 많았지만 땅 크기가 사천과 삼천포가 각각 346.28제곱킬로미터, 58.85제곱킬로미터라는 점을 살펴보면 당시 삼천포에 얼마나 많은 인구가 몰렸는지 헤아릴 수 있다. 1995년 사천군과 통합할 때만 해도 옛 사천군5만 7,106명보다 삼천포시6만 5,724명 인구가 많았다.

삼천포가 얼마나 빠르게 성장했는지는 경상남도 다른 도시와 비교해 보면 된다. 인구 100만이 넘는 대도시인 울산광역시가 시로 승격한 것은 1962년 들어서였고, 창원은 1980년, 김해는 1981년, 진해는 1973년 들어서 시로 승격됐다. 통영이 비슷한 시기인 1955년이었고, 오래전부터 도시가 발달한 마산과 지방 대표도시였던 진주가 삼천포보다 빨랐다.

오랫동안 영화를 누리던 삼천포는 90년대 들어 가파른 내리막길을 걷는다. 1991년 들어 지역경제에서 비중이 가장 크던 쥐치가 갑자기 사라졌다. 그 해 잡힌 쥐치는 2,822톤. 전 해의 30분의 1에 불과했다. 80년대엔 10만 톤까지 잡혔었다. 삼천포 지역경제를 떠받들던 산업은 수산업이었고, 수산업 중심은 쥐치가공업이었다. 수온변화가 한 이유라고 알려졌지만, 철수 씨는 무분별한 남획도 한 이유였을 것이라고 말했다.

비린내 가득하고, 사람 넘치던 삼천포는 그렇게 긴 잠에 빠져들었다. 1956년 사천군에서 떨어져 나와 시로 승격한 삼천포는 1995년 사천군과 통합하면서 시 명칭을 사천에 빼앗겼다. 꿈은 짧았다.

그대 찾아 내가 왔네 비 내리는 삼천포
돛단배도 돌아가는 섬 구비 구비마다
연락선 갈매기도 이별 슬퍼 우는데
비린내 나던 부두 비린내 나던 사랑
항구가 운다 포구가 운다

― 〈비린내 나는 부두〉, 배호

숨 가쁜 성장 이룬 도시, 과거 흔적 고스란히 남아

고성 쪽에서 시내로 들어서기 전 남일대해수욕장을 지난다. 무척 아담해 백사장이 한눈에 들어온다. 스무 살 무렵 찾아갔으니 거의 20여 년 만이다. 시간이 꽤 흘렀지만 거의 변한 게 없다. 남일대는 신라말 학자 최치원이 이곳에 와서 남일대라는 이름을 새겼다는 전설이 전해지는 곳이다. 남일대는 '남쪽에서 최고'라는 뜻이다.

이름만 믿고 이곳에 오면 백사장 크기에 실망하기 쉽다. 몇 킬로미터씩 드넓게 펼쳐진 동해나 부산 쪽 해수욕장과 비교하면 이곳은 동네목욕탕 수준이다. 게다가 몇 곳 되지 않는데다 세월이 켜켜이 쌓인 가게 모습을 보면 '과연 남쪽 제1번지가 맞나?' 하는 의문이 들 것이다. 어쩌면 이런 시각이야말로 화려함과 크기에 압도된 현대인의 시각인지도 모르겠다.

지금이야 자동차를 타면 금방이지만 과거 걸어서 다니던 시절, 이곳까지 가려면 얼마나 단단히 마음을 먹었을까. 게다가

20대 초반
남일대해수욕장을 처음 찾았을 때 '에게!' 했던 기억이 난다.
십몇 년이 흐른 어느 날 찾았을 때는 반가움이 앞섰다. 세월의 힘이란 그런 것이리라.

좌 건전지약이 무엇일까. 설마 건전지로 만든 약은 아니겠지.
우상 생선이 상하는 것을 막기 위해선 얼음이 필수다. 냉장고가 귀하던 시절 얼음집은 호황을 누렸을 것이다.
우하 불과 이삼십 년 전 주 연료이던 연탄. 이제는 추억이 되고 있다.

 서부 경남 쪽에서 남해를 빼면 해수욕장은 이곳이 유일했다. 큰 백사장을 낀 해수욕장 따라가지 말고 소담한 이곳 특징을 앞으로도 잘 살려나갔으면 좋겠다.

 이제 시내로 들어선다.
 한때 번성했던 도시는 그 시절 그대로 나이를 먹었다. 낮은 집, 좁은 길들이 많다. 한 어르신이 열심히 가전제품을 고친다. 가게엔 '선풍기 수리'라고 쓰여 있다. 난로, 선풍기, 중고제품을 두루 고치는 각종 수리 전문점도 눈에 띈다.
 골목을 다니다 보니 나무 전봇대와 연탄가게, 얼음집이 눈에 띈다. 이제는 거의 사라져가는 유물들이다. 노산여인숙 간판이 아스라하게 다가온다. 글씨도 그렇고, 대문 색깔이나 모양도 그렇고, 독립군이 뛰쳐나오고 뒤이어 일제 순사가 뒤쫓는 상상에 잠시 빠진다.

노산은 삼천포에서 많이 볼 수 있는 단어다. 징검다리인 '노다리'가 있어 생겼다는 설과, 문장가 중에 '노'라는 호를 쓰는 이가 있어 생겼다는 설이 있다.

머리에 대야를 이고 가는 아주머니. 넓은 대야가 아니라 좁고 깊은 대야라 중심 잡기가 어려울 텐데도 자석이라도 붙인 것처럼 여유롭다. 하루가 다르게 변하던 시절은 아주 오래전 일처럼 여겨진다. 15만 도시를 목표로 일본이 건설했던 철도 흔적은 선구동 26번지 문화원 서북편과 동금동 쪽에 남아있다.

부산, 마산, 진주에서 온 승객들이 바쁘게 내렸을 삼천포역은 1980년 적자로 문을 닫았다. 벌써 30년 전 일이다. 개양과 삼천포를 오가던 철도는 도로로 바뀌었고, 그 구간에 있던 죽봉터널은 영화 〈살인의 추억〉에 나와 수백만 관객들에게 은근슬쩍 모습을 보였다.

박재삼이 사랑한 삼천포, 거리와 문학관으로 살아남아

시내에서 전망이 가장 좋은 곳은 노산공원이다. 여기서 바다 쪽으로 보이는 곳이 팔포바다다. 원래는 바다였으나 매립되면서 유흥가로 바뀌었다.

과거 물이 들면 노산 일대는 섬이 됐는데, 시내와 연결되는 징검다리인 '노다리'가 있어 노다리산이라 부르다 노산이 됐다는 설과 이곳에 있던 서당인 호연재 여덟 문장가 중에 '노魯'라는 호를 쓰는 이가 있어 노산이라는 설도 있다. 1956년 시 승격과 함께 공원이 만들어졌다.

삼천포가 고향인 시인 고 박재삼이 노산공원에 올라 팔포 앞바다를 숱하게 바라봤을 터다. 삼천포를 대표하는 문인은 박재삼은 1933년 일본 동경에서 태어나고 4살 이후 줄곧 삼천포 바닷가에서 살았다.

당시 수남국민학교 졸업 후 입학금 3천 원이 없어 중학교에 입학하지 못하고 삼천포여자중학교 사환으로 들어갔다. 그때 삼천포여자중학교 교사였던 김상옥을 만나 시의 세계에 눈을 떴다. 어쩌면

좌_ 삼천포를 사랑한 시인 박재삼. 삼천포는 거리에 시인의 이름을 붙였다.
우_ 노산공원은 삼천포에서 전망이 가장 좋은 곳이다.

가난해서 진학하지 못한 게 그를 시인으로 만들었으니 이것을 불행 중 다행이라 해야 할까. 결국, 그는 중학교에 진학하고, 삼천포고등학교를 수석으로 졸업한다.

박재삼은 1945년 8월 15일엔 지역 최초 매체인 〈참새〉를 창간한다. 그러나 타블로이드판 어린이 신문이었던 〈참새〉는 오래가지 못했다. 이후 다음 매체가 만들어진 게 1960년이니 그가 얼마나 일찍 지역 언론에 관심을 뒀는지 알 수 있다. 그는 기자 출신이기도 하다. 1965년 월간 〈바둑〉 편집장과 〈대한일보〉 기자생활을 했다.

고혈압은 그를 괴롭힌 지병이었다. 1967년 남정현의 〈분지〉 필화 사건 공판을 보고 고혈압으로 쓰러진다. '똥의 땅'이라는 뜻의 〈분지〉는 미군에게 성폭행을 당하고 정신착란을 일으키고 죽은 어머니를 둔 주인공이 여동생과 함께 사는 미군 아내를 겁탈한다는 내용이다. 이 소설을 북한이 조선노동당 기관지에 무단으로 실었고, 그 때문에 작가는 반공법 위반 혐의로 체포된다. 박재삼은 1969년 같은 병으로 다시 쓰러진다. 시인은 1997년 삼천포를 오롯이 담은 시를 남기고 세상을 떠났다.

좌_ 하늘에 떠있던 별이 바닷속에 풍덩 빠져 불가사리가 됐을까.
우_ 쓴 장갑을 곱게 빨아 널었다. 펼쳐놓은 모양새가 제법 앙증맞다.

노산공원 근처엔 박재삼거리가 만들어져 있고, 노산공원 꼭대기엔 박재삼문학관이 만들어져 있다. 삼천포 사람들이 박재삼 시인에게 보내는 애정이다.

삼천포에선 생선 말리는 모습을 흔하게 볼 수 있다.

바닷가 어시장에선 상인들이 생선을 말린다. 주택가 한쪽 담 밑엔 낙엽이 깔렸다. 불가사리다. 패류의 해적생물이라고 불리지만 목숨이 끊어진 그것에선 어쩔 수 없는 아름다움이 느껴진다.

시내를 가로질러 오르막길을 오른다. 창선·삼천포대교를 건너기 위해서다. 정확히는 다리 네 개다. 모개섬, 초양섬, 늑도, 남해 창선을 잇는 징검다리다. 초양대교, 늑도대교까지 포함한다.

수산물산업이 무너진 삼천포시는 새로운 성장동력을 찾아야 했다. 그 중 하나가 관광산업이다. 2003년 4월 28일 개통한 창선·삼천포대교는 2006년 옛 건설교통부가 뽑은 한국의 아름다운 길 100선 중 대상에 뽑혔다.

문제는 우리나라에서 섬이 가장 많은 전라남도가 추진 중인 다리 박물관 계획이다. 1,964개 섬이 있는 전남은 섬과 섬을 연결하는 다리를 만드는데 잔뜩 공을 들이는 중이다. 현재 추진 중이거나 계획 중인 다리는 68개. 이미 있는 다리와 더하면 103개 다리가 만들어진다. 관광객은 볼거리가 더욱 많아지고, 지자체는 지역을 상품화하는 데 좀 더 골머리를 썩여야 할 모양이다.

바다는 해가 질 때 가장 화려하게 빛난다. 하루 일을 끝낸 태양의 화려한 퇴근이다.

다리를 건너 늑도에 들어갔다. 고려 때는 이름이 구라도九羅島였다. 말 굴레처럼 생겼다 해서 굴레섬이라고 불리다 '굴레 늑勒자'를 써서 지금 이름이 됐다. 섬에 있는 등대는 작품이다. 하나는 하얗고, 하나는 빨갛다. 하나는 유럽 성에서 본 듯한 모양이다.

이제 늑도를 지나면 남해다. 삼천포와 남해 경계에 섰다. 짧지만 화려했던 삼천포는 많은 생각할 바를 던진다. 영원할 것만 같았던 쥐포산업은 갑자기 무너졌다. 쥐포산업의 번성은 예기치 않은 것이었고, 쥐포산업의 몰락 또한 그랬다. 사람은 영원을 꿈꾸지만, 영원은 불가능하다. 뒷물이 들어오려면 앞 물이 나아가야 하고, 새싹을 틔우고자 나무는 잎을 떨어뜨린다. 짧은 시간 동안 반짝 성장을 이룩한 삼천포는 그렇게 지난날을 곱씹으며 지혜롭게 나이 들어갈 것이다.

시인 백석이 광복 전에 쓴 시 〈삼천포〉에 묘사된 도시는 참 여유롭게 보인다. 지금도 그렇다.

졸레졸레 도야지새끼들이 간다
귀밑이 재릿재릿하니 볕이 담복 따사로운 거리다
잿더미에 까치 오르고 아이 오르고 아지랑이 오르고
해바라기하기 좋을 볏곡간 마당에
볏짚같이 누우런 사람들이 둘러서서
어느 눈 오신 날 눈을 치고 생긴 듯한 말다툼 소리도 누우러니
소는 기르매 지고 조은다
아, 모도들 따사로히 가난하니

새우젓 익는 냄새에
사라진 뱃길
그립더라

충청남도 홍성군 광천읍

사람이 그리워서 시골장은 서더라 사람이 그리워서 시골장은 서더라 연필로 편지 쓰듯 푸성귀 늘어놓고 노을과 어깨동무하면 함께 저물더라 오늘 장 어떻데요? 오늘 장? 그냥 그려 예 ~ 저 출출하신데 약주 한잔 허시지유? 거 ~ 좋지.

장사익이 부른 〈시골장〉은 김형수 시인이 쓴 시에 곡을 붙인 노래다. 고려시대부터 장이 열렸던 광천廣川에선 지금도 오일장4·9일이 열린다. 장사익은 고향 광천의 오일장을 떠올리며 이 노래를 부르지 않았을까? 노점, 카센터, 보험회사 등 온갖 일을 전전하던 장사익은 뒤늦게 소리 공부에 몸을 던진다. 44세이던 1993년에 전주대사습놀이 장원, 전국민속경연대회 대통령상을 받고 1995년 마침내 첫 음반을 낸다. 곰삭은 듯 제대로 맛이 밴 그의 노래는 새우젓 마을인 광천과 참 잘 어울린다.

광천은 눈보다 코로 먼저 만나게 되는 도시다. 진한 젓갈냄새가 이방인을 맞이한다.

19세기 충남 결성군에 속해 있던 광천면은 1914년 홍성군과 결성군이 합치면서 홍성군 광천면이 된다. 1942년에는 읍으로 승격했다. 광천은 오랫동안 포구였다. 보령방조제 물막이 공사로 뱃길이 완전히 끊긴 것이 1997년이니 오래전 일도 아니다. 끊어진 물길은 흙으로 메워졌다. 인근 10여 개 섬 주민들이 드나들던 큰 포구는 이제 흔적조차 찾을 길이 없다.

광천에 가서 돈 있는 체하지 말라

2009년 홍성으로 가는 기차에 몸을 실었다. 새마을호는 2시간을 달려, 나와 자전거를 홍성에 내려놓았다. 광천으로 가는 버스에 오른다. 할아버지 두 분이 중간에 탄다. "잔돈이 없어서 어쩌나?" 하는 할아버지. 중간 줄에 앉아 있던 아주머니가 잔돈을 바꿔준다. "허허." 웃음소리가 버스에 울려 퍼진다. 운전기사가 말을 건넨다. 내후년에 열한 살이 되는 아들과 전국을 도보로 여행할 계획이란다. 여행 생각에 벌써 즐거운 모양이다.

오래지 않아 광천읍에 닿았다. '터미널'이라고 적어놓지 않았다면 알 수 없을 정도로 한적하다. 과거 매표소였을 듯한 창구는 닫힌 상태. 1980년대 초만 해도 3만 명이 넘었던 광천 인구가 지금은 1만 명을 간신히 넘긴 형편과 무관하지 않으리라. 광천은 현 광천읍내와 옹암리를 중심으로 발전했다. 광천읍내에선 큰 시장이 열렸고, 옹암리는 포구로서 사람과 배를 받아들였다. 광천과 옹암리는 이와 잇몸 같은 관계였다.

인구가 급감하면서 터미널 이용도 줄었다. 터미널 풍경이 한산하다.

바다의 흔적을 찾기 위해 자전거를 타고 먼저 옹암리로 발길을 옮겼다. 독처럼 생긴 바위가 있어 독배마을로 불린 곳이다. 옹암리에선 고려시대부터 새우젓을 팔았으며, 조선시대 말에 이르면 직접 새우젓을 만들어 팔기 시작했다. 오늘날 광천 새우젓이 유명한 이유는 옹암리에 있는 토굴 때문이다. 굴 안에 새우젓을 넣어 몇 달간 숙성시킨 게 바로 광천 토굴새우젓이다. 연중 14~15도를 유지하는 토굴 덕분에 광천 새우젓은 다른 데선 흉내 낼 수 없는 맛을 지니게 되었다.

옹암리에 들어서자 짭짤한 새우젓 냄새가 코를 간질인다. 이어 점포 병용 주택들이 눈에 들어온다. 도로에서 보이는 곳은 점포, 뒤로 들어가면 주택이다. 상업이 흥한 지역 특성을 반영한 주택 형태로 상당수가 일제강점기 때 만들어졌다고 한다. 1910년대에 나온 《한국수산지》에 따르면 옹암리 주민 100세대 중 95세대가 상업을 할 정도로 상업 비율이 높았다.

화려한 옹암리 시절은 해방 이후까지 이어졌다. '광천 독배로 시집 못 간 이내 팔자'라는 말은 옹암리가 번성했던 시절을 잘 보여준다. 돈이 넘치던 시절, 홍성 처녀들은 독배마을로 시집가길 바랐다. 충남대학교 마을연구단이 펴낸 《홍성 독배마을》대원사, 2008이란 책에 따르면 광천은 1932년부터 동아일보에 지역 소개면을 실었다. 1938년에는 한 면 통째로 소개판을 낼 정도였다. '관청 많은 홍성에 가서 아는 체하지 말고, 알부자 많은 광천에 가서 돈 있는 체하지 마라.'는 말도 있었다.

당시엔 금광도 여러 곳 있었다. 일제강점기 이후 방치된 금광은 흉물과 다름없었다. 버려진 굴이 다시 옹암리를 먹여 살리게 될 줄 그 누구도 몰랐을 것이다. 1960년대, 지금은 세상을 떠난 윤병원 씨가 우연히 자신이 다니던 금광에 새우젓을 보관했다. 그런데 그 새우젓이 놀랍게도 맛이 좋았다. 1년 내내 서늘하게 유지되는 온도와 천수만에서 불어오는 해풍 덕분이었다.

좌_ 새우젓은 옹암리가 찾아낸 새로운 보물이다.
우_ 토굴새우젓은 오로지 옹암리에서만 만들어진다.

토굴 안은 시원했다. 왜 토굴에서 익은 새우젓이 특별한지 실내 기온만으로 짐작됐다.

 이후 윤 씨와 마을 사람들은 포구 근처에 토굴을 파서 새우젓을 삭히기 시작했고, 그렇게 만들어진 토굴이 지금 30개가 넘는다. 이제 토굴은 더는 늘지 않는다. 허가를 받을 수도 없거니와 인건비가 크게 올라 타산이 맞지 않기 때문이다. 앞으로도 토굴새우젓이 광천에서밖에 만들어질 수 없는 이유다. 여기서 만들어지는 새우젓은 연 1만 드럼에 2,500톤가량 된다. 1970년대엔 전국 새우젓 생산량의 70퍼센트를 차지했으나 지금은 35퍼센트 정도다. 동네 사람들 이야기를 들어보면 이곳에 지금 같은 새우젓 가게가 나타난 것은 1990년대 초부터. 한두 곳에 불과하던 가게가 2000년대 들어 늘면서 지금처럼 30곳 이상이 됐다.
 동네를 두리번거리며 다녔지만, 토굴은 모두 닫혀 있다. 새우젓을 꺼낼 때만 토굴을 열기 때문이다. 행색이 눈에 띄어서일까? 한 분이 먼저 말을 건넨다.

"토굴 보러 오셨어요? 마침 가는 길인데 따라오세요."

토굴 앞에 서니 서늘한 바람이 분다. 발을 내딛으려는 순간 "머리 조심하세요."라는 말이 들려왔지만 늦었다. 낮은 토굴 입구에 머리를 부딪치고 말았다. 과거 번성했던 시절 이야기를 했더니 "지금도 여기 사람들 다 부자예요. 독배마을에선 돈 자랑하지 말라고 하잖아요?" 한다. 그분은 다른 가게를 통해 마을에서 가장 긴 토굴도 안내해주었다. 이선분 씨네 토굴이었다. 길이가 무려 250미터.

토굴에서 나와 바다 쪽으로 갔다. 옹암리에 있는 다리 이름은 '옹암포교'다. 옹암리는 이제는 포구가 아니지만 옹암포였던 과거를 지울 수는 없다.

40여 년 구멍가게 아줌마, "더 어려운 사람 있잖아"

도시는 사라져도 기록은 남는다. 다리는 옹암리가 포구이던 시절을 증명한다.

옹암리를 두리번거리며 다니다 만난 곳이 삼거리슈퍼다. 옹암리에서 보령 쪽으로 나가다 옹암리 끝자락 삼거리에 있는 가게다. 현 주인인 전영숙61 씨가 운영한 지는 올해로 38년째. 24살 때부터 가게를 운영했으니 대부분 삶을 가게와 함께 보낸 셈이다. 윤계월63 씨는 서산에서 살다가 옹암리로 이사와 옹암리에서만 30여 년을 살았다.

삼거리슈퍼에서 전 씨와 윤 씨에게 옹

암리의 흘러간 시절 이야기를 들었다. 두 사람은 앞서거니 뒤서거니 하면서 옛 이야기를 지금 일인 것처럼 생생하게 이야기했다.

"독배로 시집 못 간 팔자라는 이야기가 있었어요. 여기가 잘 나갔다는 얘기지. 지금은 새우젓 가게 몇 곳 있을 뿐이지만, 그땐 말도 못했어요. 하숙집도 많았고, 술 파는 '옥'도 많았어요. 안광옥, 금광옥……. 우리 친정집이 방 대여섯 개 정도 됐는데, 장이 열리면 사람이 얼마나 많이 오는지, 하루에 쌀 몇 말씩 했어요. 그때는 수도가 없으니 샘에서 물을 길어야 했는데, 집 뒷산에 열 번도 넘게 오르내렸다니까요."

삼거리슈퍼.
지금이야 사거리 위주 교통이지만 과거엔 삼거리였다. 삼거리에선 친근한 냄새가 난다.

"한창 잘 나갈 때 보면 전영숙 씨가 돈을 방에 던졌어요. 돈을 셀 시간이 없었다니까요."

전 씨는 가게를 하기 전 빵가게를 했다. 500원어치 달라 그러면 '스텐 다라이'에 한가득 담아 줬다고 한다. 우유는 한 병에 200원씩 했단다. 지금과 같은 우유가 아니라 우윳가루에 설탕을 탄 것이었다. "지금이라면 상상도 못할 일"이라며 전 씨는 웃었다. 아이들이 어깨에 통을 메고 '아이스케키'를 많이 팔러 다녔단다.

섬에서 장을 보러 들어온 사람들은 3일 날 옹암리에 들어와서 하룻밤 자고 다음날 광천에서 장을 본 다음 빠져나갔다. 워낙 사람이 많아 조그만 방에 열 명씩 자기도 했단다. 이불을 따로 덮는 것은 생각도 할 수 없었다.

당시 전 씨 집은 '안면도 연락집'이었다. 주로 안면도 사람들이 많이 이용해 붙은 이름이다. 숙박객들을 위해 큰 가마솥에 시락국을 끓였다. 지금도 사람들은 그때 그 시락국 맛을 잊을 수 없다고 말한단다.

밥과 국을 짓기 위해선 물이 많이 필요했다. 전 씨는 어린 시절 하루에도 수도 없이 지게를 지고 근처 샘을 찾았다. 수도가 없던 시절이었다.

택시도 많았다. 옹암리와 광천을 오가는 택시가 수도 없이 들락거렸다. 택시 한 대에 대여섯 명씩 타는 것은 기본이었다. 돈도 넘치고, 사람도 넘치던 시절이었다. 윤계월 씨 표현에 따르면 '사람 하나 죽어도 모를' 정도였다.

그때에 비하면 지금은 죽어도 여간 죽은 게 아니다. 새우젓만 아니었다면 아마 완전히 끝났을지도 모른다고. '새우젓마을 광천'으로 겨우 명맥을 잇고 있다는 뜻이다.

그래도 이 동네를 떠나고 싶은 마음은 없단다. 이미 자식들 다 컸고, 나이도 먹을 만큼 먹었으니 더 욕심이 없단다. 작은 가게지만 자식들한테 손 안 벌리고 살 수 있는 게 또 어디냐고 전영숙 씨는 말한다.

좌_ 옹암리포구에 모인 생선은 광천으로 보내졌다. 광천엔 예부터 큰 시장이 섰다.
우_ 젓갈 종류가 참 많다. 도대체 젓갈로 담을 수 없는 게 무엇일까.

"나는 이렇게 생각해. 사람이 눈뜨면 하는 일이 있어야지. 아무리 하찮은 일이라도 내 일이 있어야 해. 이게 무슨 돈이 많이 벌리겠어. 그래도 내 손으로 번 거잖아. 애들한테 돈 받으려고 손 비트는 것은 마음 괴롭지. 저거들끼리 살고, 우리끼리 살고 그렇게 사는 거지. 이 짓을 삼사십 년 했다는 게 때론 어리석게 느껴질 때도 있어. 어쩜 이렇게 못났을까. 가게 한참 잘 될 때 다른 장사를 했으면 돈 많이 벌었을 텐데 하는 생각도 해. 그때 새우젓장사 한 사람들 다 부자 됐어. 그런 사람들 보면 실망스럽지만 그런 것 욕심내면 안 되지. 구멍가게도 못하는 사람 있을 거 아니야. 나는 이렇게 생각해. 나보다 더 어려운 사람 있잖아. 우리 너무 많은 것 갖고 있잖아. 이렇게 살다가 칠십 먹으면 손 떼야지."

윤계월 씨는 "사람들끼리 구엽게 생각하고 사는 거지."라고 말한다. '귀하게'란 뜻인지, '귀엽다'란 뜻인지 미처 확인하진 못했다.

새우젓 하면 광천, 보부상 해도 역시 광천

옹암리에서 광천읍내로 발길을 돌렸다. 과거 옹암포에 닻을 내린 배들은 하룻밤을 묵은 뒤 광천장에 들어섰다. 한때 광천 오일장은 충남 3대 시장 가운데 하나로 꼽혔다. 1931년 장항선이 완공되자 광천은 날개를 달았다. 해로에다 육로까지 뚫려 물건과 사람이 몰렸다. 천안-예산-홍성-광천-장항-군산-익산을 오가는 장항선은 1922년 개통 당시 충남선으로 불렸다. 천안에서 출발한 기차는 광천에 이르러 비로소 바다와 만났다.

해방 직후 홍성군 소속 운송업자 21명 가운데 14명이 광천 지역에

옹암리 쪽만 아니라 광천읍내에도 토굴새우젓을 파는 곳이 여럿이다.

서 활동할 정도로 광천은 흥청거렸다. 1960년대엔 이곳에서 직접 배를 만들기도 했고, 1970년대 초엔 어선이 하루 평균 100여 척이나 들어올 정도로 바쁜 항구였다. 게다가 갖가지 물건을 만드는 공장도 많았다.

포구와 관련된 산업체들로 얼음공장, 연탄공장, 제재소, 가구공장, 선박수리공장, 삼미식품, 김제조공장, 새우젓 및 젓갈공장 등이 의식부락을 중심으로 한 신포구촌에 들어섰다. 인근 광천에는 더 많은 공장이 있었는데 솥공장, 양초공장, 엿공장, 그릇공장 광천세도사, 그 외에 15개 정도의 소규모 공장들이 가동하고 있었다.

- 《홍성 독배마을》

광천읍내엔 재래시장이 여러 개다. 광천재래시장은 1926년 3월 3일 문을 열었다. 역사가 80년이 넘는다. 광천엔 아직 상설시장과 오일장이 공존한다. 오일장은 지역마다 겹치지 않게 날짜를 조금씩 달리했다. 오일장이 열릴 때 우시장도 함께 열린다. 광천 오일장은 100년 역사를 자랑하는 곳으로 전국에서 몇 손가락 안에 꼽힌다.

날짜를 맞춰 오일장을 구경했다. 반겨주는 것은 아이들이다. 자전거를 타보고 싶다고 달라붙더니, 나중엔 자전거 뒷등을 달라고 조른다. 사진기를 들이대니 알아서 우스꽝스런 자세를 짓는 아이들 덕분에 웃었다.

시장이 열리면 물건을 싣고 지역 시장을 도는 이들이 있었으니 바로 보부상이다. 결성·광천·대흥·보령·청양·홍주 등 6개 지역 오일장을 도는 보부상들이 육군상무사六郡商務社를 만들었다. 광천에 본부를 두고, 1851년 철종 2 임인손이 초대 접장接長 우두머리으로 뽑혔다. 상무사는 시장을 운영하고 보부상들 애경사를 챙겼다. 결혼도 하지 못한 채 전국을 떠돌다 죽은 보부상이 있으면 대신 장례와 제사를 지내주기도 했다.

광천은 보부상의 고장이기도 하다. 평생을 떠돌아다닌 그네들 인생이니 남긴 게 있을 리 만무하지만, 그래도 광천에는 보부상의 흔적이 몇 가지 남아있다. 우선 원홍주육군상무사유품 元洪州六郡商務社遺品, 상무사의 접장과 임원에 대한 기록, 이들의 부조액과 상가에 보내는 물품규정

증군무참의 김공병돈유공지비. 광천은 보부상의 고장이었다. 동학농민운동 당시 농민군에 맞선 보부상부대가 조직되기도 했다.

좌_ 바겐세일을 한다는 일흥상회. 무엇을 팔까.
우_ 골목이 있어야 걸을 맛이 난다. 길과 집에선 세월의 흔적이 묻어난다.

등이 전한다. 원홍주등육군상무사단제비元洪州等六郡商務社壇祭碑는 지금 인근 마을인 보령시 청소면에 남아 있다. 청소면에는 당시 보부상의 휴식 공간이던 홍도원紅桃源이 남아 봇짐 행렬을 떠올리게 한다.

1894년 동학농민운동 당시 지역 보부상들을 데리고 농민군 토벌에 나섰다 죽은 부상반수負商班首 등짐장수의 우두머리 김병돈1842~95을 기린 비석인 증군무참의김공병돈유공지비贈軍務參議金公秉敦有功之碑 또한 이 지역 보부상의 세를 짐작케 한다.

뱃길 끊어지고 인구마저 급격히 줄어

빛이 밝으면 그늘도 짙은 법이다.

주변 조건이 달라지자 광천읍 인구는 봇물처럼 빠져나갔다. 1995년 1만 7,725명이던 인구는 2010년 기준 1만 1,633명에 불과하다. 이 추세로 간다면 1만 명 이하로 떨어질 날도 멀지 않았다. 1972년 1,855명에 이르던 옹암리 인구 또한 2008년 421명으로 크게 줄었다. 광천읍은 홍성군에서 가장 빨리 인구가 줄어든 곳이다. 10년 전과 비교해 2008년 현재 홍성군 인구가 1만 명 정도 줄었는데, 그 절반가량이 광천읍에서 빠져나갔다. 이 수치는 충남 전체에서도 가장

아주머니 세 분이 모여 팥을 까고 있다. 그날은 볕이 참 좋았다.

크다. 같은 기간 충남 인구가 계속 늘었다는 점을 고려하면 대비 효과는 더욱 크다.

이유는 여러 가지다. 먼저 옹암리포구가 사라졌다. 1960년대 사금 채취 사업으로 갯고랑이 파헤쳐진 영향이 컸다고 한다. 여기에 1991년부터 1995년까지 매립 사업이 크게 벌어졌다. 1991년부터 2000년까지 만들어진 보령방조제는 마지막 남은 뱃길의 숨통마저 끊어 버렸다. 1970년 12월 안면도와 태안반도 사이에 연륙교가 생긴 것도 영향을 미쳤다. 그전까지 광천장에 수산물을 내놓던 안면도 사람들은 연륙교가 생긴 후 서산장으로 발길을 옮겼다.

동력선이 널리 퍼진 것도 쇠퇴 이유 가운데 하나다. 섬사람들은 더 편리한 대천항을 찾아 대천장을 보러 다니기 시작했다. 상인 공동체로서 맥을 이어온 육군상무사는 1971년 옹암임소를 철수했다.

군데군데 보이는 빈집에서 화려했을 과거를 그려보며 마을을 돌았다. 볕이 좋은 어느 골목 담벼락 아래에 아주머니 세 분이 바닥에 앉아 팥을 까고 있다. 일거리가 있으면 이렇게 골목에 모여서 함께 일을 한단다. 사진을 찍고 싶다고 했더니 "우리 못난이 삼 형제가 책에 나오겠네."라면서 웃는다. 나이가 들어 주름이 생긴 어른들에게도 볕은 내리쬐는 법이다.

광천이 화려했던 옛 시절로 돌아갈 수 있을지는 알 수 없다. 광천은 과거 흔적을 지우는 대신 그곳에서 새로운 내일을 만들고 있다. 버려진 폐광에서 빚어낸 토굴새우젓은 바로 광천의 오늘이자 미래다. 새우젓이 익어가듯이 광천도 익어간다.

도시, 자라다 山

찬란했던 가락국 문화가 이어지고 이어져 83
부산시 동래

개혁군주 정조의 꿈이 잠들다 96
경기도 수원시 화성

검은 황금 시절 지나 봄은 다시 오리니 108
강원도 삼척시 도계면

퍼주고 퍼주어도 티내지 않는 어머니 같은 128
서울시 시흥동

배산임수. 예부터 좋은 마을은 산이 품고 물이 흐른다. 산은 어머니 품으로 종종 묘사된다. 산은 마을을 기르고 키운다. 바람을 막고 온갖 곡물과 짐승이 자라게 한다. 전설 속 무인들은 산에서 수련해서 하산하나 끝내 산으로 돌아온다. 항상 기다리는 곳, 산은 그런 곳이다.

찬란했던
가락국 문화가
이어지고 이어져

부산시 동래

　부산은 인구 357만 명으로 우리나라 두 번째 도시다. 동래구는 부산 15개 구 가운데 한 곳이다. 인구는 28만 명이다. 경주시는 27만 명이다. 부산, 동래, 경주 순으로 인구가 많다. 시곗바늘을 1,300여 년 전으로 돌려보면 상황은 달라진다. 인생역전이 아니라 도시역전 逆轉이 이뤄진다.

　당시 가장 큰 도시는 신라 수도인 경주였다. 《삼국유사》에 따르면 신라 최전성기 경주에 있었던 집은 17만 9,000호였다. 한 집 당 인구가 4명이라고 한다면 인구는 80만 명이 넘는다. 일부 학자들은 당시 사람 숫자를 집 숫자로 잘못 기록했다고 해석하기도 하지만 어쨌든 엄청난 인구가 경주에 살았음을 부인할 순 없다.

　가야 땅이었던 부산 지역은 신라 변방에 불과했다. 게다가 이때 부산이란 곳은 역사에 있지도 않았다. 한참 지나고 나타난 부산은 지금

동래는 1,000년 넘게 지역 대표도시로 군림했다. 지역 곳곳에서 유물이 발견된다. 찬란한 문화도시 동래다.

부산 지역 조그만 산 가운데 하나였다. 그 당시 이 지역을 상징하는 이름은 동래였다. 그 당시엔 부산시에 속한 동래가 아니라 동래 영향권 안에 있는 조그만 마을 부산이었다. 점령국 수도로서 동래와 부산을 호령한 경주는 조용한 역사도시가 됐다. 조선시대에 들어선 뒤에야 겨우 역사 한 귀퉁이에 이름을 내민 부산은 지금 대한민국 두 번째 도시가 됐다.

그렇게 도시는 시대에 따라 때로는 자라고 때로는 시든다. 세계 문명을 장식한 수많은 도시도 같은 길을 걸었다. 이번엔 철의 나라로 불린 가야 땅 동래로 들어간다. KTX가 불과 3시간 만에 나와 접이식 자전거를 서울에서 부산으로 안내할 것이다.

가야, 후백제, 임진왜란 때는 일본군에 맞서 민관군 몰살

동래 지역은 역사책에 독로국瀆盧國, 거칠산국居柒山國, 내산국萊山國, 장산국萇山國 등으로 나온다. 기원전 2세기 무렵 변한 12개국 가운데 하나로 김해 구야국拘耶國과 가까웠다. 이 지역을 둘러싸고 가야와 신라는 부딪칠 운명이었다. 가야는 왜와 손을 잡았고, 신라는 당시 동북아 최강대국 고구려를 불러들였다. 광개토대왕은 5만 대군을 내려 보냈고, 가야는 버티지 못했다. 동래 지역이 신라 땅이 된 것은 이 무렵이었다.

동래는 신라 변방으로 지위가 떨어졌다. 왕은 지방장관으로 격하됐다. 삼국을 통일한 신문왕은 685년 동래 지역을 양주良州 지금 양산가 다스리게 했다. 757년 이 땅은 동래군東萊郡이라는 이름을 얻었다. 동래가 역사에 등장한 순간이다.

패전국 동래 지역 수난사는 계속 이어졌다. 신라가 힘을 잃은 후삼국 시기 동래 땅을 먼저 차지한 것은 후백제. 역사는 후백제왕 견훤 대신 고려왕 왕건을 선택했다. 고려가 삼국을 통일하면서 동래는 또 한번 지위가 떨어진다. 동래군은 동래현東萊縣, 동평현東平縣, 기장현機張縣 세 개로 쪼개졌다. 동래현은 울주군 속현이 됐다. 동래현엔 부곡部曲 네 곳과 향鄕 한 곳을 두었다. 향·소所·부곡은 고려시대 차별 받는 지역이었다.

'부산'이라는 이름은 동래현 아래 동평현에 딸린 좌천동 땅 부산釜山에서 비롯했다. 고려시대에는 '부산부곡富山部曲'이라 불리던 곳이다. 가마솥처럼 가운데가 불룩 솟아 붙여진 이름인 부산은 임진왜란 때 왜군이 산봉우리에 있던 부산진성을 허물고 산등성이를 둥글게

경주나 김해에서만 대규모 고분을 볼 수 있다는 건 편견이다. 동래도 그들 도시와 어깨를 나란히 한다.

만들어 평평한 산이 됐다. 지금은 '시루'라는 한자 '증甑'을 써서 증산이라 불린다.

고려시대 내내 핍박받던 동래 지역은 조선시대 새롭게 조명받는다. 일본과 맞서는 군사요지로 재평가받았다. 동래현은 동래도호부東萊都護府로 지위가 올라갔다. 부산 지역도 덩달아 올라갔다. 동래도호부엔 종3품 부사가, 부산엔 종5품 관리가 머물렀다. 임진왜란 이후 동래 부사는 양산, 기장 군사까지 지휘했다. 명실상부하게 이 지역을 대표하는 도시로 올라섰다.

복천동고분군에서 만난 고구려 신라 연합군에
맞선 가야 왜 연합군

1980년부터 1994년까지 동래구 복산동福山洞 1957년 복천동과 칠산동을 더한 행정동에선 100여 기가 넘는 고분이 발굴됐다. 1969년 이후 모두 113기. 남부 지방에선 경주 다음으로 큰 고분군이었다. 복천동고분군에선 9,000여 점이라는 엄청난 유물이 쏟아졌다. 무기와 갑옷이 많이 나와 많은 군사가 있었다는 것을 짐작케 한다. 작가 최인호는 《제4의 제국》이라는 책에서 금관가야연맹이 고구려 신라 연합군에 맞서 나라 운명을 걸고 싸운 최후 격전지였을 것으로 추측했다.

복천동고분군은 마안산속칭 대포산에 있다. 자전거를 끌고 언덕을 오른다. 먼저 복천박물관에 들어선다. 1996년 10월 5일에 문을 연 박물관에서 화려했던 이 지역 가야 문화를 본다. 신발, 배, 수레바퀴, 오리 모양 등 토기가 화려하다. 지금 봐도 근사하다. 복천동 11호 묘 출토 금동관은 한강 이남지역에서 발견된 것 가운데 가장 오래됐다. 이후 신라 금관의 시초가 됐으리라 추정한다. 경주 지역에서 금으로 된 유물이 많이 나오는 데 반해 복천동고분에선 철로 된 것이 많다.

박물관 입구에 붙은 한자 열여섯. 윗줄은 '전즉전의 부전즉가아도戰則戰矣 不戰則假我道', 아랫줄은 '전사이 가도난戰死易 假道難'이다. 윗줄은 임진왜란 때 부산 땅에 맨 처음 발을 디딘 고니시 유키나가小西行長가 쓴 말이다. '싸울 테면 싸우고, 싸우지 않으려면 길을 빌려달라'는 항복요구서다. 동래성 군사력은 군과 민을 합쳐야 5,000여 명이었다. 정규군은 몇 안 됐다. 정예 부대인 고니시 유키나가 부대는 1만 8,700여 명. 애초부터 상대가 안 되는 전투였다.

죽을 수는 있어도 무릎 꿇을 수는 없었다. 부사 송상현은 '싸워주기는 쉬워도 길을 빌려주기는 어렵다.'라고 답했다. 동래성 전투는

좌_ 복천박물관. 1996년 10월 5일 문을 열었다.
우_ 복천동 지역에선 100기가 넘는 고분이 발견됐다. 남부에선 경주 다음이었다.

처절했다. 군민은 모두 몰살됐다. 2008년 11월 동래에선 임진왜란 관련 유적 중 처음으로 유골이 나왔다. 확인된 것만 81개체였다.

고니시 유키나가는 독실한 가톨릭 신자였다고 한다. 도요토미 히데요시가 죽은 뒤 일본 내전 기간 중 체포되어 처형당했다. 조선을 짓밟은 그는 조선에서도 패했고, 일본에서도 결국 패했다. 그렇다면 이 처참했던 전쟁에서 승자는 과연 누구였을까.

동래구청이 개청한 1957년 당시 동래구는 꽤 넓었다. 1975년 수영구가 동래구에서 가장 먼저 떨어져 나간 뒤 해운대구, 금정구, 연제구가 차례로 떨어져 나갔다. 지금 동래구는 그 당시에 비하면 5분의 1 정도에 불과하다. 박물관에 들어서서 알게 된 동래 변천사다.

박물관 밖은 복천동고분군이다. 빽빽한 주택가 한가운데 113기 무덤. 포위된 모양새다. 주택가 집들을 고구려 신라 연합군이라고 상상해본다. 복천동고분군은 당시 동북아 최강 군대 앞에서 궁지에 몰린 가야군을 떠올리게 한다. 고분군 가운데는 야외 전시관이다. 딸린 덧널이 있는 덧널무덤54호 무덤과 구덩식돌덧널무덤53호 무덤 내부를 발굴한 모습 그대로 전시한 곳이다. 전시관은 한창 공사 중이다. 모양을 보니 조만간 개관할 듯하다.

동래읍성 한 바퀴 도니 찬란한 동래 역사가 한눈에

복천동고분군을 포함해 동래 지역을 둘러싼 성은 동래읍성이다. 가야시대 이미 성을 쌓았을 것으로 짐작되나, 역사책에는 1201년현종 12에 동래군 성을 고쳤다는 대목이 처음 나타난다. 지금 남아있는 성은 1731년영조 7에 동래부사 정언섭이 크게 고쳐 쌓은 데서 비롯한다. 성 둘레는 약 5,239미터. 원래 평지와 산에 걸쳐 성이 있는 평산성平山城이었으나, 일제강점기 때 시내를 넓히면서 평지성을 모두 없앴다. 일제에 의해 평산성이 산성이 돼버렸다.

성을 따라 화려한 동래 문화를 맛본다. 동래향교에서 시작하자. 향교는 조선시대 나라가 세운 국립학교다. 동래와 부산 지역 통틀어 단 한 곳 세워졌다. 때는 1605년, 선조 38년이다. 임진왜란이 끝난 지 7년이 지나서야 겨우 조정은 이곳에 국립학교를 세울 여유가 생긴다.

대성전엔 5성五聖, 공문 10철孔門十哲, 송조 6현宋朝六賢, 우리나라 18현十八賢의 위패를 봉안했다. 모두 유교를 상징하는 인물들이다. 향교

좌_ 동래향교. 1605년 동래에 국립학교인 향교가 세워졌다.
우_ 애초 평지와 산에 걸쳐 만들어진 동래읍성. 일제가 평지성을 모두 없애면서 산성이 돼버렸다.

가 유교 국가 조선을 지탱하는 핵심기관임을 알 수 있다. 즉 향교가 있는 곳이 그 지역 중심이란 뜻.

    자전거를 끌고 등산을 시작한다. 날씨가 더워 땀이 비 오듯이 쏟아진다. 향교 옆에선 유물 발굴 작업이, 산을 끼고는 성곽 복원 작업이 한창이다. 복원 작업을 하는 사람들로 산이 북적거린다. 서장대에서 잠시 숨을 고른다. 동래읍성 역사관을 지나 복천박물관이다. 여기서 길을 따라 동래시장 쪽으로 내려간다.

    사거리 파출소 위는 독립만세 그림이다. 파출소 위에 그려진 독립운동 그림은 처음 봤다. 이유가 있다. 1919년 3월 이곳에서 동래 지역 주민들이 독립만세를 외쳤다. 이곳은 지금 만세거리로 불린다. 파출소 위에 그림이 그려진 이유다. 일본과 가까워 일본으로부터 피해를 가장 먼저 보곤 했던 동래는 그만큼 저항정신도 높았다. 1883년 일어난 동래민란은 개항 이후 개항장에서 일어난 최초 민란이다.

    동래시장 주변 만세거리 근처엔 역사 흔적이 넘친다. 조선시대 동래부 관아 대문이던 망미루터. 동서남북 4대문을 여닫는 소리를 내던 큰 북이 걸렸던 문이다. 일제강점기 때 도시를 정리하면서 여기서 몇 킬로미터나 떨어진 금강공원 입구로 옮겼다. 몇 걸음 옮기자

좌_ 전쟁 중에도 돈은 필요했다. 정부는 한국전쟁 시기 피난수도 부산에 한국조폐공사를 세웠다.
우_ 1919년 3월 동래 주민들이 독립만세를 외쳤다. 파출소 위에 당시 만세시위 모습이 그려져 있다.

독진대아문터다. 조선 후기 동래부는 경상 좌병영 경주진영에서 떨어져 나왔다. 독립된 군사권을 가졌다는 것을 상징하는 대문이다. 이 또한 일제강점기 때 금강공원 산자락으로 옮겨졌다.

동래부 동헌으로 들어선다. 조선시대 동래부를 다스리던 부사가 일을 보던 곳. 자전거를 몰고 주변을 돈다. 중앙 관원들이 머물고 손님을 영접하던 동래부 객사터, 조선시대 동래부 방어시설이던 서문터, 임진왜란 때 송상현 등 목숨을 잃은 분들을 모신 송공단, 조선 후기 동래부 군 장관들의 집무소인 장관청, 동래부 군관들이 군사 일을 보던 군관청 등이 잇따라 나타난다. 몇 발자국 옮길 때마다 유적지다. 눈은 바쁘고 덩달아 사진을 찍는 손도 바쁘다.

동래역 쪽으로 나오다 만나는 메가마트는 한때 한국조폐공사 자리다. 우리나라 현대 화폐가 최초로 만들어졌다. 왜 서울이 아닌 동래에서 현대 화폐가 처음 만들어졌을까. 이유는 한국전쟁이다. 전쟁이 터지면서 부산은 임시수도가 됐다. 중앙기능이 부산 곳곳에 자리를 잡았다. 한국조폐공사는 1951년 10월 동래에 자리를 잡고 나서, 1953년 7월까지 이곳에서 운영됐다. 1953년 7월 27일 휴전과 함께 이곳을 떠났다.

동래에서 즐기는 다양한 먹을거리와 볼거리

자전거를 타고 금정산 방향으로 달린다. 금강공원을 보러 간다. 부산에서 살았던 어린 시절, 금강공원에 몇 번 간 적이 있다. 그때는 '금강원'이라 불렀다. 어린 시절 나보다 덩치가 컸다고 느껴지는 비단구렁이를 본 기억이 생생하다.

오르막길을 오르기 시작하니 망미루가 먼저 맞이한다. 동래부 동헌 앞에 떡 하니 버티고 서 있어야 마땅할 대문은 건물도 없는 자리에 홀로 세워졌다. 망미루를 지나면 동래파전 간판을 단 가게가 나타난다. 동래파전은 부산 대표음식 가운데 하나다. 부산 민속음식점 1호가 바로 1930년쯤 문을 연 '동래할매파전'. 해물과 파를 듬뿍 넣어 두툼한 게 특징이다. 조선시대 때 동래 부사가 3월 3일에 임금님께 바쳤다는 이야기가 전해진다. 임진왜란 때 동래성에 들어온 왜군을 파로 물리쳤다는 이야기도 있는데, 익살스럽다. 일반인들은 쉽게 접할 수 없는 귀한 음식으로 일제강점기 때 동래 기생들이 즐겨 먹었다고 한다.

금강공원은 나를 30년 전 그 시절로 데려갔다. 놀이기구는 그대로였다. 어쩜 이렇게 하나도 변하지 않았을까. 손으로 정성껏 쓴 안전 수칙이 재미있다. '탑승 중 노래와 춤을 금합니다.', '탑승 후 끽연을 금합니다.', 수칙으로 보건데 당시 놀이기구에서 춤을 추고 노래를 불렀으며, 담배에 불을 붙이던 이들이 있었던 모양이다.

정상을 향해 올라가는 산길은 걷기 좋다. 길은 고등을 닮았다. 이따금 나타나는 시를 읽는 재미도 괜찮다. 〈해같이 달같이만〉을 쓴 이주홍 시인을 만나고, 사진작가 허종배도 만난다. 우리나라 최초로 종두법 천연두예방법을 실시한 지석영선생공덕비도 나온다. 지석영은 동래 부사를 지냈다. 독도 문제가 불거질 때 항상 앞자리에 나오는 안용복, 조선시대 최고 과학자 장영실도 동래 출신이다. 우장춘 박사는 동래에 있는 한국농업과학

금강공원 놀이기구. 한때 우주선 놀이기구를 타면 유능한 조종사가 된 것 같았다. 아주 오랜 옛날 일이긴 하지만.

연구소에서 씨 없는 수박을 만들었다. 이를 기념해 우장춘 기념관이 이곳에 세워졌다.

임진왜란 당시 동래성 전투는 유명하다. 처절했던 만큼 많은 사람이 목숨을 잃었다.

임진동래의총은 임진왜란 때 동래성을 지키다 숨진 이들을 모신 무덤. 울창한 숲 사이로 자전거를 메고 올라가니 동래 독진대아문이 나온다. 역시 망미루처럼 건물과 전혀 상관없이 옮겨졌다. 일제는 멀쩡한 건물을 이리저리 옮겨놓았다. 일제는 왜 이 건물들을 없애지 않고 외딴 산자락에 옮겨놓았을까. 두고두고 모욕을 줄 마음이었을까. 알 수 없다.

금강공원은 놀이공원이자 좋은 역사학교이다. 어린 시절 이곳을 찾았을 땐 왜 몰랐을까. 오로지 놀이기구가 있고, 큰 뱀이 있으며, 맛있는 것을 먹을 수 있는 곳으로만 기억했다.

산에서 내려와 번화가 쪽으로 발길을 옮긴다. 온천거리다. 동래에서 유명한 것 중 하나가 온천이다. 지하철역 이름이 온천장역이며, 동네 이름은 온천동이다. 2007년부터 대한민국 온천대축제가 열린다. '온천노래방', '온천교회', '온천성당', '온천게임파크', '온천극장', '온천스포츠' 등 간판은 이곳이 어디인지 알려준다. 동래온천은 신라시대부터 유명했다. 신문왕 때 재상 충원공이 장산국동래현 온천에서 목욕했다는 기록이 《삼국유사》에 나온다. 신라왕들도 여러 차례 다녀갔고, 고려 때 문인 이규보는 동래온천에 관한 시를 남겼다.

동래읍성 정상부에 올라 잠시 쉬었다. 누구라도 산에선 쉬엄쉬엄 쉬어 가야 한다. 땀 흘려 산을 오른 다음 긴 의자에서 맞는 바람은 얼마나 시원한지.

온천이라면 환장하는 일본인들이 이를 가만 놔뒀을 리가 없다. 1915년 일제는 동래온천을 관광지로 개발하려고 전차를 놓았다. 온천장은 전차 종점이었다. 큰 인공호수도 만들었다. 지금 허심청 자리다. 한국관광공사 사이트에는 동양 최대 온천 시설이라고 소개됐다.

길을 걷다 어디서 김이 올라오는 것을 봤다. 동래온천 노천 족탕이다. 2005년 APEC 정상회의 개최 기념으로 만들어졌다. 많은 이들이 발을 담그며 쉰다. 참새가 방앗간을 지나갈 순 없다. 발을 담근다. 몸이 풀리는 느낌이다. 이미 어둠은 깔렸고 네온사인은 번쩍인다.

고려와 조선을 거치며 이 지역 대표도시로 떠올랐던 동래. 이 지역 조그만 산 이름이었던 부산. 동래를 다스린 울주와 양산. 네온사인이 번쩍이듯이 역사 속에서 도시는 화려하게 떠오르다 때론 사그라졌다. 조선시대 동래학춤, 동래한량춤, 동래고무 등 동래는 화려한 양반문화를 꽃피웠다. 한때 개성, 의주와 함께 3대 시장을 이룬 것도 동래였다. 공업이 역사를 이끌던 시기 동래는 잠시 역사 뒤로 비켜 앉았다. 앞일은 또 모른다. 문화가 주도권을 쥐면 동래는 성큼 역사 앞으로 나설지도.

개혁군주
정조의 꿈이
잠들다

경기도 수원시 화성

2008년 6월 16일 막을 내린 MBC 드라마 〈이산〉은 평균시청률 29.4퍼센트를 기록하며 큰 인기를 끌었다. 최고 시청률은 39.2퍼센트였다. 개혁군주 정조에 대해 시청자들이 보낸 애정은 대단했다. 정조는 떠났지만 그가 이루고자 했던 이상은 지금 고스란히 남았다. 수원화성이 그곳이다.

고려시대 등장한 수원은 정조를 거쳐 신도시로 다시 태어났다. 우리 역사상 최초 계획도시라는 평가도 얻는다. 신도시도 나이를 먹는다. 곱게 곱게 나이를 먹어 지금은 우리나라뿐만 아니라 전 세계 유산이 됐다. 1997년 12월 화성은 세계문화유산에 등록됐다.

유네스코가 정한 한국 세계문화유산은 7개에 불과하다. 화성을 비롯해 석굴암·불국사, 해인사 장경판전, 종묘, 창덕궁, 경주 역사유적지구, 고창·화성·강화 고인돌유적이 겨우 이름을 올렸을 뿐이다. 자연유산으로 제주 화산섬·용암 동굴을 더해도 겨우 8개다.

수원화성 팔달문. 수원화성은 개혁군주이자 실용군주였던 정조의 꿈을 상징한다.

드라마 〈이산〉이 끝난 지 불과 4개월 뒤인 10월 초, 경기도가 〈경기도 문화재보호조례 개정안〉을 발표했다. 문화재 영향검토 범위를 문화재 외곽경계 500미터에서 200미터로 바짝 당겼다. 200미터만 넘어서면 10층 미만 건물을 지을 수 있게 됐다는 뜻이다.

화성보다 높은 건물들이 성 주위를 둘러싼다면 지금과 같은 위엄을 지킬 수 있을까. 아마 힘들 것이다.

개발 제한 때문에 피해 VS. 개발에 밀리는 화성 문화 정책

수원화성은 개발과 보존이라는 수레바퀴 가운데 있다. 1796년에 완성된 성은 1922년 대홍수 때 북쪽 수문인 화홍문이 크게 파괴돼 모양이 훼손됐다. 화홍문은 그 모양이 특히 예뻐 우리나라 최초 지폐인

좌_ 우리네 성은 곡선이다. 단단한 돌은 장인의 손을 거쳐 부드러운 곡선으로 변한다.
우_ 어디로 가야 할지 모를 때마다 이런 표시가 나타난다면 참 편하겠다.

십 원권에 쓰인 상징성 큰 건축물이었다. 당시 십 원권 지폐엔 화홍문 외에 광화문과 주합루가 쓰였다.

화홍문이 무너지자 시민들은 그냥 있지 않았다. 그 해 수원 지역 기업인 교육자, 시민들이 수원명소보존회라는 단체를 만들고 모금 활동을 벌인다. 무려 8년 동안 이어진 활동이었다. 시민들이 정성껏 거둔 돈을 바탕으로 1933년 화홍문은 복원된다. 우리 역사상 지역 백성들이 돈을 모아 문화유산을 복원한 최초 사례다.

그 뒤 한국전쟁을 거치며 크게 파손됐다. 1975년부터 복원작업을 하고 있다. 200년밖에 안 된 데다 상당수 건물을 복원한 화성이 세계문화유산에 등록된 이유는 《화성성역의궤》 덕분이다. 의궤엔 건설 과정이 꽤 자세히 기록돼 있다. 화성처럼 구체적인 기록이 남은 사례는 전 세계 어디서도 찾기 어렵다.

의궤는 공사비가 87만 3,517냥 7전 9푼 들었다고 냥 밑 단위까지 자세히 기록했다. 공사에 참가한 인원수와 일한 날짜까지 자세히 나온다. 정조와 정약용이 얼마나 꼼꼼한 사람인지 알 수 있다. 달리 생각하면 그만큼 백성을 어렵게 생각하고 귀하게 여겼다고도 보인다.

세계문화유산이라는 이름은 근사하다. 주변 집들이 모두 낮게 늘어서 있으니 화성이 지닌 웅장함은 더욱 돋보인다. 주민 중엔 그로

말미암아 상실감을 느끼는 이들이 적지 않다. 똑같이 수원에 살기 시작했는데, 어디는 하늘 높은 줄 모르고 건물이 올라가지만, 이곳은 집조차 제대로 부수고 높일 수 없다.

세계문화유산 지역에 사는 주민이라는 긍지가 돈과 물질이 지배하는 요즘 세상에서 얼마나 보상이 될까. 학예연구사 김준혁은 개발범위를 넓힌 〈경기도 문화재보호조례 개정안〉을 비판했지만, 문제의식을 느낀 또 다른 지인은 입을 다물었다. 하고 싶은 말은 많지만, 싸움에 끼어들고 싶지 않다고 했다.

비단 우리뿐만이 아니다. 다른 나라에서도 개발 제한을 받는 주민들과 문화유적을 지키려는 정부 간 갈등이 종종 일어난다. 다리 하나를 놓겠다고 했다가 유네스코가 세계문화유산 지정을 해지하겠다고 경고한 바도 있다. 화성이라고 그러지 말란 법이 없다. 지혜가 필요하다. 수원화성을 찾았다.

성 안 마을의 나지막한 풍경

지하철을 타고 수원에 들어갔다. 화서역에 내리면 화서문이 가깝고, 수원역에 내리면 팔달문이 가깝다. 화성은 동쪽이 창룡문, 서쪽이

좌_ 장안문은 지금 복원 중인 숭례문보다 크다. 조선에서 가장 큰 문이다.
우_ 성벽 길 따라 걸어볼까. 그 옛날 포졸이 흘린 엽전이라도 주우려나.

화서문, 남쪽이 팔달문, 북쪽이 장안문이다. 수원 네 개 구 중에서 남북 구는 수원 화성 큰 문 이름을 땄다. 북쪽 구는 장안구, 남쪽 구는 팔달구다.

화서문 옆 성벽은 옛 돌 그대로다. 성을 쌓았을 때 48개 시설물이 있는데, 시가지 조성과 전란 등으로 일부가 사라지고 41개 시설물이 남았다.

가장 큰 문은 장안문이다. 숭례문보다 큰 문으로 우리나라에서 가장 큰 성문이다. 숭례문보다 크니 당시 조선 전체를 통틀어 가장 큰 문이다. 불타버린 숭례문과 비교가 돼 '참 보존이 잘 됐다.' 싶은데 안내문을 보다 '허걱'했다.

한국전쟁 때 크게 파괴된 장안문 사진이 문 안에 전시돼 있다. 포탄에 문 반쪽이 날아간 모습이 머리 반쪽이 사라진 것처럼 처참하다. 불과 60여 년 전이다. 장안문은 아무렇지도 않은 듯 시침 뚝 떼고 사람들을 맞는다.

장안문과 창룡문 사이 문은 화홍문이다. 수원천이 화홍문 아래를 흐른다. 수원천은 길이가 14.45킬로미터로 짧은 천이다. 폭도 좁다. 정조가 노론 벽파에 맞서려고 수원 천도설을 기획했다는 설이 있다. 혹자는 수원천을 예로 들어 반박했다. 새로운 도시를 만들려면 가장 중요한 게 물인데, 수원천은 화성 백성들을 먹여 살릴 만한 크기가 아니라면서.

화성 내 동네는 팔달동, 남향동, 남창동, 신풍동 등 꽤 동이 많다. 2007년 8월 6일 팔달동, 남향동, 신안동이 행궁동으로 통합됐다. 오랫동안 그곳에 살다 지금은 떠난 토박이 후배는 그 사실을 몰랐나

보다. "수원에 아주 오래된 동네가 있는 데 팔달동이다. 화성 안에 있다."라고 귀띔했던 터다.

방향을 찾다가 한 어르신에게 말을 걸었더니 "팔달동은 없어졌고 지금은 행궁동"이라고 친절하게 설명해주신다. 행궁은 왕이 임시로 머무는 곳이다. 지방에 내려갈 때나 능 참배 시, 피난 때를 대비해 만들었다. 정조는 화성 외에도 과천, 안양, 사근참, 시흥, 안산에 행궁을 설치했다. 모두 경기도 남쪽이다.

행궁동은 팔달로 1, 2, 3가, 남창동, 영동, 중동, 구천동, 남수동, 매향동, 북수동, 장안동, 신풍동 등 12개 법정동을 관할한다. 작은 동이 많다는 것은 역사가 오래된 자연부락이 많다는 뜻이다. 서울에도 종로구와 중구에 법정동이 특히 많다.

수원역에서 내려 팔달문으로 가보자. 근처에 있는 시장이 영동시장과 지동시장이다. 수원 향토 음식인 수원갈비가 시작된 곳이 1940년대 영동시장 화춘옥이다. 영동시장은 1917년, 지동시장은 조선 말 보부상들이 활동했다고 알려진 곳이다. 지동시장 입구는 기와건물을 얹어 나름 멋을 냈다.

지동시장은 조선 말 보부상들이 활동했다고 알려진 전통 있는 곳이다.

한때 경기 남부 최대 재래시장으로 인기를 끌었지만, 지금은 위세가 많이 꺾였다. 2000년을 전후해 대형 유통업체 17개가 들어오면서부터다. 어디서나 거대 시장이 들어오면 기존 중소시장이 무너진다. 더 많이 벌고 싶은 욕심이 있으니 시장과 기업은 계속 커질 수밖에 없고, 그 사이에서 누군

성벽 옆 집들은 낮다. 왕의 위엄 때문이 아니다. 문화재 보호를 위해서 고도제한을 하기 때문이다.

가는 몰락한다. 욕심을 줄이고 더불어 가야 할 때다.

팔달문 옆 팔달시장엔 과거 수원면 읍사무소와 수원시청이 있었다. 그 자리에 그 시절을 알리는 표석이 있다. 이 자리가 한때 수원을 이끌던 중심가였음을 알리는 흔적이다.

시장 옆을 흐르는 천이 수원천이다. 천을 따라 오래된 가게와 집들이 늘어섰다. 손수 페인트로 글씨를 쓴 대장간 간판이 친근하다. 기름 집 간판에선 시골 장터 냄새가 난다.

하천 옆 다리에선 한 아저씨가 자전거를 수리 중이다. 몇 번 쓰다 버리고 쉽게 새것 사는 요즘 자전거 수리소는 참 보기 드문 곳 중 하나다. 게다가 그 자전거 수리점은 정확히 말해 '점店'이 아니다. 다리

옆에 고칠 자전거를 늘어놓고, 수레에 각종 공구 늘어놓은 게 전부다. 일 끝나면 수레 밀고 사라지는 이동 가게다. 마침 타고 간 자전거가 있었지만, 마땅히 수리할 데가 없다. 고치는 모습을 물끄러미 쳐다보다 자리를 떴다.

성을 따라 마을을 살피며 걸었다. 화성 안 집들은 모두 낮다. 그러니 어디서나 성과 성문이 보인다. 성벽보다 높은 집은 없다. 문화재 보호를 위해서 고도제한을 하기 때문이다. 그 덕분에 화성 안과 주변 사람들은 누구나 공평하게 집 옥상에서 화성을 본다. 지금까진 그랬다. 2008년 10월 조례가 바뀌기 전까지 동서남북 문 주변은 3층11미터 이하로 제한했다. 성벽 바로 옆은 2층6.5미터이다. 거리가 멀어지면 층수가 높아져 팔달로를 기준으로 4층까지 올릴 수 있다. 이것도 신축건물 기준이었다. 바뀐 조례는 개발에 밀리는 요즘 시절을 보여준다.

아직 화성 동네는 시간이 느리다. 요즘 나무 전봇대를 볼 수 있는 곳이 과연 몇 군데나 될까. 사람이 간신히 지나갈 만한 골목길, 꽤 너른 텃밭, 배추를 심은 화분들, 마을 사람들이 담소를 나누는 평상, 밥 익는 냄새가 어디선가 날 듯한 풍경들이다.

행궁동사무소 바로 앞엔 나혜석 비석이 있다. 지금도 정조를 지키자는 말을 하는 세상인데, 1935년 정조관념 해체를 주장했다. 그에게 뒷사람들은 페미니즘 선각자라는 별명을 붙였다. 1920년대에 이미 세계일주를 하고 이혼과 수도생활까지 했으니 삶이 파란만장했다. 화려한 삶을 살았던 그는 1948년 12월 10일 서울 원효로 시립자

제원에서 무연고자로 사망했다. 시립자제원은 행려병자 보호시설이었으니 나혜석은 누구의 보살핌도 없이 세상을 떠났다. 그는 불꽃처럼 살다 갔다.

다산길과 반계길을 따라 산을 오르다

다시 골목으로 들어갔다 나오니 큰 기와지붕이 눈에 띈다. 뭔가 싶어 보니 신풍초등학교다. 충효문이란 이름이 붙은 교문이 범상치 않다. 100년이 넘은 학교다. 1896년 2월 10일 수원 공립소학교란 이름으로 개교해 1996년에 개교 100주년이 됐다. 2010년 114년이 된, 국내서 가장 오래된 초등학교 가운데 하나다.

참고로 국내서 가장 오래된 사립초등학교는 1892년 설립된 인천 영화초등학교, 가장 오래된 공립초등학교는 1894년 9월 18일 설립된 서울 교동초등학교다.

신풍초등학교는 화성 복원 계획에 따라 철거 대상에 올랐다. 1895년 문을 연 수원우체국도 철거 대상이다. 200여 년 전 궁을 복원하기 위해 100년 전 건물을 철거한다는 게 과연 균형잡힌 보존 정책일까. 이렇게 비판하는 목소리가 있다.

신풍루.
정조는 효성이 깊었다. 화성에 행궁을 만들고 수시로 행차를 했다.

학교에서 보니 담 옆이 바로 화성행궁行宮이다. 화성행궁 정문이 신풍루니, 신풍초등학교가 여기서 비롯된 듯싶다.

행궁을 지나치고서 팔달산 쪽으로 방향을 틀었다. 비록 143미터에 불과하지만, 그래도 산은 산이다. 어르신들이 힘겹게 산을 오른다.

화성 내에 있는 여러 길 가운데 실학자의 호를 딴 길이 두 개다. 반계길과 다산길이다. 반계는 실학자 유형원의 호다. 유형원은 저서 《반계수록》을 통해 화성에 대한 몇 가지 아이디어를 내놓았다. 성은 주민이 살 정도로 커야 하고, 주민이 많이 살 수 있도록 상공업을 장려해야 하며, 성에 포루 등을 설치해 적이 쳐들어왔을 때도 피하지 않고 싸울 수 있게 하여야 한다고 써놓았다.

다산길은 정약호의 호를 붙였다. 정약용은 정조 명에 따라 화성을 계획하고 거중기를 설계해 화성 공사 기간을 크게 줄였다. 원래 10년에 걸쳐 지을 계획이었던 수원 화성은 1794년 1월 착공해 1796년 9월 완공된다. 3년도 안 되는 짧은 기간이었다. 공기가 줄었으니 당연히 건설비가 줄었을 게다.

이렇게 공기가 줄게 된 데는 일한 만큼 정확히 품삯을 계산해서 일 능률을 올린 것과 기중기 사용이 이유라고 알려졌다. 무조건 싸게 사람을 부리려고 애쓰는 요즘 기업들이 배워야 할 점이 아닌가 하는 생각이 든다.

행궁에서 빠져나오는데 플래카드가 가득하다. '보상은 헐값', '형편없는 주민 보상', '죽어도 협상 없다'와 같은 문구들이 밤거리를 수놓는다. 구경꾼일 뿐인 나야 그 자리를 뜨면 그뿐이지만 수원 화성은 개발과 보존이라는 화두 앞에서 위태롭게 버티고 있다. 과연 우리는 200년 전 개혁군주 정조에게서 무엇을 배워야 할까.

50여 년 된 이발관에 가다

화성 창룡문 근처 북수동엔 50년 된 이발관이 하나 있다. 공신이발관이다. 1950년대 수원에는 공무원이 상주하던 공설(公設)이발관이 있었다. 피난민을 대상으로 영업하던 공설이발관은 값이 싸 손님이 매우 많았다. 이런 공설이발관 중 한 곳이 쭉 이어지다 1990년대 공신이발관으로 이름을 바꿨다. 지금 주인은 9년 전 주인에게 이 이발관을 이어받았다. 북수동 25번지에 공설이발관이 개업한 것이 1958년 9월 30일. 그러니 50년 맥을 이은 이발관이라고 할 수 있다.

기온이 영하로 떨어진 어느 날 그곳을 찾았다. 한 사람이 머리를 깎고 있다. 약 6시경. 손님이 많은 편은 아니다. 주인은 한길우 씨. 손놀림이 능숙하다. 상패가 무척 많아 세계대회에 나간 적이 있는지 물어보니 나간 적은 없단다. "가고 싶긴 하다."라면서 싱긋 웃는다.

단골손님이 많단다. 수원에서뿐만 아니라 경기도 화성 등 경기도 외곽지역에서도 많이 온다고. 성 안 이발관이라 입지가 좋은 편이 아님에도 유지가 되는 게 단골손님 덕분이라고 한다.

이발관이 오래됐으니 손님도 같이 나이를 먹는다. 학창 시절 짧게 머릴 깎던 중학생이 어른이 돼 찾아오기도 한다. 자녀를 데리고 오는 일도 있다.

좌_ 화성 창룡문 근처엔 50여 년 된 이발관이 있다.
우_ 한 해 두 해 연륜이 쌓이면서 자연스레 족보가 생긴다.

어느새 해가 졌다. 정조가 꾸었던 꿈은 아스라하다.

머리를 깎았다. 가위로 머리를 깎고, 기계로 마무리한다. "마음에 드느냐?"고 묻는다. "괜찮다."라고 했더니, "또 올 거냐?"라고 다시 묻는다. 마음에 들었는지 단단히 확인하고 싶은 모양이다. 옆에 있던 부인이 옆구리를 건드리며 "에이구" 한다.

50년이라고 하지만 그때 그 건물이 아니고, 그때 그 사람이 아니니 아무래도 감동은 덜하다. 그래도 맥을 잇는다는 게 어딘가. 이발소 가운데 걸린 '공신' 간판은 이전 주인에게 물려받은 것이다. 이 자리서 40년, 50년 이어가 화성과 같이 곱게 늙어가는 이발소가 되길 바랄 뿐이다.

검은 황금 시절 지나
봄은
다시 오리니

강원도 삼척시 도계읍

　대한민국호가 기적으로 불리는 경제발전을 시작하려면 엄청난 에너지가 필요했다. 자원 빈국인 우리나라에서 그나마 풍부했던 자원은 무연탄이었다. 석탄은 크게 무연탄과 유연탄(역청탄, 갈탄, 토탄)으로 나뉘는데, 무연탄은 품질 면에서 가장 우수했다. 우리나라 석탄은 대부분 무연탄이다. 정부는 무연탄 생산을 독려했고, 잇따라 탄광이 개발됐다.

　1953년 86만 7,000톤에 불과했던 무연탄 생산량은 1963년에 이르면 885만 8,000톤으로 10배 넘게 뛴다. 1965년엔 1,000만 톤을 넘기고, 이듬해엔 무연탄 자급자족을 이룬다. 당시 무연탄은 전체 에너지 수요의 54.5퍼센트를 차지했다.

　1960년대 중반 큰 위기가 있었다. 정부가 새로운 에너지원으로 석유를 주목하고, 국가 에너지 정책을 바꿨다. 대통령 의지는 강했다. 1966년 11월 16일 대통령 지시가 떨어졌다. 가정용 겨울연료난을

검은 황금이 지배하던 도시 도계. 검은 황금시대는 저물었다. 사람이 떠나고 도시는 활기를 잃었다. 대한석탄공사 공장 뒤 하늘이 맑다.

해결하기 위해 난방연료를 연탄에서 유류벙커C유로 바꾼다는 결정이었다.

정부는 연탄을 다량으로 사용하던 목욕탕, 이발소, 미장원, 숙박업소, 다방 등 영업장소에서의 연탄 사용을 금지하고 유류 사용을 의무화했다. 건물 신축을 허가함에 있어서도 유류 사용 보일러의 설치를 조건으로 달았다. 이어 유류 사용 확대를 위해 석유류 수입 관세를 면제하여 가격을 인하했다. 석유스토브, 오일 버너 등 난방 기구와 취사용 기구에 대한 수입도 전면 자유화하고 수입 관세도 전액 면제했다. 석유판매점도 무제한 허가했으며 유류 수송을 위한 유조차 수입을 무제한 허가하고 면세 조치했다. 심지어는 대도시에서 석유 사용 캠페

인까지 전개하여 유류 사용 증대의 에너지 정책을 강력히 추진해 나갔다.

- 〈대한석탄공사 50년사 : 석탄산업의 발전과 공사의 발자취〉
www.kocoal.or.kr/data/50year_1.php

정부 정책이 바뀌자 석탄산업은 흔들렸다. 1967년 1,243만 6,000톤을 기록한 무연탄 생산은 이듬해 1,000만 톤을 간신히 넘기는 수준으로 줄었다. 1967년 9월부터 11월까지 단 두 달 사이 줄어든 탄광 노동자만 5,000명이 넘었다. 1967년 200여 개를 헤아리던 탄광 숫자가 1969년엔 50개였다. 이렇게 석탄산업은 몰락하는 듯 보였다.

석탄산업을 나락에서 구한 것은 중동이었다. 1973년 10월 제4차 중동전이 발생했고, 아랍 산유국들은 즉각 감산을 결의했다. 석유 수급에 비상이 걸렸다. 대통령은 이전 방침을 뒤집고 1974년 연두 기자회견에서 다음과 같이 말해야 했다.

"석탄을 증산해야 되겠습니다. 석탄이 우리나라에 무진장 있는 것이 아닙니다. 그러나 우리나라가 가지고 있는 자원 중에는 비교적 다른 것보다 많이 가지고 있는 자원이기 때문에 석탄 증산을 우

하루 일과가 끝났다. 석탄차와 광부는 휴식에 들어갔다. 선로도 조용히 숨을 죽였다.

리가 좀 더 해야겠습니다. 그래서 에너지를 절약하고 유류에 대한 의존도를 될 수 있는 데로 줄여야겠습니다."

바람 앞 등불과 같았던 국내 석탄산업은 기사회생했다. 1978년 제2차 석유파동이 벌어지면서 석탄산업의 지위는 좀 더 단단해졌다. 1978년 12월 27일 이란은 석유 수출을 전면 중단한다. 10월 이슬람 혁명으로 정권을 잡은 호메이니가 전 국왕인 팔레비의 망명을 도운 서방 국가들에 대해 석유를 수출하지 않기로 했기 때문이다.

이런 외부조건에 힘입어 1982년 무연탄 생산은 2,011만 7,000톤으로 늘었다. 1986년엔 2,425만 3,000톤까지 생산량을 올렸다. 국내 가정과 상업용 에너지 소비량의 64.7퍼센트를 차지했으니 엄청난 비중이었다.

하지만, 영원한 것은 없었다. 환경규제가 전 세계 키워드가 되고, 석탄채굴 비용이 늘면서 석탄은 미운 오리 새끼 신세가 됐다. 1960년대에 이어 다시 한번 정부는 연탄 사용 금지 정책을 내놓았다.

국민 생활수준의 향상과 아파트의 대량 보급 등으로 주거생활 형태에 변화가 오며 청정에너지에 대한 선호도가 높아지고 무연탄의 수요는 급격히 감소하였다. …… 연탄에서 가스로의 연료 전환은 1986년부터 본격화되었다. 유가의 안정으로 석탄의 가격경쟁력이 약화되고, 국민소득 증가와 대단위 아파트 건설, 그리고 올림픽을 앞두고 시행된 환경규제 강화는 연탄의 입지를 약화시켰다. 이러한 상황에서 1986년 4월, 정부는 연탄 사용으로 인한 대기 먼지와 일산화탄소 오염, 악취, 중금속 오염을 낮추기 위해 서울, 부산, 대구, 인천 등 직할시급 이상 대도시의 학교, 병원, 관공서, 요식 숙박업소, 일정 규모 이상의 신축 단독주택 및 아파트 등지에서의 연탄 사용을 금지했다. 그리고 1989년 12월에는 연탄 사용 가구의 LNG 보일러 설치를 지원하기에 이르렀다.
 　－〈대한석탄공사 50년사 : 석탄산업의 발전과 공사의 발자취〉

 무연탄 생산은 1988년 2,429만 3,000톤으로 꼭짓점에 이르고서, 끝없는 내리막길로 접어든다. 2009년 말엔 생산량이 277만 3,000톤에 그쳐 전성기 때 9분의 1 수준에 머물렀다. 1986년 361개에 이르던 탄광은 2010년 현재 대한석탄공사가 운영하는 3곳 포함 5개에 불과하다. 86년 당시 6만 8,861명이던 탄광 노동자는 2009년 기준 5,230명에 불과하다.

 가장 큰 타격을 받았던 도시 가운데 한 곳이 삼척시 도계읍이다. 우리나라 무연탄 매장량에서 도계와 태백은 전체 35.5퍼센트를 차지했다. 가장 많은 양이다. 채굴 가능한 매장량으로 기준을 바꾸면 40퍼센트로 훌쩍 뛴다.
 오지 가운데 오지로 꼽혔던 도계는 석탄산업과 함께 엘도라도로 탈바꿈한다. 탄광이 생겼고, 사람들이 모여들었다. 시장이 생기고 돈이 넘쳤다. 보리밥이 일상이던 시절 도계 사람들은 쌀밥을 먹었다. 전성기 인구는 4만 5,000명에 이르렀다. 이제 1만 명을 간신히 넘기는 도계에서 그 시절은 아스라한 꿈이다. 40여 개에 이르던 광업소는 이제 단 두 곳만 남았다.
 너무나 가팔랐던 성장, 그 성장이 무색하게 스러진 아픔을 탄광 도시들은 고스란히 받아 안을 수밖에 없었다. 대한민국 경제성장의 빛

좌 오지 속 오지 도계에서 철도는 안과 밖을 잇는 유일한 소통로였다.
우 오래전 증기기관차가 달렸다. 급수탑은 그 시절 흔적이다.

나는 모습과 그 무한질주가 남긴 추억을 살피려고 2010년 삼척시 도계읍을 찾았다.

오지 가운데 오지, 국내 유일 스위치백 열차가 다니는 마을

서울 청량리역에서 아침 7시 10분 기차를 타고 떠난다. 도착 시각은 낮 12시 23분. 5시간 13분이 걸린다. 그나마 2010년 4월 이후 36분이 줄어들었다. 서울에서 도계로 들어가는 열차는 하루 여섯 번. 차는 무궁화호가 유일하다. 대한민국에서 제일 빠르다는 KTX도, 한때 가장 빨랐던 새마을호도 도계에 들어서지 않는다. 버스를 타고 가려면 삼척시나 태백시까지 간 다음 다시 갈아타야 한다.

경기도에서 '쌩쌩' 달리던 기차가 원주, 영월, 정선을 지나 태백 땅에 들어서니 눈에 띄게 느려진다. 길은 계속 꺾이고 연이어 터널이다. 통리역에서 심포리역으로 넘어가면 행정구역이 태백시에서 삼척시 도계읍으로 바뀐다. 이 구간이 가장 험하다. 터널만 무려 11개다. 심포리역을 지나면 스위치백 구간이다. 산 기울기가 너무 가팔라 지그재그로 길을 닦았다. 일부 구간에선 기차가 뒤로 간다. 함께

탄 할머니 몇 분이 기차가 뒤로 가자 깜짝 놀란다.

스위치백이 생기기 전 이 구간은 인클라인 방식으로 기차가 달렸다. 1940년 개통된 인클라인 방식 철도는 심포리역에서 통리역까지 수직높이 219미터를 극복하기 위해 만들어졌다. 줄을 매달아 기차를 끌어올리는 방식이다. 직선거리는 1.1킬로미터 정도지만 증기기관차 힘으론 도저히 올라갈 수가 없었다. 심포리역 구간과 통리역 구간에 각각 열차를 줄로 묶는다. 한쪽 열차가 다른 쪽보다 가벼워야 한다. 모터가 움직이면 한쪽 열차가 움직이기 시작한다.

산골터널1,100미터에 이르면 승객들은 모두 내려야 했다. 열차를 가볍게 하기 위해서였다. 짐을 지고 산을 올라야 했던 승객들을 위해 주변엔 항상 지게꾼들이 대기했다. 승객들 주머니를 노린 야바위꾼도 많았고, 냉차집도 번성했다. 그때도 '끗발' 있는 사람들은 달랐다.

대부분 사람은 걸어서 또는 뛰어서 열차를 옮겨 탔지만 몇몇 철도승무원 가족이나 지역에서 끗발 있는 사람의 가족들은 기관차 머리에 탑승해서 올라갔다. 기관차 머리에는 십여 명 정도 탈 수 있는 공간이 있었다. 원래는 사람이 타서는 안 되는데, 암튼 그걸 타고 올라갔다 하면 출세하는 거였다. 그 외 대다수 사람은 무거운 짐과 함께 강색선 인클라인 철도 구간을 힘겹게 오르내려야 했다.

-《강원도 삼척시 도계읍 : 탄광촌 사람들의 삶과 문화》

배재홍 외, 민속원, 2005

1940년 설치된 인클라인 시설은 1969년 사라졌다. 이후 놓인 시설이 스위치백이다. 스위치백도 곧 사라진다. 태백과 도계를 잇는 솔안터널16.24킬로미터 공사가 막바지이기 때문이다.

    이 구석진 땅에 철도가 놓인 것은 오로지 석탄 덕분이었다. 에너지 확보에 애가 탄 일제는 일찍부터 도계와 태백 지역 석탄에 눈독을 들였다. 문제는 실어 나를 교통수단이었다. 인클라인이라는 독특한 방식을 쓰면서까지 철도를 만들었다. 바닷가인 묵호와 도계를 오가는 철암선 도계역이 문을 연 게 1940년 8월 1일이었다. 1941년 8월 11일엔 묵호항이 개항했다. 도계에서 캔 석탄을 철도에 실어 묵호까지 옮기고 나서, 배를 통해 일본으로 실어날랐다.

    도계읍 전두리에 있는 급수탑은 그 시절 흔적이다. 급수탑은 증기기관차에 탄을 넣을 때 물을 넣어주는 시설이다. 물을 넣어주는 시간이 10분에서 30분 정도 걸리니 통리고개를 넘어온 기차는 도계에서 꽤 오랜 시간 쉬었다. 현재 급수탑은 강원도에선 도계가 유일하다.

    도계에 차도가 놓인 것은 오래지 않다. 1980년대 중반에서야 38번 국도가 생겨 자동차를 타고 오갈 수 있게 됐다. 도계-삼척 구간 버스가 개통한 것도 1984년이었다. 도계에서 출발한 버스는 15분 정도면 통리고개에 닿는다. 그동안에 해발 200미터에서 순식간에 700미터까지 올라간다. 비행기 이륙 시 겪는 귀 막힘 체험을 할 수 있는 곳이다.

    숱한 터널과 계곡을 지나 도계역에 도착한다. 도계역에 내리면 가장 먼저 눈에 띄는 것이 '산업전사안녕기원비'다. 대한

석탄이 있어 우리는 따뜻했다. 대한민국호가 발전을 거듭하는 동안 소리 없이 사라진 그들, 평온한 휴식을 취하기를…….

민국호는 석탄산업을 밑거름 삼아 고속성장을 했지만, 탄광 노동자들의 안전문제는 심각했다. 1970년부터 1990년까지 매년 100명이 넘는 탄광 노동자들이 목숨을 잃었다. 1974년과 1979년엔 사망자수가 200명이 넘었다. 1979년 10월 27일 은성광업소 화재사고로 44명이 사망한 것은 특히 심각한 사례였다. 1981년부터 2008년까지 탄광 사고는 6만 9,572건. 산업재해 가운데 가장 심했다. 태백시 황지동엔 광산 순직노동자 위패가 안치돼 있다. 그 숫자가 4,054위다. 대한민국은 이들에게 큰 빚을 졌다.

보리밥 먹던 시절 쌀밥 먹던 마을

'내 코가 석 자'라는 뜻에서 이름이 붙은 삼척은 근근히 살아가야 할 만큼 험한 땅이었다. 삼척이 커져 삼척시와 삼척군으로 갈라질 때 도계는 삼척군 중심지가 됐다. 도계는 길이 세 갈래로 갈라지는 곳에 있어 도변촌이라 불리다 와전되어 도계로 이름이 바뀌었다. 도계와 함께 삼척탄광 소속이었던 장성은 황지와 뭉쳐 태백시가 됐다. 삼척시에선 북평읍과 묵호읍이 합쳐져 동해시가 됐으니 삼척은 도시를 낳는 거위였다. 모두 석탄 덕분이었다.

탄광이 개발되기 전인 1916년 당시 도계당시 소달면엔 총 1,398호, 7,527명이 살았다. 조용한 산촌이었던 도계는 무연탄 발견과 함께 기회의 땅으로 바뀐다. 1954년 1만 6,000명, 1962년 3만 3,867만 명을 기록했으며, 1979년엔 4만 4,543명까지 사람이 불어난다. 주민등록을 옮기지 않은 사람까지 포함하면 6만 명에 이른다는 말까지 나왔다. '검은 황금'이라 불린 석탄 덕분이었다.

1934년 설립된 미쓰비시 계열 자본인 조선무연탄주식회사가 1935년 도계 지역 16개 광구를 등록한다. 하지만, 지리상 문제로 결국 개발하지 못하고 1936년 조선전력주식회사가 삼척개발주식회사를 세우고 본격 개발에 나선다. 이듬해 처음으로 갱을 뚫어 석탄 822톤을 캔다. 1944년엔 16만 3,000톤으로 뛴다. 도계광업소는 1980년대 말까지 꾸준히 생산량이 늘어 1988년엔 127만 톤을 생산한다. 도계광업소에 일하는 사람만 3,000명이 넘었다. 도계광업소 외에도 탄광이 많았다. 가장 많았던 1960년대 탄광 숫자가 40여 개였다.

1952년 소달면 소재지가 된 도계리는 1963년 도계읍으로 승격하면서 눈부신 성장세를 보인다. 가난이 일상이던 시절 도계에 가면 먹고 살 만했다.

> 강원도 도계 탄광에 오면 먹고 살 만하다고 해서 찾아왔다. 1964년에 도계로 와서 홍국탄광 하청에서 일을 하는데, 한 달에 월급으로 쌀 1~2가마를 받았으니 만석꾼이 부럽지 않았다. 1965년부터 1967년까지는 12시간 일을 하고 한 달에 쌀 두 가마니를 받았다. 당시 전국의 모든 사람이 보릿고개다 해서 제아무리 건강해도 먹고 살 형편이 못되었는데, 탄광서 일하면 쌀 두 가마니가 생겼으니 그보다 더 행복할 수 없었다.
>
> -《강원도 삼척시 도계읍 : 탄광촌 사람들의 삶과 문화》

먹고 살 만했다는 경험담에 대해 실속이 없었다는 반론도 있다. 명목 임금은 높았지만, 제대로 월급을 받지 못하는 경우가 많았고 지역 물가가 비싸 실제 돈 가치가 높지 않았다는 지적이다. 게다가 제대로 된 문화시설이 갖춰지지 않아 생활의 질이 낮은데다, 재해빈도가 높았다는 점을 고려하면 벌이가 넉넉하지 않았다고 볼 수 있다.

도급제나 부비끼 탓에 탄광 노동자들은 명목 임금에 적시된 임금을 다 받지 못하는 경우가 많았다. 게다가 임금지급이 화폐가 아닌 현물로 제공되는 경우가 다반사

여전히 도계에서는 상당수 집이 연탄을 땐다. 다른 지역에서는 추억이지만, 이곳에서는 여전히 현재다.

였다. 화폐를 만지려면 할인해서 되팔아야 했다. 또 탄광 지역은 지역적 고립성 때문에 물가가 비쌌다. 탄좌기업들은 매점을 운영하면서 각종 생필품을 비싼 값에 독점적으로 공급하여 노동자를 착취하곤 했다.

– 〈사북항쟁과 석탄산업 (1) : 한국 석탄산업과 탄광노동자〉
jayouropen.egloos.com/4301190

게다가 탄광 노동자들은 쉬지 않고 일했다. 1970년부터 1975년까지 근무 일수는 월평균 26일 이상이었다. 하지만 석탄산업이 대한민국 경제를 살찌게 했고, 이 덕분에 돈을 번 이들이 많이 생겼다는 것은 부인할 수 없다.

연탄은 만들면 그대로 현금이었고, 자동화된 대형 연탄공장인 삼표공장은 '조폐공장'이라는 별칭을 얻기도 했다. 1960년대 후반 삼표연탄의 제조원인 강원산업의 정인욱 회장은 국내에서 현금을 가장 많이 가진 사람이라는 소문의 주인공이 되기도 했다.

– 〈대한석탄공사 50년사 : 석탄산업의 발전과 공사의 발자취〉

꿈은 깨기 마련이다. 단 그 꿈이 너무 짧았던 게 문제였다. 1989년 정부가 석탄합리화 정책을 실시하면서 석탄산업은 사라져야 할 대상이 된다. 1988년 347개이던 탄광 숫자는 3년 뒤인 1991년 170개로 반 토막 난다. 다시 3년 뒤인 1994년엔 45개로 줄어든다. 다시 3년 뒤인 1997년엔 11개로 줄어들어 겨우 숨만 내쉬는 신세가 된다. 석유와 무연탄 소비비율은 1986년 64.7퍼센트대 20.1퍼센트에서 1995년 5.1퍼센트대 60.0퍼센트로 자리가 바뀐다. 현재 무연탄 소비비율은 2.4퍼센트 정도다.

연탄이 사라지는 시대다. 까마득한 추억 속으로 사라지고 있지만, 도계에서만은 예외다. 거리에선 어딜 가나 다 쓴 연탄 더미와 연탄 보일러를 볼 수 있다. 연탄을 배달하는 이들도 자주 만났다. 연탄을 배달하는 이에게 물어보니 도계 주민 가운데 80퍼센트 정도가 연탄을 쓴단다. "여전히 연탄을 많이 쓰느냐?"라면서 놀랐더니, "서울 사람들도 많이 쓰지 않느냐?"라고 오히려 반문한다. 연탄이 주 에너지원인 도계에선 세상 사람들이 대부분 연탄을 버렸다는 사실이 남 일 같은 것인지.

도계초등학교 벽에 그려진 그림은 광산과 도계느티나무다. 도계를

좌_ 도계초등학교는 1965년 전교생 수가 4,300명이나 됐다.
우_ 도계초 벽에 그려진 그림에서 도시 색깔이 잘 드러난다.

상징하는 게 무엇인지 그림은 잘 보여준다. 인구가 폭발하던 시기 도계초등학교는 학생들로 넘쳐났다. 1965년 학생 수는 4,300명이나 됐다. 운동회는 이틀 동안 열렸다. 초등학교 앞에선 병아리를 판다. 한 마리에 오백 원, 두 마리엔 천 원이다. 과거 초등학교 앞에서 흔히 볼 수 있었던 풍경을 이곳 도계에서 본다. '삐약'거리는 소리가 경쾌하고 아이들 표정은 밝다.

시내엔 여전히 옛날 광업소 사택들이 많다. 1960~70년대 사택뿐만 아니라 일제강점기에 지은 사택도 있다. 한 주민의 안내로 마침 집을 볼 수 있었다. 일본 사택은 과거 안방에 다다미를 놓았단다. 방 한 칸에 부엌, 작은 화장실이 딸린 집이다. 나무로 외벽을 두른 초창기 사택들은 불에 약했다. 군데군데 텃밭이 보여 물어보니 사택이 탄 자리를 밭으로 가꾸었단다.

산 중턱에 사택이 사라진 지대가 보인다. 동네 어르신에게 여쭤보니 땅이 무너져 사택이 허물어졌단다. 석탄을 깨려고 굴을 파다 보니 종종 땅이 무너지는 일이 생겼단다.

석탄공사 광업소 바로 옆에도 집들이 가득하다. 탄가루가 날리지 않도록 가림막을 쳤지만 그다지 쓸모가 있는 것 같진 않다. 벽과 지붕이 모두 까맣다. 몇십 년 동안 쌓인 탄가루일 테다.

좌_ 광업소 사택. 광부들은 대부분 떠났으나 집은 남았다.
우_ 사택 중엔 일제강점기 때 집들도 있다. 도계 탄광 역사는 그만큼 오래 됐다.

1,000년 이상 된 나무. 볼 장 못 볼 장 다 봤을 나무는 시침 '뚝' 뗀 채 모르쇠다.

도계느티나무 공원에 있는 느티나무는 천연기념물 95호다. 1,000년 이상 된 나무라 하니 고려 초기 아니면 그 이전부터 있었던 나무겠다. 100년 동안 숨 가쁘게 달려온 도계도 1,000년 나무 앞에선 잠시 쉬어가도 좋겠다.

쪼갠 나무나 나무껍질로 지붕을 얹은 집, 너와집과 굴피집

신리는 오지로 불리는 도계읍 가운데서도 오지다. 같은 도계읍인데도 도계에서 신리로 바로 가는 차편이 없다. 태백시 통리나 태백시로 나온 다음 신리로 가는 버스를 타야 한다. 그나마 하루 들어가는 버스는 네 대에 불과하다. 첫날엔 버스 연결 시간을 맞추지 못해

도시, 자라다 강원도 삼척시 도계읍

좌_ 한 교회가 굴피로 우체통을 만들었다.
우_ 강원도 지방에서 흔히 볼 수 있었던 너와집. 이제 몇 곳 남지 않았다.

통리에서 발길을 돌려야 했다. 둘째 날엔 아침 일찍 집을 나서 신리에 들어갈 수 있었다.

  도계의 험한 지형이 만든 독특한 집이 너와집과 굴피집이다. 너와집과 굴피집은 북한 개마고원 중심으로 함경도와 평안도 산간지역, 남한 태백산맥 중심으로 강원도 산간지역, 울릉도 등에서 볼 수 있다. 너와집은 소나무나 전나무를 네모나게 다듬은 널조각을 이어 만든 집이다. 너와집 한 채 지으려면 산 하나가 필요하다는 말이 있을 정도로 나무를 많이 쓴다. 이에 비해 굴피집은 참나무나 떡갈나무 껍질을 평평하게 눌러 말린 다음 적당히 잘라서 쓰기 때문에 너와집에 비해 나무 사용량이 훨씬 적다.

  너와집은 여름에 바람이 잘 통해 시원하다. 겨울엔 눈이 쌓여 보온 효과가 생긴다. 습기를 받으면 가라앉는 성질 때문에 비가 새지 않는다. 환기가 잘되고 습도도 잘 유지된다. ㅁ자형 집안엔 축사가 있다. 야생동물로부터 가축을 보호하기 위해서다. 아궁이와 방 사이에 두둥불이라 하여 집안을 밝히는 불을 피운다. 두둥불 아래 화티라고 불꽃을 담아두는 공간이 있다. 현대식 난로에 해당하는 건 코쿨이다. 날씨가 좋으면 지붕이 건조돼 지붕 사이로 별이 보인다.

삼척엔 너와집과 굴피집이 많았으나 1970년대 지붕개량사업으로 대부분 사라지고 신기면 대이리와 도계읍 신리 너와마을에서만 볼 수 있다. 신리엔 김진호 집과 강봉문 집 두 채가 남았다. 두 집 모두 지은 지 150년 정도 된 곳이다. 이들 집 창문들은 무척 작다. 강원도의 매서운 바람을 막고 온기를 지키려면 창문이 작아야 했기 때문이다.

신리에선 물레방아도 볼 수 있다. 윤영원 집 옆에 있는 건 쌍물레방아다. 지금은 쓰지 않아 물길에 돌을 막아 놓았다. 물레방아 집 지붕은 너와다. 강봉문 집 이웃에 있는 건 디딜방아다. 고깔을 씌운 듯한 방앗간 안에 있다. 신리교회 우체통엔 굴피를 얹었다. 지역 특성을 담았다.

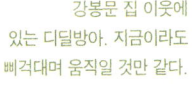
강봉문 집 이웃에 있는 디딜방아. 지금이라도 삐걱대며 움직일 것만 같다.

신리에서 너와집을 보려면 산길을 한참을 오려 내려야 하지만 간단히 볼 방법이 있다. 체험마을에 가면 일부러 만든 너와집과 굴피집 여러 채를 한꺼번에 볼 수 있다. 물론 관광용으로 만든 것이기 때문에 손때를 느낄 순 없다.

신리 너와마을은 머루로 만든 술이 특산물이다. 체험마을 식당에 가면 머루주를 맛볼 수 있다. 여름엔 체험마을에서 각종 체험 프로그램이

최민식이 주연한 영화 〈꽃피는 봄이 오면〉은 도계가 무대다. 도계에 꽃피는 봄은 과연 언제였을까.

마련되나, 아직 봄꽃도 제대로 피지 않은 4월 초엔 풀을 뜯는 마을 어르신들만 있을 뿐이었다.

　강봉문 집까지 보고 나니 버스가 올 시간까지 30여 분이 남았다. 승강장까지 거리는 대략 3킬로미터. 지금 버스를 놓치면 4시간 정도를 기다려야 한다. 정말 오랜만에 뛰었다. 4월인데도 눈이 내린다. 바람은 차갑고 맑다. 드문드문 집이 보일 뿐이다. 신리엔 1962년 146호 654명 정도가 살았으나 지금은 60호 정도만 남았다 한다. 한없이 넓고 깊은 자연 속에서 사람이 참 작다고 느꼈다.

각종 레저 계획과 대학교 유치로 탈바꿈하는 석탄마을

도계의 앞날은 섣불리 점치기 어렵다. 2009년 말 석탄공사 도계광업소와 경동탄광은 각각 11만 톤, 20만 톤 감산 계획을 발표했다. 각각 98명, 300여 명을 감원한다는 계획도 덧붙였다. 탄광 노동자들은 곧 탄광이 사라지는 게 아닌지 두려워한다. 이런 불안감은 오래됐다.

1995년 6월 열린 지방선거에 출마한 박옥자70 할머니는 이런 불안감을 대변했다.

> 탄광 지역인 강원도 삼척군 도계읍 선거구에서 '도계가 살아남으려면 탄광 대신 벌어 먹고살 일자리가 생겨야 하는데 높은 사람들을 만나 떼를 쓰는 데는 젊은 사람보다 늙은이가 낫다고 생각한다'며 시의원 선거에 나선 박옥자 할머니는 노인들과 전직 탄광 근로자 등을 지지 기반으로 삼아 뛰고 있다.
>
> — 〈세계일보〉, 1995년 6월 21일

반대 조짐도 보인다. 몇 년 전부터 중국 등 신흥국가들이 급부상하면서 석탄수요가 늘고 있다. 지식경제부와 광업진흥공사가 폐광된 광산을 다시 살피기 시작한 이유다. 1982년 적자로 문을 닫은 경북 울진군 후포면 금음광산이 2006년 11월 다시 문을 연 것처럼 말이다. 도계 시내에서 만난 주민 몇 분도 "연탄이 절대 사라지진 않을 것."이라며 자신감을 비쳤다.

정부는 탄광 도시에서 레저 도시로 변신을 꾀한다. 행정안전부는

2002년 신리 너와마을을 정보화 마을로 지정하고 독특한 지역 문화를 체험하도록 했다. 2006년엔 골프장이 문을 열었다. 2011년엔 국내에서 가장 긴 솔안터널이 개통된다. 이렇게 되면 스위치백 구간은 폐선 된다. 정부는 스위치백 철도 구간에 스위치백리조트를 만든다는 계획이다.

이런 계획이 강원랜드처럼 지역을 향락 도시로 바꿀 수도 있다. 외지인들만 돈을 버는 나쁜 구조가 생길 수도 있다.

최근 도시에 큰 활력을 불어넣은 건 대학생들이었다. 2009년 강원대 도계캠퍼스가 개학하자 도계는 시내를 새로 단장했다. 시내 간판을 모두 새것으로 바꾸면서 대학생들을 맞이했다. 도계주민들은 '입학 환영'이라는 플래카드를 내걸었다.

밤거리를 거닐면 대학생들이 도계에 불어넣은 활기를 알 수 있다. 밤늦은 시각 거리에서 보이는 이들은 대부분 대학생이었다. 이들마저 없었다면 시내 풍경은 무척 적막했을 것이다.

2009년 개교한 도계캠퍼스는 현재 1~2학년 포함 학생 수가 1,337명이나 된다. 2012년 4학년까지 들어오면 학생 수는 19개 학과 2,800여 명이다. 1만 2,500명 2008에 불과한 도계읍 처지에서 보면 적지 않은 숫자다.

새로운 도시로 탈바꿈하려는 도계의 계획이 2008년 기준 재정자립도 16.2퍼센트에 불과한 지역 현실을 얼마나 바꿀 수 있을지는 미지수다. 그러나 역사란

사람숫자가 곧 도시의 힘이다. 탄광이 잇따라 폐쇄되면서 인구를 늘리기 위한 도시의 고민이 시작됐다.

돌고 도는 법이다. 도계가 쌓아올린 역사를 다른 지역이 감히 흉내 낼 수는 없는 법이니 잘 살리면 봄날이 다시 찾아오지 말라는 법은 없다.

오랜 옛날 도계는 전쟁을 피해 온 사람들이 마을을 일궜다. 임진왜란, 병자호란, 정묘호란 이후 사람들이 많이 옮겨왔다고 한다. 그만큼 도계는 사람들이 찾지 않는 땅이었고, 일단 온 사람들을 품는 땅이었다. 1970년대 〈오적〉으로 정권의 감시를 받았던 김지하도 체포를 피해 도계를 찾았다. 당시 도계 흥국탄광의 박윤배, 이선휘 씨는 민주화 운동 수배자들을 적극적으로 도왔다. 이들은 이후에도 민주화 운동을 적극적으로 지원한 후원자들이다. 이런 역사가 고스란히 도계의 역사다. 도계가 찾아내고 가꿔야 할 역사가 적지 않다.

2004년 개봉한 〈꽃피는 봄이 오면〉은 도계를 배경으로 한 영화다. 도계를 찾은 4월엔 마침 눈이 내렸다. 겨울에 눈이 많으면 풍년이 든다고 한다. 가을 뒤엔 겨울이 오고, 겨울 뒤엔 봄이 오는 게 자연의 당연한 순리다. 겨울에 눈이 많으면 풍년이 든다고 했으니, 도계의 봄날을 기다려볼까 싶다.

퍼주고 퍼주어도
티내지 않는 어머니
같은

서울시 시흥동

과천시, 군포시, 시흥시, 안양시, 의왕시 일대 등을 모두 포괄하고 있던 경기도 시흥군에는……

− 《경성리포트》 최병택·예지숙, 시공사, 2009

   10여 년 전 안양에서 직장생활 할 때 그곳 향토사학자에게 안양이 원래 시흥이었다는 이야기를 듣고 놀란 기억이 난다. 놀라움도 잠시, 그분은 인근 도시 대부분이 시흥이었다고 덧붙였다. 그뿐만 아니었다. 지금 서울에서 한강 이남인 노량진과 영등포도 시흥군에 속했다. 과거 한양과 경성 시절 동북쪽은 양주군, 서북쪽은 고양군, 서남쪽은 시흥군 땅에 속했다.
   삼국시대 백제 땅이던 시흥은 고려와 조선 초기 줄곧 작은 고을인 현급이었다. 조선시대 행정구역은 주부군현州府郡縣으로 현은 가장 낮은 행정단위였다. 금주현, 금천현과 같은 이름으로 불리던

호암산에서 바라본 시흥동이다. 높은 곳에서 바라보면 모든 게 작게만 보일 뿐이다. 저 속에서 사람들이 울고 웃고 떠들며 역사를 만들어간다.

시흥은 조선 초기 양천과 합쳐져 금양현이 됐다가 과천을 더해 금과현이 되기도 했다. 고려 성종 때 금주현 관아명 별호로 시흥이란 이름을 쓰기도 했으나, 이곳 이름은 줄곧 금주 아니면 금천이었다.

행궁 흔적은 사라지고, 표지석만 지나는 길손 맞을 뿐

조용한 마을이었던 금천이 크게 관심을 얻게 된 때는 정조 때였다. 1795년 정조가 수원 사도세자 능으로 갈 때 금천엔 왕이 머물 행궁이 설치됐다. 이때 380여 년간 쓴 금천현 관아명이 시흥현始興縣으로 바뀌었고, 종6품 관인 금천현감은 종5품 관인 시흥현령으로 품격이 높아졌다.

1895년고종 32엔 시흥군으로 다시 행정 단위가 올라갔다. 시흥은 서울로 들어가는 중요 통로였다. 1907년 착수한 1번 국도는 천안에서 수원, 안양, 시흥을 거쳐 서울로 들어갔다. 1908년엔 시흥역_{지금 금천구청역}이 영업을 시작했다.

1910년엔 군청사가 지금의 서울 영등포구 문래동으로 옮겨갔다. 당시 영등포는 시흥군 관할이었다. 1916년 가을엔 시흥군 여의도에 육군 간이 비행장이 만들어졌다. 1922년 12월 8일 저녁 5시 5분 비행사 안창남이 국내 최초 비행을 한 여의도는 당시 시흥 땅이었다.

서울로 들어가는 관문이라 대기업인 대한전선과 기아산업이 각각 1955년, 1957년 이곳에 세워지기도 했다. 하지만, 이미 서울은 부푸는 찐빵처럼 거침없이 몸집을 키워갔고, 무엇보다 시흥은 땅이 너무 컸다. 그것이 문제였다.

시흥 땅을 빨아들이며 서울은 몸집을 불렸고, 그때마다 시흥군청은 이곳저곳 옮겨 다녔다. 1936년 영등포리, 노량진리가 경성부에 편입됐고, 시흥군청은 지금 금천구 시흥동 일대로 옮겨갔다. 이후 이 일대는 시흥리라는 이름을 얻었다.

광복 이후엔 지금 안양시 만안구청 쪽으로 옮겼다. 1963년 시흥리가 영등포구에 편입된 이후, 시흥이란 품 안에서 자란 마을들이 몸집을 불리며 떨어져 나갔다. 1973년 안양이 시로 승격되며 가장 먼저 떨어져 나갔고, 뒤이어 1981년 시흥군 광명출장소와 소하읍은 광명시가 됐다. 1986년 시흥군 과천출장소와 안산출장소는 각각 과천시와 안산시가 됐으며, 1989년 군포읍과 의왕읍은 각기 군포시와 의왕시가 됐다.

시흥은 서울과 남부 경기도의 어머니였다. 젖을 주며 새끼들을 키웠고, 다 자란 자식은 재산 하나씩 쥐여주며 내어 보냈다. 그렇게 남은 가장 조용하고 사람이 덜 몰린 땅이 1989년 시흥시가 됐다. 오랫동안 시흥 역사를 일궈온 땅은 서울에 편입돼 이젠 서울로 불린다. 그렇게 시흥 땅이 서울로 불리게 됐으니 예전 시흥은 이제는 시흥이 아니게 됐다. 아버지를 아버지라 부르지 못하던 홍길동 마음이 그렇지 않을까 싶다.

시흥이란 이름은 지금 한없이 쪼그라들었지만, 그 흔적은 곳곳에 남아있다. 아무래도 가장 오랫동안 시흥을 다스린 관공서가 있었던 곳, 금천구 시흥동이 그 흔적이 가장 짙게 밴 곳일 게다. 2008년 12월 29일 이전까지만 해도 시흥역지금 금천구청역이 있던 시흥동을 찾았다.

왕실을 누르던 호랑이 기운, '절을 세워 기를 꺾어라!'

금천구청역에 내려 잠시 걷자 호랑이상이 나온다. 2000년 5월 15일 상징조형물로 금천구청이 만들었다.《신동국여지승람》에 나온 호암산虎岩山에서 따온 상징이다.

이 지역을 상징하는 호암산이란 이름은 조선 태조와 관계가 있다. 두 가지 이야기가 전한다.《신증동국여지승람新增東國輿地勝覽》금천조에 따르면 금천 동쪽에 있는 산 형세가 범이 걸어가는 것과 같고, 험한 바위가 있어 범바위虎巖

호압사 입구. 왕실을 누르던 호랑이 기운을 꺾기 위해 절을 세워야 했다.

좌_ 조선왕조가 500년 넘게 이어졌으니 호압사는 제 역할을 다 한 것일까.
우_ 절엔 500년 된 느티나무가 두 그루 있다. 왕조는 무너졌으나 나무는 여전하다.

라 불렸다. 술사가 이를 보고 바위 북쪽에다 절을 세워 호갑虎岬이라 했다는 이야기가 하나다.

또 하나는 1394년태조3 무렵 조선 궁궐을 짓는데, 계속 무너져 내렸다. 어느 날, 반은 호랑이고 반은 알 수 없는 괴물이 나타나 불길을 내뿜으며 건물을 무너뜨렸다. 태조가 난감해할 때 한 노인이 나타나 호랑이는 꼬리를 밟히면 꼼짝 못하는 짐승이니, 호랑이 모양을 한 산의 꼬리 부분에 절을 지으면 될 것이라고 말하고 사라졌다. 그 뒤 이곳에 절을 짓고 호압사虎壓寺라고 이름 붙였다는 전설이다.

두 이야기 모두 산세를 호랑이로 본 게 공통점이다. 조선은 호랑이에 의한 피해가 큰 나라였다. 조선왕조실록에 기록된 호환사건만 677건이다. 연구에 따르면 불교 국가였던 고려시대엔 호랑이와 맞서지 않으려 했으나, 유교 국가인 조선이 들어서면서 호랑이를 적극적으로 퇴치해야 할 대상으로 취급했다고 한다. 호랑이를 잡는 별도 군대를 편성할 정도였다.

고개를 들어 하늘을 보니 그리 멀지 않은 곳에 산이 있다. 바로 호암산이다. 《대동여지도》에선 금주산이라 불렀고, 국무총리를 지낸 장택상 별장이 있어 별장산이라고 불리기도 했다.

  호암산은 삼성산으로 이어지고 삼성산은 관악산으로 이어진다. 관악산 자체가 기운이 강한 산이었다. 지금은 불탄 숭례문 현판이 세로로 달린 이유는 관악산 화기火氣가 경복궁에 미치는 것을 막기 위해서였다.

  호압사에서부터 산을 오르기 시작한다. 호압사는 태조 2년이나 3년 무렵 창건된 것으로 알려진다. 호압사는 작고 조용한 절이다. 도로에서 15분 정도 걸어 올라가면 되지만, 경사가 급해 숨이 차다.

  절엔 500년 된 느티나무가 두 그루 있다. 절을 둘러보고 나오니 한쪽에 소망을 담은 기왓장이 쌓여 있다. 소망은 대체로 '사업번창', '가족건강', '학업성취'다. 이런 세속적인 욕망을 부처님은 어떻게 공평하게 처리하실까.

  한우물터에 가고자 산을 오른다. 한우물터에선 1,313개 토기 자료가 출토됐는데, 이는 통일신라시대 유적으로선 경주 안압지 다음으로 양이 많다. 경주야 왕성이니 유물이 많은 게 이해가 되지만, 산꼭대기에서 그 많은 유물이 나왔다는 건 의외다. 아무래도 사람 발길이 닿기 어려운 산속이라 보존이 잘 됐을 듯싶다.

  길을 묻다 두 사람과 동행하게 됐다. 오십을 한 달 남겨뒀다고 말한 이들이다. 어떻게 가는 길이 같아 앞서거니 뒤서거니 하게 돼 두 사람이 하는 이야기를 듣게 됐다.

  "내가 술을 좋아하잖아. 전에 산 정상에서 막걸리 12사발을 마신 적이 있어. 세 병이 넘지. 거나하게 취해서 내려오는데, 집에 오니까

12시가 넘은 거야. 아마 중간에서 잤나 봐."

어느 정도 과장이 섞였겠지만, 중년남성이 오래전 술 마시고 한숨 자고 내려와도 될 정도로 호암산은 높이가 낮다. 400미터가 채 되지 않는다. 게다가 동네와 매우 가깝다.

한우물터에 들어서기 전 석구상이 나온다. 한때 해태상이라 알려졌으나 한우물이 발굴되면서 석상이 '개'라는 게 밝혀졌다. 동글동글한 생김새가 귀엽다. 근처 불영암에 있는 개가 짖는다. 지금껏 동행한 이들이 놀란다. 저 개가 짖는 것을 처음 봤다면서. 눈빛을 보아하니 사나운 기색이 전혀 없다. 줄이 묶여 있지 않은데도 위협이 느껴지지 않는다. 아마 제 딴에 내 옷차림을 보고 이상해서 짖은 모양이다.

불영암 옆 한우물터는 산꼭대기에 있는 우물로선 꽤 크다. 꽤 많은 사람이 산꼭대기에 있었음을 증명한다. 호암산은 꽤 중요한 군사요지였다. 한우물 주위를 따라 1,250미터에 이르는 호암산성이 만들어졌다. 7, 8세기 신라가 나당전쟁 때 당나라군을 막으려고 쌓은 성이란다. 이후 숱하게 부서지고 다시 세웠을 테니, 신라시대 때 쌓은 성돌이 지금도 있을지는 모르겠다.

이제 산에서 내려간다.

광복 이후 정치계 거물이었던 장택상은 호암산 자락에 별장을 짓고 살았다. 비록 별장에 불과했지만, 시흥에 남긴 흔적은 짙다. 장택상 별장이 있었다고 해서 이름 붙은 별장길

한때 해태상이라 알려졌다. 알고 보니 개였다. 동글동글한 게 귀엽다.

을 따라 걷는다. 공원 이름이 '별장길 어린이공원'이다. '별장이발관', '별장길헤어샵' 등 인근 가게에도 장택상의 흔적이 남았다.
 치안센터에 물어보니 "저 위 아파트 자리가 과거 장택상 별장이 있던 곳"이라고 알려준다. 신도브래뉴라는 고층아파트가 과거 장택상 별장 자리다. 호암산 중턱에서 살펴보니 꽤 운치 있는 자리였음을 알 수 있다.

 국외에서 독립운동을 하다 귀국한 장택상은 단순히 좌우라는 틀로 평가할 수 없는 인물이다. 반공의식이 강해 서북청년단을 지원하기도 했으나, 조봉암이 보안법에 걸려 사형선고를 받자 구명운동에 적극 나서기도 했다.
 맏딸 장병민과 맏사위 채항석 부부는 남로당에서 활동한 좌익운동가로 한국전쟁 때 월북했다. 1948년 5월 10일 제헌국회의원 선거 당시 그를 수행하다 총격 테러를 당해 목숨을 잃은 박일원은 전직 남로당 민청위원장 출신이었다.
 수도경찰청장, 외무부장관, 국무총리, 국회의원 2~5대, 국회부의장 등 화려한 관운을 보인 장택상은 박정희 집권 뒤에는 반독재 야당 지도자로 활동했다. 1961년 5·16군사정변 뒤 머문 곳이 바로 시흥

좌_ 한우물터는 산꼭대기에 있는 우물이다. 꽤 크다.
우_ 얌전한 강아지다. 이날따라 짖었다. 왜?

좌_ 장택상은 광복 이후 정치계 거물이었다. 그가 별장을 짓고 살아 동네 곳곳에 이름이 남았다.
우_ 장택상이란 인물을 모르면 뜬금없다고 여겨질 이발관 이름이다.

별장이라고 전해진다.

조선후기를 쥐락펴락한 흥선대원군도 이곳에 머물렀다. 대원군이 실각해 정치에서 멀어진 1873년부터 1898년까지 시흥별장을 이따금 찾은 것으로 추정된다. 장택상이나 흥선대원군 모두 정치 주도권을 잃고서 시흥에 머물렀으니, 시흥의 기운이 넉넉한 탓이 아닌가 싶다. 아니면 이곳 호랑이 기운을 빌려 재기를 노렸을지도 모른다.

그 외에도 성종 때 이조판서와 좌찬성을 지낸 강희맹도 이곳에 별장을 지었으며, 조선시대 정승인 이팔장이 지었다는 정승집도 이곳에 있었다 하나 어떤 자취도 찾을 길이 없다.

호랑이 기운 서린 곳에 800년 은행나무만

가파르게 몸집을 불리는 과정에서 전통은 지워야 할 대상이었다. 먹고 사는 것 앞에 모든 것은 쓸모없는 것이었다. 과거 시흥을 상징했던 건물들은 지금 상징으로만 남아있다.

산에서 내려와 은행나무 오거리에 선다. 시흥을 상징하는 것은 호랑이와 은행나무다. 호랑이는 조선을 만든 이들이 이 땅을 어떻게 바라봤는지를 엿보게 하며, 은행나무는 이 땅이 얼마나 오래됐는지

뒤돌아보게 한다.

은행나무 오거리는 과거 금천현 치소인 동헌이 있던 자리다. 정조가 사도세자 능에 갈 때 행궁으로 쓰이기도 했다. 행궁은 왕이 움직일 때 잠시 머물던 임시 처소다. '동헌관아자리'라는 표지석만 있을 뿐 주춧돌 하나 남아있지 않다.

객사客舍, 사직단社稷壇, 사창司倉, 점막店幕, 향교鄕校 등 조선시대 지도에 있던 건물들도 지금은 흔적조차 없다.

관청이 사라진 자리에 남은 시흥 현령 선정비는 어쩐지 쓸쓸하다. 차들이 부지런히 다니는 길 가운데 선정비 네 개가 세워져 있다. 김병이재임기간 1876년 1월~1878년 3월, 이장혁1878년 3월~1879년 12월, 방천용1889년 1월~1892년 1월, 조용구1884년 1월~1884년 10월 순이다.

이들에게 시흥 군민이 선정비를 바쳤으나 항상 그랬던 것은 아니다. 백성을 억압한 지역 수령을 매섭게 혼내기도 했다.

1898년 시흥 군수의 횡포에 맞서 1차 시흥농민봉기를 일으켰다. 봉기 뒤에도 지방 행정은 별로 달라지지 않았다. 1904년 다시 군민 1만여 명이 봉기를 일으켜 군수 박우양 부자와 일본인 철도기사 2명을 죽였다. 일찍이 없었던 일이었다.

좌_ 과거 금천현이던 시절 동헌이 있던 자리다. 은행나무 오거리로 불린다.
우_ 사람은 죽어서 이름을 남길 뿐이다. 허나 그것은 관직을 가진 이들의 몫일 뿐. 그 욕망이 때론 무섭고, 한편으론 쓸쓸하다. 도로 한가운데 거들떠 보는 이 없는 이것들은 현령 선정비다.

1904년 9월에는 경기도 시흥군에서 몇천 명의 군중이 폭동을 일으켜 강제 동원에 앞장선 친일 군수와 일본인 2명을 죽였다.

-《함께 보는 한국근현대사》 역사학연구소, 서해문집, 2004

군민들이 봉기를 일으킨 한내다리는 지금 광명시 소하동에 속해 시흥과는 무관한 곳이 돼 버렸다.

시흥5동 범일운수 근처엔 시흥향교가 있었다. 공자 등 성현을 모시고 유생들을 교육하던 곳이다. 1944년 과천향교에 통합됐다. 한국전쟁 이후에도 건물이 남아 있었으나, 이후 상가건물이 들어서면서 사라졌다. 서울시가 1966년 '시흥향교터'라는 표석을 세웠으니, 그 이전에 건물이 사라졌음을 알 수 있다. '시흥향교터'라는 표지석만 빈자리를 지킬 뿐이다. 부근 도로엔 '향교길'이란 이름이 붙었다.

오랜 시흥 역사를 기억하는 것은 은행나무들이다. 이곳 주변에 있는 은행나무는 세 그루. 모두 수령 830세다. 고려시대 때 심어진 은행나무는 사람도 가고 건물도 사라진 자리에 꿋꿋이 버틴 채 여전히 살아남았다.

대명합동시장 안에 있는 식당가를 찾았다. 시장이 한산하다. 2009년 9월 22일 금천구의회에서 나온 발언을 보면 대명시장은 총 116개 중 80개 업소만 입점했고, 36개는 비었다. 2008년 이곳에 있던 구청이 1킬로미터 떨어진 자리로 옮겨가면서 상권이 많이 죽었다. 관공서 위치에 따라 상권이 어떻게 바뀔 수 있는지 잘 보여주는 사례다. 1977년 문을 연 대명시장은 남문시장, 시흥 중앙시장, 박미시장과 함께 금천구에서 가장 오래된 재래시장 가운데 한 곳이다.

한 중년남자가 홀로 술잔을 기울이는 식당에 앉았다. 냉장고에 자전거를 탄 주인 할머니 사진이 붙어 있다. "제주도 섭지코지 아니냐?"라고 물었더니 대번에 알아본다면서 무척 반가워하신다. 자전거를 즐기는 어르신이었다.

60대 중반인 어르신은 10년 전부터 자전거를 타고 전국을 누비는 중이다. 자전거에 빠지게 된 계기는 갑자기 찾아온 병 때문이었다. 어느 날 허벅지 힘줄이 심하게 당기면서 무릎이 구부려지지 않는 병에 걸렸다. 서울 신촌에 있는 대형병원에 갔더니 앞으론 산을 타지 말고 자전거를 타라고 권유했단다.

자전거를 타면서 무릎이 굽혀지지 않던 병은 씻은 듯이 나았다. 어느새 자전거는 생활 일부가 됐다. 매주 일요일은 장사를 접고 자전거를 탄단다. 어르신에게 자전거는 곧 종교와 같지 않을까 하는 생각이 들었다.

3,000원짜리 칼국수는 푸짐하다. 익지 않은 김치와 푹 익은 김치, 오징어포 무침을 곁들어 든든하게 저녁을 먹었다. 집에 돌아오는 길에 모락모락 피어오르는 연기에 홀려 두부 파는 노점 앞에 섰다. 한 모를 사고, 사진기를 꺼내 찍으려 하니 주인아주머니가 "이거 비싼

좌_대명합동시장은 구청 이전과 함께 상권이 많이 죽었다.
우_두부가 보기 좋아 사진기를 꺼냈다. 군침을 삼켰다.

물 한 모금 마신다. 시원하다. 땀 흘린 뒤라 더욱 그랬을 게다. 눈 내린 뒤 땅이 언 호암산을 조심조심 올랐다.

거죠?"라고 묻는다. "쫌요."라고 하니, "무척 좋은 직장 다니시나 봐요."라고 말한다. DSLR 카메라가 비싸긴 하다. DSLR 카메라를 갖고 다닌다는 사실만으로 '좋은 직장 다닌다'고 믿는 아주머니와 나는 같은 시대 같은 동네에 산다.

조선시대 한양 남쪽 큰 도시였던 시흥과 지금 시흥 또한 더불어 있었다면 더 좋지 않았을까. 행정을 이끄는 이의 관심과 시대 흐름 따라 도시가 흥하고 쇠하는 것이야 어찌할 수 없다 하더라도 흔적도 없이 사라진 채 기껏 표지석만 있는 모습은 아무래도 쓸쓸하다.

도시, 성숙하다 江

홍어도 삭고, 집도 거리도 맛있게 곰삭아가는 145
전라남도 나주시 영산포

인절미처럼 쌓인 옛 역사를 맛보다 158
충청남도 공주시 강남이남

빌딩숲에 묻힌 2천 년 역사가 숨을 쉬더라 178
서울시 송파

뱃길 따라 신명나던 장터엔 흑백사진만이 190
경기도 안성시 옛 안성읍

중원을 뒤흔든 패기도 유장한 강물에 씻기고 206
충청북도 충주시

아늑한 풍경에 긴장 풀고, 매끈한 미내다리에 넋을 놓다 218
충청남도 논산시 강경읍

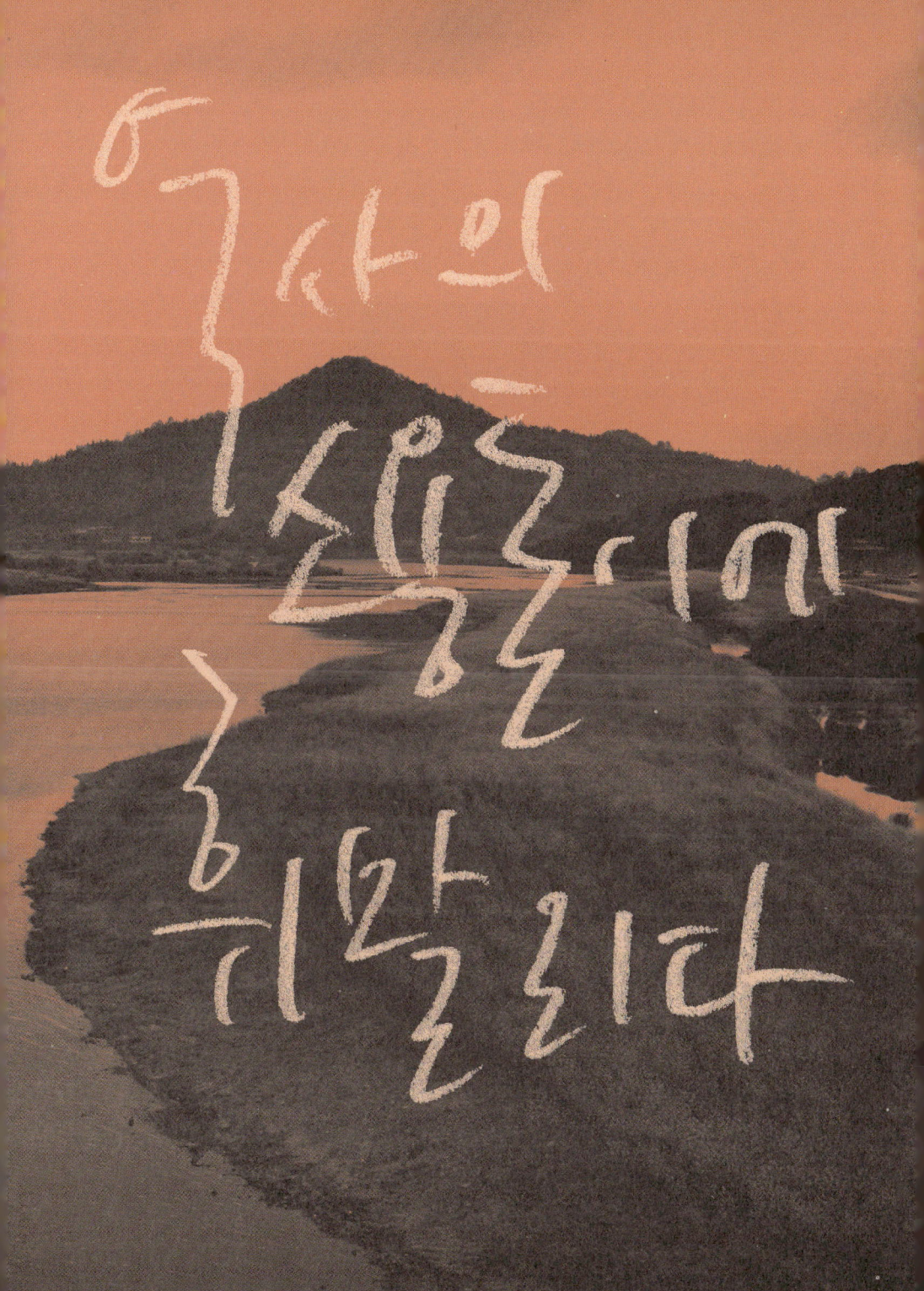

저 산 깊은 곳에서 시작한 강은 낮은 곳을 향해 달리다 끝내 바다에 이른다. 물 없이는 살 수 없는 사람들은 강 옆에 둥지를 튼다. 센 비가 내리면 강은 거칠게 울고, 가파른 곳에선 강은 무섭도록 달린다. 강을 모르는 사람들은 화를 입고, 강을 받아들이는 이들은 강과 더불어 산다. 사람은 강을 닮고, 강 옆 사람들은 이야기를 만든다. 강에 역사가 있다.

홍어도 삭고,
집도 거리도
맛있게 곰삭아가는

전라남도 나주시 영산포

천년고도千年古都 목사 고을. 전라남도 나주시에 가면 볼 수 있는 문구다. 나주 시민이 느끼는 자부심이 이 한마디에 담겼다. 전라도는 전주와 나주에서 각 한 글자씩 따왔다. 나주는 오랫동안 전라도를 대표하는 도시였다. 983년 고려 성종 2년 전국 12목 가운데 하나로 5개 군과 11개 현을 다스렸다. 1896년 나주 관찰부가 폐지될 때까지 나주에서는 모두 306명 목사가 부임했다.

나주가 전라도를 대표하는 도시가 될 수 있었던 이유는 영산강이었다. 한국문화유산답사회가 엮은 《전남》돌베개, 1995엔 영산강이 나주를 어떻게 키웠고, 나주가 전라도에 어떤 영향을 미쳤는지 설명돼 있다.

영산강 유역에 끝없이 펼쳐진 나주평야는 전라남도 제일의 곡창으로, 나주의 풍년은 전라남도의 풍년이었고 나주의 흉년은 곧 전라남도

영산강이 무심히 흘러간다. 헤아릴 수 없을 만큼 긴 시간 동안 지역민들을 먹여 살린 어머니 같은 강이다.

의 흉년이었다. 또 강은 물자와 사람을 실어나르는 물길이 되어주었다.

물류 집산지인 나주엔 포구와 창고가 필요했다. 강을 거슬러 오르는 적을 막기 위한 군사시설도 있어야 했다. 고려시대 영산포에 진을 설치했다. 조선시대엔 국영창고인 영강창榮江倉을 영산포 택촌마을에 지었다. 전남 17개 고을 세곡을 저장하는 큰 창고였다.

1512년 영광 법성창으로 국영창고가 옮겨간 후 영산포는 크게 세가 꺾였다. 영산포를 다시 주목한 것은 안타깝게도 일본인들이었다. 이 땅을 강제로 점령한 그들은 나주평야의 풍부한 쌀을 자기 나라로 실어나르고자 했다. 영산포는 다시 흥청거리기 시작했으나, 그 흥청거림엔 조선인의 눈물이 섞여 있었다.

1914년 세워진 등대, 1915년 만들어진 개폐식 다리

　무궁화호를 타고 서울에서 출발했다. 기차는 4시간 40분을 달려 나주역에 도착했다. 예전 같으면 기차는 나주역이 아니라 영산포역에 섰어야 했다. 2001년 7월 10일 호남선 복선화 공사를 하면서 영산포역은 나주역에 흡수됐다. 20세기 들어 영산포가 차지하는 비중은 나주의 절반이었다. 1931년 나주면은 나주읍으로 승격됐다. 뒤이어 1937년 영산면이 영산포읍으로 승격됐다. 1981년 금성시_{나주시의 이전 이름}는 나주읍과 영산포읍이 합쳐서 만들어졌다.

　교통이라는 점에서 보면 영산포는 더 어깨에 힘을 줬다. 서울과 목포를 오가던 새마을호가 나주역엔 서지 않아도 영산포역엔 섰다. 영산포가 어깨에 힘을 준 이유는 영산강 덕분이었다. 1978년 공사를 시작해 1981년 마무리된 영산강하굿둑은 영산포가 이제 더는 포구가 아님을 보여주었다.

　영산강엔 더는 배가 다니지 않았고, 고기와 돈을 실어나르던 배는 이제 영산포에 서지 않았다. 이미 교통 흐름은 고속도로와 철도로 바뀌어 있었다. 큰 짐은 바닷길을 통했다. 창고는 바닷길로 고속도로가 닿는 곳에 세워졌고, 사람과 돈은 창고를 따라갔으니 강은 논에 물을 대거나 식수로 쓰는 쓸모밖엔 남지 않았다. 영산강 하굿둑

좌_ 이제 영산포역은 없다. 당시 대기실은 여전히 산뜻하다. 기적소리가 들리는 듯하다.
우_ 오래전 은퇴한 증기기관차다. 고단했던 그때를 어쩌면 그리워할지도 모르겠다.

도시, 성숙하다　전라남도 나주시 영산포　147

은 바뀐 시대에 대한 확인도장이었다.

1914년 2월 1일 영업을 시작한 영산포역은 영산강이 막히고서도 20여 년이나 더 목숨을 이어갔다. 옛 영산포역 자리는 철도공원으로 꾸몄다. 철로와 승객을 그대로 두고, 한쪽엔 인천시 운봉공고에서 가져온 증기기관차를 놔뒀다. 옛 모습을 거의 보존한 소탈한 공원이었다. 한편으론 쓸쓸하기도 했다.

영산포역 승객실 옆 기차가 다니지 않는 철길 위를 걷는다. 몸을 숙여 레일과 눈을 맞춘다. 몸을 낮추다 낮추다 마침내 누워버렸다. 레일 옆엔 암호가 적혀 있다. '광주 12,10 24,79'. 무슨 뜻일까?

철도공원을 지나 영산포 시내로 들어간다. 이제는 나주시 영산동, 영강동, 이창동이라 불리는 지역이다. 영산강을 사이에 두고 북쪽은 영강동, 남쪽은 이창동과 영산동이다. 지금은 다리를 건너기 전이니 영강동이다.

너른 물줄기가 맞이한다. 우리나라 4대 강 가운데 하나인 영산강이다. 여기서 50킬로미터 정도를 더 달리면 목포다. 과거에는 이곳까지 바닷물이 드나들었다고 한다. 물 기운이 참 엄청났다.

영산교를 건너기 전 영산강공원 자전거 무료대여센터에서 자전거를 빌려 영산강 둘레를 돈다. 물 냄새, 풀 냄새, 바람 냄새가 좋다. 오래전엔 생선 냄새가 진동했을 것이고, 사람들 소리로 왁자지껄했을 것이다. 지금은 바람이 풀 흔드는 소리만 가끔 들릴 뿐이다.

영산포 등대다. 영산강 하굿둑이 사라지며 등대 역할을 접었다.

영산교를 건너면 영산포 등대다. 1915년 설치한 등대는 애초 수위 측정시설이었다. 등대 근처에 가면 몸통에 적힌 숫자를 볼 수 있다. 수위측정용 숫자다. 9.5미터까지 적혀 있다. 1925년 전기가 들어온 뒤엔 등대 역할도 맡게 됐다. 영산강 하굿둑이 사라지고 등대 역할을 접었으나 1989년까지 수위 관측시설로 쓰였다. 근대문화유산 129호로 지정됐다.

영산포엔 또 다른 놀라운 시설이 하나 있었는데, 바로 영산목교榮山木橋다. 1914년에 만들어진 이 다리는 배가 오면 들어 올리는 다리였다. 개폐식 다리라고 하면 부산 영도다리 1934년 11월 완공만 알려졌는데, 영산목교는 영도다리보다 무려 20년을 앞선 셈이다. 이 사실은 지리학자 김경수 씨가 2001년 박사학위 논문 〈영산강 유역의 경관 변화 연구〉를 발표하면서 알려졌다. 지금 영산목교는 사라지고, 나무 기둥 흔적만 일부 남아있다.

부산 영도다리도 한때 사라질 뻔했다. 대규모 호텔과 쇼핑타운이 들어서고 새 영도다리가 건설되면서 옛 영도다리는 철거한다는 계획이 세워졌다. 결국, 문화재로서 인정을 받아 살아남았다. 영산목교 또한 살아남았다면 영도다리에 맞먹는, 아니 그 이상 가치를 인정받았을 것이다.

'만만하면 홍어 좆'의 유래는 무엇일까

영산교를 건너 오른쪽이 영산포 등대고 왼쪽이 홍어 거리다. 술꾼들이 최고로 꼽는 안주가 바로 삭힌 홍어다. 처음 맛본 사람들은 냄새만 맡고도 감히 먹을 엄두를 내지 못하나 몇 번 맛보고서는 두고

두고 그 맛을 잊지 못한다. 삭힌 홍어와 삼겹살, 묵은 김치를 함께 먹는 것을 삼합이라고 하는데, 작가 황석영이 그 맛을 감탄하며 글을 남겼다. 홍어 거리 근처에 그 글이 적혀 있다.

전라도 사람들은 홍어의 맛 중에 '삼합'을 제일로 친다. …… 우연히 '홍탁'을 맛보고 진저리를 쳤던 적이 있다. 무슨 날고기점 같은 것을 두툼하게 썰어 내오고 그와 크기가 비슷하게 돼지고기 삶은 것 몇 점이 곁들여졌는데 묵은 김치가 찢어먹기 좋도록 썰지도 않은 채로 한 접시 따라 나왔다. 술은 주전자에 넘치듯 가득 들어 있는 탁주막걸리였다. …… 우선 비스므레한 것에 돼지삼겹살을 손으로 찢은 김치에 둥글게 싸서는 입안에 넣었다. 한입 씹자마자 그야말로 오래된 뒷간에서 풍겨 올라오는 듯한 개스가 입안에 폭발할 것처럼 가득 찼다가 코를 역습하여 푹 터져 나온다. 눈물이 찔끔 솟고 막힐 것 같다. 그러고는 단숨에 막사발이 넘치도록 따는 막걸리를 쭈욱 들이킨다. 잠깐 숨을 돌리고 나면 어쩐지 속이 후련해진다.

재미있는 사실은 홍어 주산지인 흑산도에서는 삭힌 홍어를 먹지 않는다는 점이다. 갓 잡은 홍어를 싱싱한 상태 그대로 먹는 것. 영산포에서 삭힌 홍어를 먹게 된 것은 몇 날 며칠 영산강을 거슬러 올라

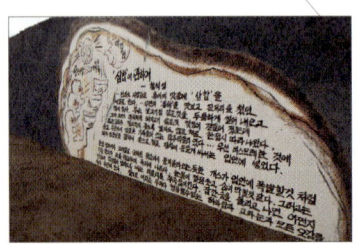 

좌_ 영산포 하면 역시 홍어다. 작가 황석영이 쓴 홍어 찬사가 맛깔나다.
우_ 간판을 보기 전 코가 먼저 알아채는 곳, 홍어 거리다.

가다 보면 홍어가 썩기 시작했기 때문이다. 버리기엔 아까워 누군가 먹기 시작해서 퍼트린 게 삭힌 홍어의 시작이다. 원래 버렸어야 할 음식을 최고 음식으로 둔갑시켰으니 영산포 사람들의 상술도 대단하고, 그 고약한 맛을 이겨낸 입맛도 대단하다.

홍어 또한 흑산도에서 넘어왔지만, 영산포란 이름 또한 흑산도에서 비롯됐다. 고려시대 왜구들이 서남해안 지방을 자주 노략질했고, 그때마다 섬사람들은 육지로 옮아와 살았다. 당시 흑산도 앞 영산도 사람들이 영산강 포구에 모여 살다가 아예 정착해 버렸다. 그 뒤 영산포라는 이름이 붙었다.

홍어와 얽힌 오래된 욕이 전해지니, 바로 '만만한 게 홍어 좆'이다. '우리 땅 걷기' 신정일 이사장은 《삼남대로》신정일, 휴머니스트, 2008 란 책에서 그 유래를 밝혀 놨다.

홍어는 톡 쏘는 맛이 특징인데 수놈은 맛이 없고 암놈이 인기가 있다. 그 때문에 수놈을 잡으면 성기부터 잘라서 암수 구분을 하지 못하게 한다. 전라도 사람들이 흔히 쓰는 말로, 남이 나를 무시할 때 '만만한 게 홍어 좆이냐?'라면서 반박하는 말도 그래서 생겨났다.

골목골목 시간이 멈춘 흔적들

영산강 주변을 훑고 나서 이젠 본격 시내 구경이다. 시내 구경은 일제강점기에 흥청거렸던 영산포의 발자취를 좇는 여행이다. 영산포 등대에서 하류 쪽으로 걷다 꽤 예쁜 집 한 채를 봤다. 주변 비슷비슷

구로즈미 이타로의 저택. 영산포는 뜯어먹을 곳이 많은 도시였다. 영산포에 들어온 구로즈미 이타로는 엄청난 갑부로 성장했다.

한 집들과는 달랐다. 나중에 집을 지으면 흉내 내고 싶을 정도로 예쁜 집이었다. 알고 보니 과거 동양척식회사 부사장이 살던 관사 두 동 가운데 하나였다. 영산포엔 동양척식회사 관사 두 동과 문서고가 남아있다. 변형이 심해 근대문화유산 지정은 어려울 것으로 보인다.

1906년 전남 내륙에서는 처음으로 일본인회가 영산포에 만들어졌으니 일본인들이 얼마나 영산포에 많이 모여들었는지 알 수 있다. 1897년 목포 개항과 함께 들어오기 시작한 일본인들은 1905년 러일전쟁 직후부터 대거 몰려들었다. 일본인들을 보호하고 조선인들을 관리하기 위해 1907년 영산포 헌병분대가 꾸려졌다.

영산포에 들어온 일본인들 중 구로즈미 이타로黑住猪太郎는 단연 돋보였다. 구로즈미는 1905년 5월 30일 영산포에 도착했다. 당시 32

세였다. 1909년에 237정보1정보=3,000평 땅을 가져 영산포 최대 대지주가 됐다. 1930년엔 논 491정보, 밭 241정보 등 총 1,098정보로 나주지방에서 가장 큰 대지주로 올라선다. 평수로 따지면 329만 4,000평에 이르렀다.

영산포 운수창고회사 전무, 조선전기주식회사 사장, 영산포 학교 조합관리자, 전남중앙영농자조합장, 전남지방조사위원, 지주회 평의원 등 그의 활동 범위는 눈부셨다.

영산포엔 그가 살았던 대저택이 아직껏 남아있다. 1935년 지은 집은 모든 자재를 바다 건너 일본에서 들여왔다. 대문은 잔뜩 녹슬었으나 집은 70여 년 된 집이라고는 믿기지 않을 정도로 말끔하다. 집을 구경하노라니 때마침 그곳을 찾은 시청 직원이 정비할 예정이라고 알려준다.

은행도 일찍 영산포에 문을 열었다. 광주 농공農工은행은 1908년 영산포에 지점을 열었다. 농공은행은 1906년 문을 열었다. 1918년 10월엔 조선식산은행朝鮮殖産銀行에 합병됐다. 농공은행 영산포지점은 조선식산은행 영산포지점으로 바뀌었다. 조선식산은행은 조선총독부 산업 정책을 뒷받침한 기관이다. 중일 전쟁 이후 전시 체제 동안에는 채권 발행과 강제 저축을 통해 조선의 돈을 빨아들였다.

땅에 욕심이 많았던 일제가 나주 땅을 내버려뒀을 리가 없다. 1910년 동양척식회사가 영산포에 들어왔다. 알짜배기 나주와 영산포 땅을 뽑아먹고 나서, 1920년 6월 목포로 사무실을 옮긴다.

골목에서 일제 가옥을 찾기는 어렵지 않다. 일제가 남긴 흔적은 짙었고, 그 흔적을 채 지우기 전에 영산포는 몰락해 버렸다. 워낙 갑작

좌_ 영산포에 가서 일제강점기 시절 집을 찾으려고 눈을 크게 뜨지 마시라. 실눈을 뜨도 보일 정도로 널렸다.
우_ 나이가 든다는 것은 단순히 숫자가 달라진다는 것을 뜻하지 않는다. 세월의 무게는 쉽게 숫자로 논할 수 없다.

스러운 몰락이라 영산포는 화석처럼 그 당시 모습을 품었다. 그 몰락이 다시금 영산포에 기회를 가져다주고 있다. 2007년 나주시는 문화재청에 영산포 선창 일대를 근대역사거리로 조성하겠다고 신청했다. 아직 거리 자체가 등록문화재로 지정된 사례는 없다.

 1990년 개봉한 영화 〈장군의 아들 1〉에 나오는 일본인 거리가 바로 영산포다. 세트장이 필요 없을 정도인 영산포 정미소 거리엔 일본식 집과 상가 100여 채가 남아있다. 시간이 박제돼버린 영산포에선 특정 지점을 누비기보다 골목을 편하게 누비는 곳이 좋다. 어디선가 오래된 흔적들이 불쑥불쑥 튀어나온다.

 '튀밥'이라고 거칠게 벽에다 적어놓은 가게를 봤다. 튀밥은 튀긴 밥의 준말이다. 어린 시절 즐겨 먹었던 간식인데 지금도 도심 변두리나 시골장터에 가면 심심찮게 볼 수 있다. 여전히 사람들이 찾는다는 게 놀랍다. 이 집은 다른 설명 없이 '튀밥'이라고만 적어놓은 것으로 봐서 '튀밥' 전문집인 것 같다. 재미있는 점은 옆벽엔 뻥튀기라 적어놓고 지웠다는 사실이다. '뻥튀기'는 좀 상스럽다 생각하고, '튀밥'은 괜찮다 생각한 것일까. 굳이 둘 사이에 차별을 둔 것도 흥미롭고, 어정쩡하게 지워서 결국 더 자세히 보게 한 뒤처리도 재미있다.

'전일고무신'이라는 가게 앞에서도 잠깐 멈췄다. 각종 신발을 판다고 하는데, 고무신을 간판 이름으로 내걸었다니. 거꾸로 마케팅일까.

고무신은 1919년 대륙고무를 시작으로 1920년대 고무신 대량생산이 되면서부터 대중의 신발이 되었다. 그때의 고무신 상표는 대륙표, 만월표, 별표, 경표, 상표, 말표 등이 있었다. 일제 말기에 군수품 부족 때문에 고무신을 신지 못하게 한 때도 있었다. 고무신은 그 후 1960년대까지 전성기를 이루면서 서민들의 사랑을 받았다. …… 예전엔 놀잇감이 없어서 고무신차기를 하고 놀았다. 누가 더 높이 또는 누가 더 멀리 고무신을 발로 차 던지느냐 하는 놀이였다. 고무신을 접어서 트럭도 만들고 세단차도 만들었다. 트럭에 흙을 싣고 놀았고 급하면 물고기를 담는 그릇도 되었다. 몇 년간 검정고무신만 신었다. 헌 타이어로 만들었다는 검정고무신은 참 질겼다.

- 《촌스러운 것에 대한 그리움》 김종태, 새벽, 1997

골목을 누비다 보니 어느새 하루해가 저물었다. 이틀 동안 누볐는데도 여전히 아쉽다. 저녁은 홍어로 하는 게 마땅하겠으나 홍어 맛에

좌_ 세트장 아니냐고? 천만의 말씀. 여전히 고무신을 파는 현역 가게다.
우_ 오랫동안 최고 군것질거리였던 튀밥. 입맛이 변덕스런 시대에 여전히 살아남은 게 반가울 뿐이다.

영산포에 꽃이 활짝 피었다. 여기선 홍어 냄새를 맡을 수 없다. 홍어는 영산포가 지닌 여러 이야기 중 한 가지일 뿐이다.

대해선 따로 덧붙일 게 없다. 홍어 전문가들이 내놓은 화려한 맛평이 넘친다. 대신 영산포 뱃길 길목이었던 구진포로 발길을 돌렸다. 전남에서 장어로 가장 유명한 곳이 바로 구진포다. 1964년 문을 연 가게에 들어갔다. 영산강 물길이 막히기 전만 해도 장어는 흔했단다. 다른 물고기를 주문하면 공짜로 내놓던 게 장어였다니 알 만하다. 가게는 다음 세대에게 이어졌으나 64년 장사를 시작한 주인이 여전히 양념을 만든다.

삭힌 홍어의 고장 영산포는 홍어만 삭힌 게 아니다. 집도 거리도 도시도 세월과 더불어 그렇게 삭아간다. 개발이라는 눈으로만 보면 퇴락한 모습으로만 보일 테지만 버릴 물고기를 최상품으로 둔갑시킨 게 영산포 사람들이다. 개발을 비켜간 도시의 가치를 되살릴 묘안을 그들은 아마 찾아낼 것이다.

인절미처럼
쌓인 옛 역사를
맛보다

충청남도 공주시 금강이남

2010년 3월 공주를 찾았다. 2005년 자전거를 타고 서울에서 전남 강진으로 갈 때 잠깐 들른 뒤, 참 오랜만이다. 하늘이 한지에 엷게 먹물을 뿌린 듯하다. 도시를 가르는 금강변엔 깃발이 펄럭였다. 문구는 다양했지만 '세종시 원안 고수, 수정안 반대'라는 내용은 한결같았다.

2002년 시작된 일이었다. 그 해 9월 30일 노무현 민주당 대통령 후보는 충청권에 행정수도를 만들겠다는 공약을 발표했다. 2004년 6월 15일 정부는 후보지 네 곳을 발표했다. 후보지엔 공주가 포함돼 있었다. 그로부터 1년 뒤인 2004년 8월 11일 신행정수도가 확정 발표됐다. 후보지는 연기·공주 지역이었다. 475년 백제가 새로운 수도를 이곳에 정한 바 있으니 1,500여 년 만에 수도가 되는 셈이었다.

운명은 고약했다. 일은 순조롭게 흘러가지 않았다. 수도 이전에 대해 헌법을 거스른다는 비판이 있었고, 2004년 10월 21일 신행정수도

보이는 건 공주 금강철교다. 오른쪽이 공산성이다.

건설특별법은 위헌 결정을 받았다. 새로이 손을 봐야 했다. '수도'란 말이 빠진 채, 〈공주·연기 행정도시 안〉이 만들어졌고, 2005년 3월 2일 국회 본회의에서 의결됐다. 이렇게 공주 천도는 물 건너갔다.

1977년 당시 박정희 대통령이 임시행정수도를 꺼냈을 때 공주 장기는 논산, 천안과 함께 주요 후보지 가운데 한 곳이었다. 두 번 다 대통령 의지가 강했는데도 두 대통령 모두 뜻을 이루지 못한 채 세상을 떠났으니, 어쩌면 공주 천도를 막은 것은 하늘의 뜻이 아니었을까. 이후 〈공주·연기 행정도시 안〉은 원안과 수정안 기업도시을 둘러싸고 다시 길고 긴 공방이 오가는 중이다.

좌_ 공주는 오랫동안 충청도를 대표하는 도시였다. 충청도포정사문이 위엄 있다.
우_ 지역을 대표하는 도시엔 향교가 세워졌다. 수많은 인재들이 여기서 길러졌다.

인구로 따지면 현재 충청남도 대전 포함에서 여섯 번째에 불과한 공주는 백제, 통일신라, 고려, 조선을 거치는 오랜 세월 동안 충청남도를 대표하는 도시였다. 비록 과거 적국 수도였다고는 하나 신라는 여전히 공주를 지역 대표도시로 여겼고, 이후에도 마찬가지였다. 몇 차례 '목'에서 '현'으로 강등되기도 했으나, 오랜 세월 동안 공주엔 대부분 목사가 머무르며 지역을 다스렸다. 조선 선조 때는 충청감영이 공주에 차려졌고, 1895년 전국을 23부로 나누면서 충청도를 세 개로 쪼갤 때 관할구역은 충주부, 홍주부, 공주부였다. 1896년 충청도가 북과 남으로 갈라질 때 충남을 다스리는 관청은 공주 몫이었다.

1,500여 년을 이어온 지역 대표도시 자리는 일제강점기를 거치며 대전으로 넘어갔다. 그동안 과연 무슨 일이 일어난 것일까. 그리고 과거 화려했던 문화는 어떻게 남아 있을까.

발전 축이 공주에서 대전으로, 역사가 바뀌다

공주 부녀자들은 사시사철 일이 끊이지 않아 베를 짜느라 잠잘 시간이 모자랐다.

조선 후기 실학자인 서유구 1764~1845가 쓴 《임원경제지》에 나오는 내용이다. 백제, 통일신라, 고려, 조선을 거치며 오랫동안 지역 대표도시로 군림했던 공주는 지역 행정, 경제, 문화 중심지였다. 자연히 일감이 많았다.

조선시대 내내 지역을 대표했던 도시는 조선의 패망과 운명을 함께한다. 조선 지배권을 강제로 뺏은 일제는 전국을 잇는 철도를 닦고자 했다. 국가를 완전히 바꾸려는 의도였다. 과거 주물류기지가 강을 끼고 만들어졌다면 앞으론 철도역 주변에 만들어질 터였다. 공주 유림은 철도가 지나는 것을 반대했다. 이에 대해선 해석이 분분하다. 시대 흐름을 읽지 못했다는 의견과 일제의 지배정책에 동조하지 않겠다는 의지로 읽는 의견이다. 어쨌든 두 의견 모두에 공통으로 담긴 건 공주 유림의 고집이었다. 1905년과 1914년 각각 개통한 경부선과 호남선은 공주를 빗겨갔다. 두 철도가 지나는 곳은 대전이었다. 충남 중심축은 빠르게 공주에서 대전으로 옮겨갔다. 1910년 공주시 인구의 절반 정도에 불과했던 대전은 1925년이 되면 9,000여 명으로 거의 공주1만여 명와 비슷해진다.

교통축이 옮겨갔지만 오랫동안 충청도 대표도시였던 공주가 쉽게 무너지진 않았다. 결정타는 충청남도 도청 이전이었다. 도청을 일본인들이 많이 살고 경부철도가 지나는 대전으로 옮긴다는 이야기는 오래전부터 흘러나오고 있었다. 하지만, 공주가 순순히 받아들일 분위기는 절대 아니었다.

흘러가는 상황이 좋진 않았다. 1920년대 들어 도청이 잇따라 옮겨졌기 때문이다. 1920년 함북도청이 경성에서 나남으로 옮겨진 것을 비롯하여 1921년 평북도청의주→신의주, 1924년 경남도청진주→부산이

공주는 강 이남(사진)이 구도심, 강 이북이 신도심이다. 서울과 반대다.

청사를 옮겼다. 1929년경 대전 유지들의 도청 유지 로비사건이 폭로되면서 도청 이전이 논란이 됐으나 총독부 측은 이전 사실을 부인했다. 1930년 11월초 충남도청 신축 예산안이 편성되면서 충남도청 이전을 둘러싼 전쟁에 마침내 불이 붙었다. 그 해 12월 8일 공주 지역대표 7인은 신축 충남도청은 공주에 건설돼야 한다는 진정서를 냈다. 이듬해 1월 3일엔 충남도지사 관사 앞에서 500여 명이 시위를 벌였다. 진정위원단 30여 명을 총독부에 파견하기도 했다. 대전도 가만있지 않았다. 유치 시민대회를 열며 맞불을 놓았다.

1931년 1월 13일 조선총독부가 대전 이전을 공식 발표하며 불을 끄고자 했다. 자존심을 지키려는 공주 사람들의 기세는 놀라웠다. 일본제국의회에 대표단을 파견하며 판세를 뒤집고자 했다. 1931년 2월 4일 일본의회 중의원은 도청 이전 안을 부결했다. 공주인들의 승리로 마무리되는 듯 보였다. 문제는 조선총독이 도청 이전에 대한 뜻을 여전히 굽히지 않은 것이었다.

1931년 3월 13일 충청남도 평의회_{지금 도의회}의 충남도청 대전 이전 결의사항 인준 계획을 앞두고 공주 사람들은 마지막 힘을 모았다. 11일부터 13일까지 도청 이전 반대 시위를 열었다. 횃불 시위에다 투석전까지 벌일 만큼 격렬했다. 50여 명이 구속됐다. 하지만, 판세를 뒤집진 못했다. 1932년 10월 11일 충남도청은 대전군으로 옮겨졌다. 1925년까지 공주에 인구가 뒤졌던 대전은 이후 빠르게 인구 격차를 벌린다. 1944년 공주가 2만 명이 채 되지 않을 무렵 대전은 이미 7만 명에 이르렀으며, 1960년에 이르면 10배 가까이 벌어진다. 이렇게 공주와 대전은 자리를 바꾸었다.

50년 넘게 이발 일을 하는 분을 만나다

6월 지방선거를 앞둔 가운데, '강남 개발'을 내건 한 후보자의 플래카드를 봤다. 서울에서 강북 개발이 이슈라면 공주는 그 반대다. 공주는 강 이남에 도시를 만들고 발전시켜 왔다. 강 이북이 개발되기 시작한 건 그리 오래지 않다. 공주를 상징하는 역사유적들은 모두 강 이남에 몰려 있다. 개발에서 이 점이 발목을 잡았다.

공주시는 1997년 4월 19일 이후 강남 전 지역을 고도_{高度}지구로 지정 관리하고 있다. 고도지구로 지정되면 건축물 높이에 제한을 받는다. 문화재와 도시경관을 보호하려는 조치다. 이에 대한 민원이 이어졌고, 2008년 10월 15일 충청남도 지방도시계획위원회는 강남지역 고도지구를 일부 해제하는 결정을 내렸다. 고도지구 확대와 축소를 둘러싼 힘겨루기는 앞으로도 계속 될 전망이다.

　개발과는 별개로 공주 역사를 더듬기 위해서는 강 이남으로 가야 한다. 금강철교를 건넌다. 금강철교는 1932년 1월 착공해 1933년 10월 23일 준공된 다리다. 한국전쟁 당시 3분의 2 정도 부서진 것을 1952년 복구했다.

　시내 쪽으로 발길을 옮긴다. 중동엔 공주 중동성당이 있다. 1936년에 착공해 1937년 완공한 천주교 성당 건물이다. 언덕 위에 있어 도로에서 보면 아주 위엄 있다. 공주 제일감리교회도 오래된 건물이다. 1930년 만들어졌으나 한국전쟁 때 폭격으로 무너졌다가 1956년 재건했다. 중동교회 근처 공주 영명중·고등학교는 공주 최초 학교다. 1906년 세워진 이 오래된 학교는 인물의 산실이었다. 민주당 대통령 후보였던 조병옥과 독립운동가 유관순을 비롯하여 윤창석1919년 2월 일본 도쿄 유학생 독립선언 주도, 황인식초대 충남도지사, 전말라한국 최초 여성목사, 민태식충남대학교 초대 총장, 노마리아최초 여성경찰서장, 정한범초대 주중 특사, 염우량반탁운동가 등이 학교 출신이다. 수많은 인물을 길러낸 영명학교는 1942년 일제에 의해 강제 폐교됐으나 이후 다시 문을 열어 학교 역사 100년을 넘겼다.

좌_ 1937년에 완공된 중동성당. 서양 중세기에 유행한 고딕건축양식이다.
우_ 옛 공주읍사무소. 건물 외벽에 남은 희미한 미술학원 글자가 어수선했던 지난 역사를 더듬게 만든다.

 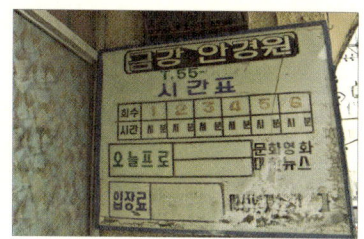

좌_한때 신성일과 엄앵란이 무대에 올랐다는 극장이다. 세월 흐름을 비껴갈 순 없었다.
우_그때 그 시절엔 문화영화와 대한뉴스가 있었더랬다.

중동성당과 영명중·고등학교가 있는 곳을 국고개라 부른다. 여기서부터 내리막을 따라가 반죽동까지 국고개 문화거리 조성사업이 한창이다. 이 지역에 근대문화유산이 많기 때문이다.

반죽동엔 1920년에 만들어진 옛 공주읍사무소 주변이 한창 보수공사 중이다. 읍사무소는 애초 충남금융조합연합회 건물이었으나 1930년대부터 읍사무소로 쓰였다. 1986년 시 승격 후 잠시 시청사로 쓰이다 1989년 매각돼 미술학원이 됐다가 다시금 복원 중이다.

근처엔 옛 공주극장이 있다. 일제강점기부터 있었다는 곳이다. 옛 공주극장 맞은편은 미화이용원이다. 일제강점기 때부터 있었던 것으로 알려진다. 현재 주인은 김현태67 씨. 초등학교를 졸업하자마자 일했다 하니 이발 일을 한 지가 50년이 넘었다. 막내로 일하기 시작했을 때 이발소에선 7~8명이 일했단다. 공주 토박이인 그는 공주극장이 한창일 때 일을 생생히 기억했다.

"공주에서 처음 생긴 극장이 공주극장이에요. 젊을 때 기억나죠. 벤허도 했고, 춘향전도 했고, 쇼도 많이 했어요. 신성일, 엄앵란도 오고. 그때 저 길 끝까지 사람들이 영화 보려고 줄을 섰어요. 생각해보면 호랑이 담배 피우던 시절 얘기네요."

좌. 옛 공주극장 앞 미화이용원. 주인의 이발경력은 50년이 넘는다.
우. 눈비 오던 날 이용원 내부. 따뜻했다.

이발소 안 물건은 하나하나가 세월 흔적이 배어 있다. 이발소 거울과 가위는 일제강점기 때부터 쓰던 것이란다. 한때 공주 최고 번화가였다는 옛 공주극장 앞엔 옛 흔적이 적지 않은 편이다. 골목에선 나무 전봇대도 찾았다. 반죽동 김갑순 옛집 터에선 공주와 대전이 자리바꿈을 했을 때 그 기회를 너무도 잘 이용한 이의 발자취를 보게 된다.

충남도청 대전 이전으로 크게 돈을 벌다

1872년 공주 사람 김갑순이 태어났다. 시장터 국밥장수 아들로 태어난 김갑순은 10대 때부터 돈벌이에 나서야 했다. 투전판을 드나들던 그는 공주 감영 노비 신분이 된다. 어느 날 노름꾼을 잡으러 나섰던 그는 아름다운 여인을 만나고 의남매를 맺는다. 그 여인을 충청감사 소실로 중매를 서면서 앞날이 풀린다. 1900년 판임주사 8등으로 관직생활을 시작한 이후 중추원 의관, 내장원 봉세관, 충남 노성군수 등 고속 승진을 거듭한다.

10년 동안 6개 군 군수를 역임한 김갑순은 관직을 이용해 부를 쌓는다. 1930년 말에 나온 〈충청남도 대지주 명부〉에 따르면 공주, 대전 등에 있는 개인 논이 1,267정보, 밭이 254정보, 기타 1,850정보로 총 3,371정보1정보=3,000평였다. 평수로 따지면 1,011만 3,000평에 이르렀다. 100정보를 가진 이를 보통 천석꾼이라 하니 그는 만석꾼이란 말로도 부족했다. 큰 부자였던 김갑순이 충청도 최고 부자가 된 데는 충남도청 이전이라는 점이 크게 작용했다.

1932년 10월 11일 충남도청이 공주군에서 대전군으로 옮겨갔고 이에 따라 평당 15전 정도이던 땅이 수백 원으로 폭등했다. 1938년 당시 대전 땅 40퍼센트가 김갑순 소유였으니 그는 충남도청 이전으로 돈벼락을 맞았을 것이다.

> 대전읍 일대에는 공주 부호 김갑순 씨의 소유 토지가 상당히 있는바, 근일 200여 호에 달하는 다수한 가대家垈에 그 요금을 일시에 5배나 올리어서 징수한다고 한다. 이제 그 진상을 알아보면, 서정西町, 대흥정大興町, 춘일정春日町 등에는 김갑순의 토지 위에 집을 짓고 사는 사람이 절대다수인바, 작년 매월 매평 5리 표준이던 것으로 60평이면 매월 30전씩 받아가던 것을 이제부터는 매월 2원 50전씩 5배나 인상하여 받아간다고 한다.
>
> – 〈동아일보〉 1932년 7월

부동산투기로 큰돈을 번 김갑순은 운수사업, 온양과 유성 등지 온천 개발과 호텔 건축, 극장 건설, 언론사업 등 돈 되는 일이라면 무엇이든지 손을 댔다. 게다가 이완용 손자 이병길, 도지사를 지낸 이규완, 내장원경을 지낸 김윤환, 윤치호 사촌 동생 윤치오 등 친일인사들과 두루 사돈관계를 맺으며 인맥을 관리했다.

일제에도 적극 협력했다. 단군을 숭배하는 금강대도 신도들을 염탐해 경찰에 신고해 신도 63명 중 7명이 옥사하게 하였다. 더불어 단군성전을 압수해 건물을 헐고 조선총독부 역대 총독 사진을 진열한 열전각을 짓고 조선 백성에게 참배를 강요했다. 중일전쟁과 태평양전쟁이 일어난 뒤엔 각종 친일단체 간부를 맡아 앞장을 섰다. 1935년 총독부가 편찬한 《조선공로자명감》에 조선인 공로자 353명에 포함됐을 정도다.

일제강점기 내내 떵떵거리던 그는 일제 패망과 함께 몰락한다. 그는 1948년 5월에 열린 선거에 자신의 장·차남 김종석, 김종락, 장손 김승태을 공주 갑·을구와 대전 유성구에 출마시켰으나 모두 낙선한다. 이듬해 반민특위가 본격 활동을 시작하면서 그는 친일 혐의로 체포된다. 무엇보다 1949년부터 시작된 토지개혁은 그가 가진 부를 뒤흔들었다. 지주들은 제대로 땅값을 보상받지 못했고, 겨우 보상받은 노지보상비나 지가증권 또한 한국전쟁을 거치며 헐값이 됐다.

그의 이름은 조용히 잊혀갔다. 옛집 터 대문 구석에 놓인 까만 돌이 쓸쓸한 그의 말년을 보여주는 듯하다. 무심코 지나가면 잘 모를 정도로 작은 돌에 쓰인 설명은 다음과 같다.

'일제강점기에 충청도 제일 갑부로 알려진 김갑순의 옛 집터.'

백제, 고려, 조선, 일제, 인절미처럼 역사가 쌓이다

이제 시계를 1,500여 년 전으로 되돌린다. 백제왕이 머물렀던 왕도였던 시절 얘기다. 비록 왕도였지만 그 출발은 힘겨웠다. 475년 음력 10월 백제 문주왕은 고구려군에게 크게 패하고서 수도를 한강

공주는 백제왕이 머문 수도였다. 백제인들은 거대한 무덤들을 남겼다.

에서 웅진공주으로 옮긴다. 이미 찬 바람이 불기 시작했으나 여유를 부릴 처지가 아니었다. 어렵게 새 땅에 도읍을 정했으나 문주왕은 477년, 즉위 3년 만에 신하에게 살해당한다. 당시 정권을 장악한 마한계통 병권좌평 해구가 보낸 자객 짓이었으니 부여계통 백제의 앞날은 위태롭기만 했다. 뒤를 이은 삼근왕도 즉위 3년 만인 479년 알 수 없는 죽음을 당한다. 아슬아슬한 때였으나 공주는 기어이 꺼져가는 불씨를 살려내며 무령왕, 성왕과 같은 강력한 왕을 길러내고 다음 수도를 사비부여에 넘겨준다. 그때가 538년성왕 16이다.

120년 정도 더 나라를 이어간 백제는 660년 멸망한다. 당나라는 의자왕 등 백제인 일부를 당나라로 끌고 갔고, 웅진도독부를 설치했다. 백제인들은 쉽게 물러나지 않았다. 부흥운동을 일으켜 200여 성을 되찾는다. 당군과 신라군과 맞선 싸움에서도 연이어 이겼다. 내

분이 발목을 잡았다. 부여풍을 왕으로 추대한 도침을 의자왕의 종제 從弟이자 무왕의 조카인 복신이 죽이고, 복신을 왕으로 추대된 부여 풍이 죽이면서 내분이 일어난다. 4년에 걸쳐 이뤄진 백제부흥운동은 결국 실패로 끝나고, 그렇게 백제라는 이름은 지도에서 사라졌다.

    1971년 공주에서 발견된 무령왕릉은 백제라는 이름을 다시 화려하게 등장시켰다. 108종 2,906점에 달하는 유물은 백제가 쌓은 문화가 얼마나 화려했는지 깨닫게 하였다. 무엇보다 삼국시대 왕릉 중에서 유일하게 주인공이 밝혀진 왕릉이 무령왕릉이다. 이 무덤을 통해 사학자들은 흩어진 역사 조각들을 더 뚜렷하게 짜맞출 수 있었다.
    송산리고분박물관에 간다. 무령왕릉은 1997년 7월 15일 영구 비공개 결정돼 지금은 박물관에서 모형만 볼 수 있을 뿐이다. 무덤 앞엔 '절대 들어가지 마시오.'란 팻말이 경비병처럼 막고 있다. 명령은 엄하나 능선을 따라 늘어선 무덤들은 푸근하기만 하다. 모두 7기. 무령왕릉을 뺀 나머지 무덤은 모두 도굴돼 주인을 알 수 없다. 묻힌 이들은 과연 누구였을까. 이들은 다가올 백제의 운명을 안 채 이곳에 묻혔을까.

    왕성으로 추정되는 곳은 공산성이다. 금강을 따라 물결처럼 쌓은 성 모양새가 꽤 아름답다. 백제 때 웅진성으로 불리다 고려시대 이후 공산성으로 불린 성이다. 오르막과 내리막이 심해 영하에 가까운 날씨인데도 걷자니 땀이 난다. 임류각지 臨流閣址는 지금까지 발견된 백제 건물터로는 가장 오래된 곳 가운데 하나다. 500년 동성왕 22에 지은 건물이 있던 자리다.

좌_ 쌍수정.
인조가 머문 곳이다.
인절미 이야기가
여기서 비롯됐다.
우_ 공주잠종보호고.
일제강점기 시절 흔적이다.

산꼭대기 1,600제곱미터에 이르는 평지는 왕궁으로 추정되는 곳이다. 1930년대 운동장으로 만들 때 많은 유물이 발견됐다. 추정 왕궁터에서 보이는 건물은 쌍수정이다. 쌍수정은 조선시대 인조와 관계된 건물이다. 1624년 인조 2 이괄의 난을 피해 공산성에 머물 때 왕은 두 그루 나무 밑에서 반란 진압 소식을 기다렸다. 반란이 진압된 뒤, 두 그루 나무에 벼슬을 내리고 성을 쌍수성이라 부르게 했다. 이후 나무가 늙어 없어진 자리에 영조 때 관찰사 이수항이 세운 정자가 쌍수정이다.

인조는 이곳 공주에 또 다른 이야기도 남겼는데 바로 인절미다. 공주로 피난온 왕에게 공주 사람 임씨가 콩고물을 묻힌 떡을 진상했다. 맛있게 먹은 왕이 이름을 물었으나 아무도 대답하지 못했다. 왕은 생각에 잠기더니 "임씨라……, 그것참 절미絶味로다."라고 말했다. 이후 임절미任絶味라 불리다 '인절미'라고 바뀌게 됐다는 이야기가 전한다.

이 오래된 성에는 일제 또한 여러 흔적을 남겼다. 무덤 같기도 하고 대피소 같기도 한 공주잠종보호고는 1915년 충청남도 내 잠업농가에 누에씨를 보급하기 위해 만들어졌다. 벽은 허물어지고, 문 앞에 비닐이 너덜너덜 널려 있어 을씨년스럽다. 보호고 앞 설명문도 누가 긁었는지 몇몇 글자는 알아보기 어렵다.

공산성 광복루 또한 일제 패망과 관련이 있는 건물이다. 원래는 공산성 내 머물던 군대를 지휘하던 중군영 문루였다. 일제강점기 초 일제는 공산성 북쪽 공북루 옆에 있던 중군영 문루를 언덕 꼭대기 쪽으로 옮기고 이름을 웅심각雄心閣 또는 해상루海桑樓

공산성 금서루.
오래전 파괴된 것을
1993년 복원했다.

라 불렀다. 광복 직후인 1946년 4월 김구와 이시영이 이곳을 찾아 광복루光復樓라 고쳐 오늘에 이른다.

공산성 북문인 공북루 아래 있는 명국삼장비는 일본인들에 의해 파묻힌 역사가 있다. 일제강점기 일본인들은 공북루 아래 있던 명국삼장비明國三將碑를 공주읍사무소 뒤뜰에 파묻었다. 명국삼장비는 정유재란丁酉再亂 때 공주에 머물렀던 명나라 3장수明國장明國將 이공李公, 임제林濟, 남방위藍芳威의 공덕을 기리는 비석이다. 광복이 되면서 이전 복원됐다.

공주는 백제가 그 이름을 열었으나 이후 신라, 고려, 조선이 번갈아 그 땅에 역사를 쌓았다. 심지어 일제까지도. 백제 수도 공주로만 여기는 것은 너무 짧은 생각이다. 인절미처럼 쌓인 역사를 공산성에서 발견한다.

기록되지 않은 공주, 선사시대인들이 살다

공주는 백제 수도로서 역사에 화려하게 등장했으나 거기서 끝나면 서운하다. 1964년으로 시계를 돌려보자.

1964년 미국인 대학원학생인 앨버트 모어Albert Mohr와 아내 엘 샘플L. L Sample은 공주 석장리 금강 가를 답사하다 무너진 층에서 뗀석기를 찾았다. 이 발견은 우리 역사 시계를 한참 앞으로 끌어올렸다. 그때까지 우리 역사 시계는 청동기시대단군시대에 머물러 있었다. 석장리 선사유적 발굴로 이 땅엔 구석기시대부터 사람이 살았다는 게 밝혀졌다.

석장리 유적은 1992년까지 12차례에 걸쳐 발굴됐다. 유적지에선 구석기시대 전기, 중기, 후기뿐만 아니라 중석기, 신석기, 청동기시대 유물도 발견됐다. 선사시대 전 시기에 걸쳐 사람이 살았던 땅이 바로 공주다.

석장리 유적을 보려면 시내에서 금강 상류 쪽으로 거슬러 올라가야 한다. 3월인데도 기온은 이미 영하로 떨어졌다. 전날 내린 눈이 바닥에 가득하다. 출발하기 전 육교 밑 찐빵집에 들렀다. 입이 얼어 "찐빵 주세요."란 말이 나오지 않는다. 주인이 어디로 가느냐고 묻는다. 석장리 유적에 간다 하니 놀라는 눈치다. 자동차가 '쌩쌩' 다니는 국도에 영하의 날씨, 교통수단은 자전거. "참 무식하다."고 혀를 '끌끌' 찬다. 시린 손을 녹이려고 찐빵을 꼭 움켜쥐니 주인이 따뜻한 커피를 한 잔 빼서 내어준다.

기온은 갈수록 떨어지고 손발은 점점 얼어붙는다. 가다가 자전거

공산성 굴곡이 아름답다. 눈 내린 들판을 보니 한강을 버리고 내려온 이들의 비장함보다는 세월이 만든 쓸쓸함이 느껴진다.

바퀴가 터져 산 넘어 산이다.

  금강변에 붙어 있는 석장리 유적지에 이르니 그 옛날 원시인들이 살던 모습이 떠오른다. 역사에 기록된 시기보다 기록되지 않은 시기가 훨씬 길다. 기록되지 않은 시기의 공주를 석장리 유적에서 봤다.

  다시 시내로 빠져나온다. 공주 시내에 들어서고서 가장 흔하게 볼 수 있었던 동물 모양은 '곰'이었다. 고려 태조 때 지금 이름을 얻은 공주의 옛 이름은 웅진 또는 웅주였다. 웅은 '곰'이란 뜻이다. 곰나루유원지를 찾는다. 금강 가 곰나루는 곰 전설이 전해지는 곳이다. 곰나루 전설은 〈선녀와 나무꾼〉의 재해석처럼 여겨져 재미있다.

  먼 옛날 강 근처 연미산엔 암곰 한 마리가 살고 있었다. 암곰은 강가에서 고기를 잡던 어부를 끌고 가 남편으로 삼았다. 세월이 흘러 아이도 두 명이나 낳았다. 암곰은 남편이 달아나지 않을까 걱정이 됐으나 아이를 둘이나 낳자 마음이 놓였던 모양이다. 어느 날 동굴 문을 닫지 않고 사냥을 나간 틈을 타 배를 타고 남편이 도망쳤다. 아이를 둘이나 낳았을 정도면 여러 해를 함께 살았을 터이나 남편 또한 인간세상을 잊지 못한 모양이다. 뒤늦게 남편이 달아난 것을 안 암곰은 강 건너를 향해 남편에게 돌아와 달라 애원했으나 헛일이었다. 마침내 남편이 돌아오지 않을 것을 안 암곰은 새끼 두 마리와 함께 강물에 몸을 던진다.

  이 이야기를 읽으며 선녀와 나무꾼은 남성주도권이 강하던 시절, 곰나루 전설은 여성주도권이 강하던 시절 만들어진 이야기가 아닐까 추측해본다. 또한, 납치한 대상은 남과 여로 나뉘지만, 끝까지 새끼를 챙긴 이는 여성이라는 점에서 질긴 모성애의 역사를 짚어본다.

  백제 수도로 널리 알려진 공주를 찾아 고려와 조선시대 충청도 대표도시로 이름을 날렸던 도시를 봤다. 20세기 들어와 대전에 대표 자리를 뺏기고서 남긴 쓸쓸함도 본다. 역사에 나타난 화려했던 시절보다 훨씬 긴 선사인들의 흔적도 본다. 그 까마득함이란. 역사란 돌고 도는 법이다. 언제까지나 화려할 순 없고, 언제까지나 뒷방 신세일 수도 없다. 그 모두를 안고 도시는 나이를 먹는다. 공주는 곱게 나이를 잘 먹은 도시다.

좌_ 공주 역사는 깊고 깊다. 선사시대인들도 많은 이야기를 남겼다.
우_ 곰을 사냥하는 선사시대인들이다. 도대체 공주엔 언제부터 사람이 살았을까.

빌딩숲에 묻힌
2천 년 역사가
숨을 쉬더라

서울시 송파

　조선 500년 도읍 서울. 많이 들어본 말이다. 그렇다면 '백제의 오랜 도읍 서울'은 어떤가? 백제 시조인 온조왕?~28은 한강 일대에 터를 잡고 화려한 꽃을 피웠다. 백제의 최전성기였던 근초고왕?~375 시대의 수도 또한 한강이었다. 근초고왕은 271년 3만 대군을 이끌고 고구려 평양성을 공격해 고국원왕?~371을 죽였다. 전쟁터에서 죽은 유일한 고구려왕이었다. 당시 백제는 한반도 삼국 가운데 가장 강성했다.

　원래 고구려와 백제는 한 뿌리로, 백제 초기 왕들은 고구려 시조인 동명왕을 모셨고 이 전통은 10대 분서왕까지 이어졌다. 이후 두 나라 사이에 금이 가기 시작했고, 고구려 고국원왕이 살해되면서 결국 앙숙이 된 것이다. 100여 년이 흐르고 이번엔 고구려 장수왕394~491이 남진하면서 백제 개로왕?~475이 전사했다. 백제는 한강을 버리고 웅진공주으로 수도를 옮겼다. 이로써 500여 년에 이르는 한성백제

봉긋 솟아오른 모양이 젖가슴을 닮았다. 무덤을 만들던 이들에겐 고역이었겠지만 후손의 눈엔 아늑하게만 보일 뿐이다.

시대는 막을 내렸다.

　백제가 한강에 터를 잡고 꽃피운 화려한 유산들은 지금 서울 송파구에 남아있다. 백제가 한강을 떠난 이후 송파는 조선시대 송파장으로 잠깐 번영을 누렸다. 이후 한가한 농촌 마을이던 이 도시는 최근 고층 건물이 밀집한 신도시로 탈바꿈했다.

　삼국시대 무덤을 경주나 부여, 공주에 가야만 볼 수 있다고 생각하면 오산이다. 백제가 가장 오랫동안 머무른 곳은 부여나 공주가 아니라 서울이다. 송파구에 가면 백제가 가장 번성했던 시절에 만든 무덤을 볼 수 있다. 지하철에 자전거를 싣고 송파로 떠난다. 석촌역 쪽엔 돌 무덤이, 방이역 쪽엔 흙 무덤이 있다. 먼저 돌 무덤을 보기로 했다. 마침 부슬부슬 비가 내린다.

백제고분군으로 가다가 '전통마을 돌마리'라는 표지석을 만난다. 돌마리를 한자로 하면 석촌石村이다. 이름처럼 동네에 돌이 많아진 것은 병자호란 때 쳐들어온 청군이 돌을 옮겨다 진을 쌓으면서부터다. 하지만, 적석총을 보면 이 동네는 원래 돌과 관계가 깊은 곳인 것 같다.

1916년 이곳에선 90여 기에 이르는 적석총돌무지 무덤과 봉토분흙무덤이 발견됐다. 가장 큰 돌 무덤은 밑변 50미터에 높이가 4.5미터에 이르렀다. 고구려 대표 돌 무덤으로 중국 지린성 퉁거우에 있는 장군총 밑변이 33미터인 점에 비춰보면 상당한 실력자가 묻힌 것으로 추정된다.

20세기 초, 백제고분이 지닌 가치를 눈여겨본 이는 없었다. 보통 사람들 눈엔 그냥 큰 무덤일 뿐이었고, 개발이 되면서 대부분 사라졌다. 1974년 조사 당시 남은 것은 2기에 불과했다. 이후 2기가 더 발굴돼 돌무덤은 4기가 됐다. 지금 적석총 일대는 공원으로 꾸며져 산책을 즐기는 사람들이 드문드문 보인다. 적석총은 꽤 큰 무덤이지만 아파트와 빌딩에 둘러싸여 웅장하기보다는 오히려 소담하다.

자전거를 타고 방이동 백제고분군으로 간다. 4, 5세기에 만들어진 흙 무덤들이다. 1971년에 8기, 1975년에 6기가 발굴 조사됐고, 1983년에 고분공원으로 꾸며졌다. 적석총 공원이 평지인 데 비해 방이동 고분은 구릉지다. 돌 무덤이 남성적이라면 흙 무덤은 여성적이다. 봉긋 솟아오른 무덤은 아기에게 물

돌마리를 한자로 하면 '석촌石村'이다. 돌과 관계 깊은 마을 석촌이다.

좌_ 백제고분군엔 무덤이 많다. 흙 무덤은 4, 5세기에 만들어졌다.
우_ 흙 무덤이 여성 느낌이라면 돌 무덤은 남성 느낌이다.

리려고 부푼 젖을 닮았다. 그 주위를 역시 고층 아파트들이 둘러싸고 있다. 왕이나 귀족들이 묻혔을 거대 무덤들에서 이제 위엄을 느끼긴 어렵다. 오랜 세월을 견뎌내고 살아남아 휴식을 취하는 이의 평온함이 느껴진다.

그렇다 하더라도 이 무덤들은 지배자의 흔적이다. 그들은 국가와 도시를 보존하려고 성을 쌓았다. 풍납토성과 몽촌토성은 한성백제 시절의 도성으로 추정되는 곳이다. 두 성이 세상에 모습을 드러낸 것은 20세기에 들어서였다.

대홍수와 개발이 드러낸 풍납토성과 몽촌토성

1925년 7월 9~12일. 태풍으로 전국에 폭우가 내렸다. 15~19일 다시 큰비가 쏟아졌다. 이후 8, 9월에 한 차례 더 홍수가 일어났다. 네 차례의 큰 홍수 때문에 전국은 황폐화됐다. 이로 말미암은 피해는 1억 300만 원. 조선총독부 1년 예산이 2억 원이 조금 넘던 때였다. 목숨을 잃은 사람만도 647명이었다.

대홍수는 재난만 불러온 게 아니었다. 1,000년 넘게 땅 밑에 잠들어 있던 풍납토성을 깨운 것이다. 이곳에서 유리구슬과 제기祭器 같은 유물이 발견됐다. 처음에는 한성백제가 수도로 삼았던 곳이라며

좌 토성 주위는 산책하기 좋다. 비 오는 날 연인이 우산을 쓰고 걸어간다.
우 몽촌토성 산책로를 사람들이 걸어다닌다. 주말이면 사람들로 붐빈다.

흥분했지만 이내 사그라졌다. 당시 한국 사학계에서 가장 영향력이 컸던 이병도 박사가 풍납토성은 고구려 공격에 대비해 아차성과 함께 쌓은 방어 성인 사성蛇城으로 보인다고 진단했기 때문이다. 이렇게 해 관심에서 멀어진 풍납토성은 조금씩 망가졌다. 4,000미터에 이르던 성은 1963년 2,250미터로 크게 줄었다. 1994년엔 500여 미터만 남아 마지막 숨을 헐떡였다. 사람들은 성 옆에 집을 짓고 텃밭을 가꾸었다. 사유재산이라는 점에서 국가도 어쩔 도리가 없었다.

그러다 1997년 유물이 대규모로 쏟아졌다. 아파트 터파기 공사가 진행되던 곳에서였다. 대규모 개발은 그렇게 오래전 백제를 다시 사람들 앞에 꺼냈다. 당시 시공사는 공사 중단을 우려해 유물을 파괴하거나 감추던 상황이었다. 결국, 대규모 발굴이 이뤄졌고, 더 파괴되는 것을 간신히 막을 수 있었다.

2009년 말에 갔을 때 풍납토성 주변은 매우 깨끗하게 정비돼 있었다. 곳곳에 노점과 텃밭이 가득했던 몇 년 전 모습과 비교하면 꽤 빠르게 수습한 셈이다. 결국은 의지 문제였다. 이제야 우리는 조상의 흔적에 대해 좀 더 관대해진 것일까?

강풀이 그린 만화 《바보》엔 승룡이가 언덕 같은 곳에 앉아 있는 모습이 나온다. 그곳이 바로 풍납토성이다. 영화에서도 똑같이 재현됐다. 바보같이 첫사랑을 기다리던 승룡이와 자신을 꺼내줄 그때를 위해 1,000년 넘게 땅속에 파묻혀 있던 풍납토성. 누가 더 바보일까?

풍납토성에서 자전거를 타고 10~15분 남쪽으로 달리면 몽촌토성이 나온다. 올림픽공원 안에 있는 구릉이 바로 몽촌토성이다. 이 또한 한성백제 시절 왕성이었을 것이라고 추정되는 곳 중 하나다. 남북 길이 730미터, 동서 길이 540미터, 성벽 총 둘레가 2,285미터인 큰 성이다. 그러나 탄소연대측정 결과 3세기 이후 만들어진 것으로 확인됐고, 왕궁터 또한 발굴되지 않아 왕성일 가능성은 많이 줄어들었다.

풍납토성이 평지에 쌓은 성인 데 비해 몽촌토성은 구릉 위에 쌓았다. 그래서 훨씬 커 보인다. 몽촌토성 또한 개발이 준 선물이다. 1988년 서울올림픽 개최가 결정되면서 체육시설 건립지로 몽촌토성 일대가 선정됐다. 시설 건립에 앞서 1983년부터 총 6차례에 걸쳐 발굴 조사가 이뤄졌고, 이후 유적공원으로 복원하기로 결정됐다. 만약 서울올림픽이 없었다면, 아니면 이곳이 체육시설 건립지로 결정되지 않았다면, 과연 몽촌토성이 우리 앞에 나타날 수 있었을까?

좌_ 몽촌토성 일대는 거대한 공원이다. 느긋함에 푹 빠지기 좋다.
우_ 몽촌토성에선 유물이 많이 발굴됐다. 왕성 후보지 가운데 하나였다.

자전거를 세워두고 구릉을 따라 걷는다. 이곳은 이 일대에서 유명한 산책로다. 주변이 탁 트여 있는데다 높낮이도 적당하고, 무엇보다 흙길이어서 산책하기엔 최상이다. 사진기를 들고 와서 찍히고 찍어주는 이도 많다. 눈부시게 푸른 풀밭을 보니 그만 구르고 싶어진다.

성 한쪽엔 목책이 있고, 그 앞엔 물이 흐른다. 둘 다 과거 이곳이 백제 땅이었을 무렵 방어 역할을 했다. 건너편엔 고구려군이 진을 치고 이곳을 호시탐탐 노렸을 것이고, 토성 안 병사와 백성은 긴장한 상태로 적군을 응시했을 것이다. 오래전 피비린내나는 싸움터였던 곳이 지금은 한가로운 공원이다. 시간은 그렇게 땅의 성격을 바꾼다.

지금의 석촌호수, 옛날엔 송파나루터

백제가 물러나고 송파는 삼국이 쟁패를 벌이는 지역이 됐다. 고구려가 남쪽 수도를 이곳에 세웠고, 신라가 백제와 고구려를 멸망시킨 뒤엔 한산주에 속했다. 고려에 들어서는 광주목에 속했다. 광주목이 그 뒤 광주부 광주군으로 바뀌긴 했지만, 송파는 1,000년 가까운 시간 동안 광주에 딸린 한 마을이었다.

조선시대 들어 송파는 상업 중심지가 됐다. 임진왜란과 병자호란을 겪으면서 시전과 난전이 대립한 게 계기가 됐다. 시전市廛은 국가에서 허가받은 가게를, 난전亂廛은 허가받지 못한 가게를 말한다. 시전 상인에게는 금난전권禁難廛權이라 하여 난전을 규제할 수 있는 특권이 있었다. 왕실과 관아에 필요한 물품을 대는 대신, 도성 내에서 독점으로 장사할 수 있는 권한이었다. 이에 난전 상인들은 서울 주변을 장악하는 방법을 썼다. 송파를 비롯해 경강변 서울 뚝섬 일대, 누원점 경기 양주, 송우점 경기 포천 등을 근거지로 두었다. 서울특별시가 펴낸 《서울육백년사》에서는 이렇게 설명하고 있다.

송파장터에서의 사상도고 난전 상인의 매점 상업이 서울의 시전 상인들에게 심각한 타격을 주게 된 것은 대개 18세기 중엽부터인 것 같다. 1754년 영조 30의 한 기록에 서울의 사상인과 송파의 사상인이 결탁하여 삼남 지방과 동북 지방에서 오는 상인들을 유인하여 대규모의 장터를 이루고 있는데 이것은 금난전권을 피하면서 시전 상인의 본업을 빼앗는 일이라 하였다.

송파장은 조선시대 1,000개 향시 중 15대 장터 가운데 하나로 꼽힐 만큼 큰 시장이었다. 오일장이었지만 거의 매일 장이 열려 상설 시장이나 다름없었다. 가장 번창했던 시절 송파장엔 270여 호의 객주가 있었다. 송파에 큰 시장이 생길 수 있었던 것은 꽤 위치 좋은 나루터였기 때문이다. 송파나루는 서울과 광주를 잇는 나루였다. 땔나무와 담배 등을 서울에 대는 곳이 바로 송파나루였다. 1960년대까지 뚝섬

좌_ 송파는 나루터였다. 그것도 꽤 큰. 한강 물길이 바뀌고 매립까지 된 지금은 아련한 추억일 뿐이다.
우_ 석촌호수다. 한강이던 곳이 지금은 물길이 끊어져 호수로 남았다.

과 송파를 잇는 정기선이 운항했지만, 1960년대 말 강남 개발과 함께 송파를 흐르던 샛강은 매립됐다. 이어 다리가 만들어지면서 나루터 기능은 완전히 사라졌다. 오랜 세월 수많은 배를 실어나른 강은 이제 석촌호수가 되어 깊은 잠에 빠져들었다.

과거 배가 다니던 물길은 끊어졌지만, 석촌호수는 도보 길로 재탄생했다. 송파구는 석촌호수에서 시작해 성내천, 장지천, 탄천, 한강, 올림픽공원, 구청광장으로 이어지는 31.63킬로미터 도보 길을 만들었다. 이름하여 '송파 올레길'. 먼 옛날 배가 머무르고 출발하던 포구는 이제 사람을 받아들이고 내보내는 출발지가 됐다.

병자호란 이야기 가득한 동네

서울에서 광주 방향으로 빠지던 길목이던 송파는 위치 때문에 조선시대의 한 페이지를 장식한다. 병자호란 1636~37 때 왕이 지나간 길목이자 청군이 침입한 길이기 때문이다. 이 때문에 송파엔 병자호란과 관련된 마을이 많다. 우선 병자호란 당시 청군이 돌로 진을 쌓은 석촌동이 그렇다. 문정동은 인조가 남한산성으로 피란 갔다가 삼전도로 오는 길에 쉬면서 물을 마신 마을이다. 이곳에 문씨文氏가 많아 '우물 정井자'를 붙여 '문정'이라 했다.

주억다리터다. 병자호란 당시 피란 가던 인조가 지나간 곳이다.

오금동이란 이름이 생긴 유래엔 몇 가지 설이 있는데, 인조가 남한산성으로 피란 가면서

좌_ 조선군은 청군에게 패했고 치욕을 당했다. 그 기록을 삼전도비에 남겼다.
우_ 삼전도비에는 인조가 청 황제에게 머리를 조아리는 모습이 새겨져 있다.

이 지역에 잠시 쉬다가 오금이 아프다고 말한 데서 비롯했다는 이야기가 그 중 하나다.

한때 이곳에 있었다는 주억다리도 병자호란과 관련이 있다. 피란 도중 인조가 이곳에서 냇가를 만났다. 왕의 발이 물에 젖게 할 수는 없었다. 신하들이 주억돌을 주어다 징검다리를 만들었단다. 그래서 생긴 다리가 주억다리다. 물론 지금은 다리도 없고, '주억돌'이 정확히 무엇인지도 알 수 없다. 주억다리가 있었다고 여겨지는 곳엔 작은 인공 개천이 흐르고 있을 뿐이다.

삼전도비는 가장 치욕스런 흔적이다. 원래 이름은 대청황제공덕비 大淸皇帝功德碑로, 청나라가 출병한 이유와 조선이 항복한 일, 그 뒤 청군이 조선에 해를 끼치지 않고 회군한 일을 기록했다. 병자호란이 끝난 뒤인 1639년 인조 17에 항복한 자리에 세웠다. 1895년 고종 32 고종이 강물에 빠뜨렸으나 일제강점기 때 다시 세워졌고, 광복 이후 주민들이 땅속에 묻었으나, 1963년 홍수로 또다시 모습이 드러났다. 참 모진 운명이다. 상처도 지나면 아무는 법. 그때 그 치욕도 이제는 먼지

삼전도비가 세워진 곳은 공원으로 바뀌었다. 치욕의 역사는 온데간데없다. 아이들은 야구를 하느라 여념이 없다.

처럼 희미해졌다. 삼전도비가 세워진 자리는 공원으로 바뀌었다.

　인조는 송파에 꽤 여러 이야기를 남겼다. '서흔남 곤룡포 전설'은 그 중 으뜸이다. 인조가 청나라 군대를 피해 남한산성으로 향했는데, 산기슭에서 더는 걷지 못했다. 마침 나무를 하던 서흔남이 와서 왕을 업고 남한산성으로 들어갔다. 왕은 서흔남이 고마웠다. 소원을 말하라 하니 나무꾼은 왕이 입은 곤룡포가 마음에 든다고 하였다. 평상시라면 곤장을 맞을 말이었다. 하지만 전쟁 상황인데다. 왕의 목숨을 구한 나무꾼이었다. 서흔남은 곤룡포를 선물로 받았고, 죽을 때 곤룡포를 함께 병풍산에 묻어달라고 유언으로 남겼다. 이후 관리들이 서흔남의 무덤을 지날 때 왕이 입은 옷이 묻혀 있어 말에서 내려 걸었다는 이야기다. 이 이야기를 담은 비석이 송파도서관 앞에 세워져 있다.

믿거나 말거나 같은 이야기지만 서흔남은 실재 인물이다. 경기도 광주시 남한산성 지수당 옆 연못가에 서흔남 묘비가 있다. 그는 본디 수어청 병사의 노비 신분이었다. 1637년 인조 15 남한산성이 청나라 군대에 포위돼 외부와 단절되자 연락업무를 자원했다. 일개 노비가 중요한 군사 업무에 나설 정도였다니 당시 남한산성 내부 상황이 얼마나 심각했는지 짐작이 된다. 그는 병자와 불구자, 거지 등으로 변신하면서 청군 진영을 세 번이나 왕복하며 내부 상황을 바깥에 전달했다. 이 공으로 그는 노비 신분에서 풀려나 당상관이 된다. 이후 정2품 가의대부 자리에까지 오른다. 실로 드라마틱한 삶이다.

서흔남의 이야기를 품은 송파 또한 드라마틱하다. 눈물이 있으니 드라마고, 굴곡이 있으니 드라마다. 화려한 시절만 있었거나 눈물만 있었다면 드라마가 될 수 없다. 기쁨 뒤에 눈물 있으니 여기서 교훈을 얻고, 눈물 뒤에 기쁨 있으니 여기서 희망을 얻는다.

높은 빌딩 많고 부자 동네로 알려진 송파가 구가 된 것은 1988년 강동구에서 떨어져 나오면서부터다. 이 20년 남짓한 시간만으로 송파를 평가할 수 없는 것은 2,000여 년이란 기간 앞사람들이 남긴 흔적이 너무도 깊고 넓기 때문이다. 빌딩숲보다 더 화려한 문화가 발밑에 숨 쉬는 곳, 바로 송파다.

뱃길 따라
신명나던 장터엔
흑백사진만이

경기도 안성시 옛 안성읍

　조선 효종1649~59 때가 배경인 소설 〈허생전〉엔 주인공 허생이 과일을 매점하여 크게 이득을 보는 대목이 나온다. 이곳 과일을 매점하자 한양 과일 값이 열 배가 뛴 것. 이 시장의 위세를 짐작할 수 있다. 이 시장이 바로 안성장이다. 《경기요람》1808년에 조선에서 가장 큰 장 13군데에 포함된 안성장은 《영조실록》엔 서울보다 물건이 더 많다는 글이 실리기도 한다.

　안성장시는 규모가 서울 시전보다 커서 물화가 모여들고 도적떼들도 모여듭니다. 안성을 도적의 소굴이라고 부르는 것은 이 때문입니다.
　本郡場市 大於都下市肆 物貨所聚 盜所集 安城之稱賊藪 蓋以此也

　1920년 6월에 나온 잡지 〈개벽〉 제47호를 보면 안성장은 중부 조선에서 유명한 시장으로 대구, 전주와 함께 조선 3대 시장이라는 표

나무 아래 입을 '아' 하고 벌리고 누우면 잘 익은 포도가 '톡' 하고 떨어질까. 게을렀던 시간, 행복했던 시절. 그때가 언제였을까.

현이 나온다. 조선시대 때 이미 큰 시장이었던 안성장은 조선 후기를 거쳐 일제강점기 때도 여전히 컸음을 알 수 있다.

  물건이 모이니 돈이 모이고, 돈이 모이니 사람이 모였다. 돈과 사람이 모이니 자연히 동네는 흥청거렸다. 남사당놀이가 안성에서 크게 번성한 건 그래서 당연하다. 서울 양반댁에선 안성에 유기를 주문해서 썼다. 양반댁이 주문한 것이니 당연히 쌀을 담는 그릇이었고, 보리나 다른 잡곡을 담던 그릇에 비해 아담하고 예뻤다. 안성맞춤이란 말은 여기서 나왔다.

  1914년 3월 안성은 양성과 죽산 3군을 더해 안성군이 된다. 1924년 안성군은 1만 3,884호에 인구가 7만 1,863명이었으니 꽤 큰 도시였다. 외국인을 더하면 7만 2,324명에 이르렀다. 1937년엔 안성군 안성면이 안성읍으로 승격한다. 1998년 시로 승격될 때까지 무려 61년 동안 안성읍이었다. 안성읍은 이후 안성1~3동으로 바뀌었다. 당시 안성읍사무소는 안성1동 주민센터로 바뀌었다.

1937년 안성면이 안성읍으로 승격한다. 그때 읍사무소는 이제 안성1동 주민센터로 바뀌었다.

그동안 화려했던 안성장은 흑백사진 속에서나 볼 수 있게 됐고, 덩달아 상업도시로 명성이 높았던 안성은 경기도에서 가장 조용한 도시 가운데 하나가 돼버렸다. 떠들썩했던 그 흔적들은 지금도 남아있을까. 과거 안성읍 지역을 발로 더듬었다.

'명동백작' 이봉구, 한국 재배 포도의 기원 안성성당 포도밭

지금은 작은 천이지만 꽤 오랫동안 안성천엔 바닷배가 다녔다. 서해에서 고기를 잡은 배들이 안성천을 거슬러 항곳진亢串津까지 올라갔다. 여기서 내려진 어물들은 안성장을 거쳐 경기도와 한양으로 올라갔다.

> 옛 기록을 더듬어보면 안성은 농업인구가 많았지만, 상업인구도 꽤 많은 편이었다. 1924년 당시 총 557호 1,981명이 상업분야에서 일했다. 1925년엔 상업인구가 1,500여 호에 이르렀고, 안성장 상인은 120여 호에 이르렀다. 1920년대 안성엔 영업용 자동차 7대, 화물차 13대, 자전거 345대, 우마차 316대, 영업용 인력거 13대가 굴러다녔다.
>
> -《안성 : 미륵신앙과 남사당》이기원·주강현, 안성시, 2004

바닷길이 크게 열리고 육상교통이 발달하면서 강과 천을 이용한 교통은 쇠락했다. 1973년 아산방조제가 생기면서 안성천 배 교통 기능은 완전히 사라졌다.

한때 안성중심가였던 동네는 새 길이 뚫리고 도시가 커지면서 변두리로 바뀌었다. 도시는 순식간에 변했다. 1980년대 안성을 기억하는 대안문화학교 달팽이 이기원 교장은 90년대 안성이 완전히 변했다고 말한다. 1980년대만 하더라도 곳곳에 남아있던 옛집과 길들이 1990년대 들어서면서 완전히 사라졌다는 것.

개발이라는 이름으로 사라진 안성은 동 이름과 역사에 DNA처럼 박혔다. 안성1동은 옛 안성읍 중심가였다. 이곳 창전동은 안성장이 번창할 때 쌀을 파는 싸전이 많아 붙은 이름이다. 쌀 창고 앞이라 해서 창전동이라는 이름이 생긴 것. 현수동은 과거 바닷배가 들어오던 시절 안성을 기억한다. 검은 연기를 뿜는 배가 마을 앞에 정박했다 해서 현수리라는 이름이 붙은 것. 검은 연기를 뿜었다면 증기선이었을 테고, 그 정도 배라면 꽤 수심이 깊었을 테다.

가사동 1통은 과거 안성이 삼남지방 교통 요충지이던 시절 한양으로 가던 선비들이 주막에 많이 머물던 곳이라 하여 '가가' 라 부른 데서 비롯했다. 옥천동은 과거 안성읍을 흐르던 천이 있었다 해서, 명륜동은 조선시대부터 향교가 있어 붙은 이름이다.

좌_ 떠들썩하던 안성장터는 사라졌다. 잔치는 끝났다.
우_ 옛 안성읍내를 거닐어본다. 떠난 건 사람이고 남은 건 세월과 함께 늙은 집과 길이다.

1960년대까지 우시장이 서 소전거리라 불린 동네는 성남동으로, 마을 냇가 쪽으로 나무전이 섰던 곳은 봉산동 2통으로 바뀌었다. 안성1동 주민센터 앞에 선다. 전체가 빨간 벽돌이다. 뾰족 솟아오른 삼각뿔 지붕과 입구 빨간 기둥들이 눈에 띈다. 주변엔 오래된 집들이 여럿 보인다.

근처 낡은 공장 창문은 군데군데 비어 있고, 나무 널빤지까지 곳곳이 떨어져 나갔다. 공장을 보니 몇십 년 전 폭풍이 지나간 뒤, 시간이 멈춘 듯한 느낌이다. 어느 가게는 글자가 대부분 떨어져 해독이 불가능하다. 어느 슬레이트집 지붕은 헌 타이어가 누르고 있다. 한 식당 입구 위 문구가 재밌다. '머리조심 골통 + 수재조심혀'. 수재라는 사람에게 조심하라고 한 것인가 짐작해본다.

근처 안성공원은 대한제국 말에 만들어진 공원이다. 시 가운데 있어 접근성이 좋다. 무엇보다 판에 박은 듯한 최신 조형물과 운동기구가 있는 여타 공원들과 달리 박물관에서나 볼 수 있는 유물들이 잔뜩 있다는 게 특징이다. 삼층석탑과 석조 광배는 고려시대에 만들어진 것으로 추정된다. 이 중 석조 광배는 연꽃 모양 무늬를 새긴 큰 받침대로 불상 아래 놓였던 것으로 보인다.

안성공원 안엔 유물들이 제법 많다. 고려시대 작품으로 추정되는 석불좌상도 있다.

오명항선생토적송공비는 오명항 1673~1728이 영조 4년 일어난 이인좌의 난을 토벌한 공을 기리고자 안성 군민이 세운 비다. 비 뒤에 토벌에 참가한 군사들 인적사항이 기록돼 있으며, 비문은 암행어사로 유명한 박문수가 썼다.

이봉구문학비도 빼놓을 수 없다. 이봉구1916~83는 안성을 대표하는 문인이다. 몇 해 전 EBS가 방영한 〈명동백작〉은 이봉구가 주인공이었다. 명동을 유난히 사랑했던 그를 사람들은 '명동백작'이라 불렀고, 이봉구의 별명이 그대로 드라마 제목이 됐다.

이봉구는 대부분 명동을 배경으로 작품을 썼고, 여기엔 어김없이 실명으로 문인과 예술인들이 나온다. 해방 이후 한국 문인, 예술인 세계를 이해하는데 그가 남긴 작품은 아주 훌륭한 텍스트가 된다.

공원엔 또한 공덕비, 선정비, 문인석, 송덕비 46기가 있다. 많은 이야기를 품은 공원이지만 각 유물이 지닌 이야기를 모른다면 잠깐 스치고 지나갈 정도로 작다.

비봉산 지맥인 구포동 동산에 서남향으로 세워진 안성성당 또한 옛 안성읍을 상징하는 건축물이다. 프랑스 출신 안토니오 콩베르 1875~1950 신부가 1922년 지은 이 성당은 한옥과 서양 절충식이다.

콩베르 신부는 안성 지역 주민들과 고락을 함께했다. 3·1운동 때 만세운동에 참여하고, 일본경찰에 쫓기는 사람들을 성당에 숨겨주었다. 무엇보다 우리나라 재배 포도는 신부가 성당에 심은 포도밭에서 시작된다. 10년 전엔 이를 다룬 다큐멘터리가 만들어져 방송되기도 했다.

안타까운 사실은 한국전쟁 때 신부가 비참하게 생을 마감했다는 점이다. 북한군에 체포돼 납북되던 신부는 그 해 11월 12일 동사한다. 함께 납북되던 동생 줄리앙 신부 또한 다음날 세상을 떠났다.

어느새 밤이다. 밤에 보는 안성
향교가 운치 있다. 달과 향교가
참 잘 어울린다. 1532년 중종 27 세
워진 향교는 1932년, 1986년,
1988년 여러 번 고쳐서 세워졌

그 옛날 향교생들은
밤하늘에 뜬 달을 보며
무슨 생각 했을까.

다. 대성전, 명륜당, 풍화루, 동·서재, 삼문이 여전히 전해진다.

100년 넘은 대장간, 70여 년 넘은 정미소

과거 흔적이 너무나 빠르게 지워지는 안성에서 옛 안성을 그나마 볼 수 있는 곳은 안성천 옆 천변마을이다. 안성1동, 성남동, 옥천동 이 여기에 해당한다.

안성교를 북쪽으로 건너면 바로 성남동으로 들어선다. 이 길은 과거 안성에서 제일 큰 길이자 안성 이남 지방과 한양을 이어주던 주요 통로였다. 영남로 동래-대구-충주-용인-한양 와 호남로 영암-나주-정읍-공주-수원-한양 는 안성에서 만나 서울로 이어졌다.

한때 이 길을 시내버스가 다니면서 숱한 사람들을 안성장터에 내려놓고 또 실었다. 시외버스 또한 이 길을 거쳐서 내려가고 올라갔다.

이 동네서 40여 년을 산 동선네구멍가게 주인 할머니는 이곳만큼 목이 좋은 곳도 없었다고 회고한다. 당시 찐빵을 팔던 할머니는 새벽부터 밤까지 눈코 뜰 새 없이 일했다고. 다 지난 일이다. 지금은 시외버스도 시내버스도 이곳을 다니지 않는다. 거리를 찾은 날 사람과 자전거가 한가롭게 다닐 뿐이었다.

옛 영화를 기억 속에 묻은 채 조용히 나이 들던 동네는 몇 해 전 벽화동네로 눈길을 끌기 시작했다. 2007년 안성시가 지역 대표축제인 바우덕이축제를 안성천으로 옮기면서 이 동네가 축제 행사장 주변 동네가 된 것. 축제가 열리면 수많은 사람이 몰리는데, 스러져가는 동네 모습은 축제와 어울리지 않았다. 2008년 벽화사업은 그렇게 시작됐다. 더불어 시는 이 거리를 6070거리로 만들 계획을 세운다.

대안문화학교 달팽이 이기원 교장이 팔을 걷어붙였다. 교장은 각 마을에 맞는 벽화를 만들려고 주민들로부터 옛 이야기를 수집했다. 그렇게 수집한 이야기는 고스란히 벽화에 담겼다. 오랫동안 보존하고 보수를 쉽게 하고자 철판에 그림을 그려 붙이는 방식을 썼다. 그림은 작가와 달팽이 학교 아이들이 함께 그렸다.

벽화를 본다. 마을 역사가 드러난다. 빨래터 그림은 안성천 과거 모습이다. 아슬아슬 징검다리를 건너는 사람들 모습은 오래전 이곳 풍경이다. 아버지는 송아지를 안고, 어머니는 광주리를 이고 다리를 건넌다. 아무것도 모르는 아이는 신이 나서 펄쩍펄쩍 뛰며 건넌다. 어머니는 고추를 말린다. 옆엔 누렁이가 엎드려 졸린 눈으로 바라본다. 한 벽엔 포도나무가 울창하다. 한 아이는 포도나무를 올라가고 한 아이는 나무 밑에 누웠다. 나뭇잎엔 곤충들이 붙어 있다. 풍뎅이, 무당벌레, 장수하늘소, 여치, 사마귀, 개미 등이다.

좌_ 6070거리 입구다. 안성시는 옛 안성장터 거리를 어떻게 꾸밀지 고민 중이다.
우_ 안성은 오래전부터 사람과 물건이 숱하게 드나들던 도시다. 전통에 대한 애정이 벽화에 담겨 있다.

좌_ 간판은 새로 달았지만 건물은 100년이 넘었다. 우습게 볼 곳이 아니다.
우_ 신창정미소는 광복 이전 문을 열었다. 지금 정미소 곳곳엔 먼지가 두껍게 쌓여 있다.

유원형 씨 집 앞엔 1950~60년대를 다룬 드라마에서나 봤을 법한 트럭이 한 대 서 있다. 이기원 교장 말로는 지금도 잘 다닌단다. 마을 입구 오른쪽은 우전대장간이다. 대장간 문은 열었지만 찾는 이는 거의 없다. 대장간 주인은 김필오55 씨다. 열다섯에 대장간 일을 시작했으니 40년을 쇠 만지는 일에 매달린 셈이다. 김 씨는 동네가 흥청거리던 시절을 기억한다.

"한창때는 말도 못했어요. 새벽부터 나와서 밤늦게까지 일했죠. 나 말고도 일꾼이 두 명이나 더 있었어요. 농기구 만들어달라는 사람도 많았고, 당시엔 마차를 타고 다녔으니 바퀴살도 만들거나 고쳐주곤 했죠."

농기구는 지금 모두 공장에서 만든다. 중국에서 들어온 값싼 농기구도 넘친다. 마차는 경운기로 바뀐 지 오래다. 일꾼들은 모두 떠났고, 김필오 씨 혼자 대장간을 지킨다. 40년 동안 대장간을 했으니, '장인'이라 불러도 이상할 게 없지만, 대를 이을 사람이 없다. 김 씨는 "나 죽으면 끝."이라고 말한다.

대장간 건물은 100년이 넘었다. 처마 밑을 보니 지푸라기가 보이고 진흙으로 몇 번이나 덧발랐다. 대장간 안 못을 담은 종이상자가 너덜너덜하다. 얼마나 시간이 오래 흘러야 저렇게 종이상자가 너덜

너덜해질 수 있을까.

대장간 지붕 꼭대기엔 모루 위에 쇠를 놓고 메질망치질을 하는 장식물이 달렸다. 이기원 교장이 만든 벽화물이다. 대장간 건너편은 신창정미소다. 현 방앗간 주인인 조춘형65 씨 처외삼촌이 1938년 열었다. 조씨가 방앗간을 물려받은 것은 약 20여 년 전이다.

가을이 되면 장정 7~8명이 와서 일할 정도로 일이 많았다. 지금은 일감이 뚝 끊어졌다. 마을 농협마다 큰 정미기계들이 들어서고, 정부가 쌀을 모두 수매해가기 때문이다. 정미소 안 기계엔 먼지가 수북이 쌓였다. 벽에 걸린 가방에 내린 먼지는 세월이 만든 퇴적물이다.

이기원 교장이 기억하기로 80년대까지만 해도 이 일대엔 오래된 집들이 많았다. 90년대 들어서서 옛집들이 대부분 사라졌다. 우전대장간이나 신창정미소는 이 동네에 몇 곳 안 남은 옛 기록들이다. 옛 안성장이 서던 길을 따라 걷는다. 벽과 전봇대, 가게 문엔 옛날 포스터들이 다닥다닥 붙었다.

'석탄증산으로 경제부흥 이룩하자'대한석탄공사, '미국에서만 경구용 피임제 애용자가 매년 100만 명씩 증가하고 있다'피임약 아나보리 광고, '손으로 글자를 쓰던 시대는 지나가고 타자기로 찍는 시대가 왔다'국산한글 타자기 프린스 광고, '어린이 감기약 러미라', '간첩잡아 상금타니 나라좋고 나좋다', '가래침 뱉는 곳에 결핵균 날뛴다'

제법 옛날 집들이 남아있다. 몇몇 집들은 옛날식 칠을 한 격자문에 빨간색과 흰색 페인트로 품목을 썼다. 옛날 느낌이 나게 일일이 손으로 써 삐뚤삐뚤하다.

도시, 성숙하다 경기도 안성시 옛 안성읍 199

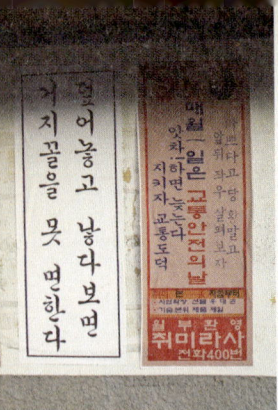  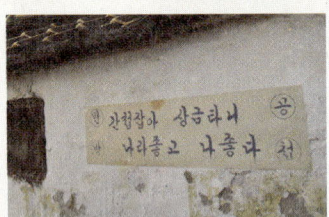 

6070거리는 옛날드라마 세트장 같다. 안성장터 특성이 담겨 있지 않아 아쉽다. 우리는 사라진 것들을 아쉬워하지만, 지금도 먼 훗날 아쉬워할 것들을 숱하게 지우는 중이다.

    야고보 슈퍼 앞에 섰다. 한 면 가득한 문과 나무로 만든 창호형 틀은 어린 시절 많이 본 풍경이다. 창문에도 광고가 가득. '크라운맥주는 크라운스토아에서', '미원의 계절', '텁텁한 입안 상쾌한 기분 셀렘민트껌'. 셀렘민트껌 그림은 신동우 화백이 그린 홍길동이다. 국내 최고 인기 만화가 중 한 명이었던 신 화백은 1994년 세상을 떠났다. 신 화백이 그린 홍길동은 1967년 애니메이션으로 만들어져 4일 만에 10만 관객을 모을 정도로 큰 인기를 끌었다. '해태 풍선껌 홍길동', '아빠도 나도 해태 시가껌'. 담배 모양 껌도 있었다. 고바우만화방의 통나무가 드러난 처마는 양철로 마감을 했다.
    동네엔 연탄집이 몇 곳 있다. 연탄과 쌀을 함께 파는 상회가 있는

가 하면 연탄직매소가 있다. 이기원 교장은 연탄직매소엔 연탄과 집게 모양 벽화를 붙였다. 벽에다 직접 그린 게 아니라 철판에다 그림을 그려 오려붙였다.

어느 연탄 집 옆에 짐 자전거가 서 있다. 전체가 적당히 녹슨 모양이 세월의 흔적을 느끼게 한다. 안장엔 파란색 비닐 덮개를 덮었다. 짐받이엔 커다란 지지대가 세워져 있다. 꼬맹이들이 짐받이에 탈 땐 지지대를 두 손으로 꼭 잡는다. 체인을 보니 최근엔 움직이지 않은 듯 보인다. 짐 자전거를 부지런히 굴리는 이가 저렇게 체인에 기름기 하나 없는 상태로 타진 않을 것이다. 그러나 타이어에 공기가 제법 탱탱하게 있는 것으로 봐서 아주 오랫동안 방치된 것 같지는 않다.

위를 보니 가구전길이라는 안내판이 붙어 있다. 오래전 사라진 안성장은 안내판에 박제처럼 이름만 남겼다. 장터웃머리길, 나무전길, 시장목길, 옹기전거리길 등을 보면서 사람들로 시끄러웠을 안성장을 떠올린다.

1995년 나온 《한국의 시장》이란 책에 보면 안성장에는 쇠전, 돼지전, 닭전, 곡물전, 옹기전, 포목전, 종이전, 어물전, 과일전, 유기전, 철물전, 돗자리전, 갓전, 신전, 주물전, 채소전, 약전 등의 좌판들이 즐비하였고, 20여 곳의 대장간과 주막집, 밥집도 적지 않았다.

그때 그 상인들은, 그 물건들은 모두 어디로 간 것일까.

좌_ 새벽 온 가족이 난데없이 김칫국물 들이켜던 시절이 있었다. 연탄 때던 때였다.
우_ 이제는 레저자전거 시대다. 짐자전거에선 흘러간 세월이 묻어난다.

동선네구멍가게 할머니, 40여 년 전 안성을 말하다

길을 걷다 보니 배가 출출하다. 동선네구멍가게 문을 두드린다. 가게 입구엔 벽화팀이 만든 예쁜 간판이 붙어 있다. 동선이는 주인 할머니 손자 이름이다. 할머니는

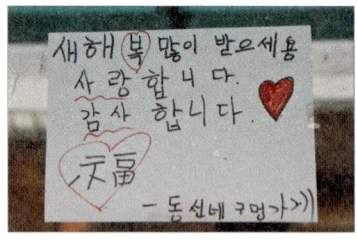

정말 복 받을 것 같다. 손님을 맞는 구멍가게 '복 광고'가 따뜻하다.

올해2010 나이가 68~9세, 호적 나이는 64~5세라고 말한다. 가게 일을 한 지는 20여 년 정도지만 이 동네에 산지는 40여 년이다. 동네 역사가 할머니 기억 속에 빼곡하다.

가게 일을 하기 전 할머니는 지금은 세상을 떠난 할아버지와 함께 찐빵을 만들어 팔았다. 팥밖에 든 게 없었지만, 인기가 좋았다. 매일 밀가루 두 세포씩 나갔다. 할머니는 찐빵도 팔았고 붕어빵도 팔았다고 회고했다. 이때 묵묵히 듣고 있던 아들이 끼어들었다.

"아유, 그때 붕어빵이 어디 있었나. 없었어. 바나나빵, 꽈배기 같은 것 팔았지."

그때 찐빵을 먹던 아이들이 지금은 훌쩍 중년이 돼 찾아와선 그때 호롱불 켜놓고 팔던 할머니 찐빵 이야기를 하고 간단다. 못살고 먹을 게 귀하던 시절, 몰래 훔쳐먹는 아이들도 있었다. 할머니도 그때를 기억한다.

"아이들도 몰래 훔쳐먹고 그랬어. 잡을 마음 없지만 소리를 질러. 그러면 아이들이 도망가. 혹시나 넘어질까 봐 밖에 나가 멀리 사라질 때까지 쳐다봐. 다행히 지금껏 그렇게 달아나다 넘어진 애가 없어. 그때 애기들은 착했어."

찐빵 이야기에서 시작된 할머니 기억이 파노라마처럼 펼쳐진다.

당시 동네엔 초가가 많았다. 장이 열리면 시골에서 올라온 아주머니들이 쌀이며 콩이며 팥, 마늘, 고추, 닭을 팔았다. 장에선 국밥이나 국수, 전도 팔았다. 할머니는 "저기 1번, 집 2번 집에서 국밥을 팔았고, 파출소 쪽에선 포목장수가 포목을 팔았다."라고 자세하게 위치를 짚는다.

더 올라가 아버지 시절 이야기까지 꺼낸다. 당시 마을 사람들은 안성천에서 빨래하고 목욕을 했다. 여성들은 밤에 천에 내려가 머리를 감았다. 양치질도 하고 보리쌀도 씻어 먹었다. 겨울에 천이 얼면 썰매를 탔다. 천이 얼지 않은 건 채 몇 해가 되지 않는다.

할머니의 아버지와 마을 어른들은 그물을 들고 나가 천에서 물고기도 잡았다. 잡고 난 뒤엔 큰 가마솥에 물고기와 내장을 넣고 끓여 온 동네 사람들이 나눠 먹었다. 할머니에겐 가장 맛있는 음식이었다. 요즘 들어 가끔 그때 생각이 나 맛있다는 식당에 가보곤 했으나 그때 맛이 나지 않아 매번 실망한다면서 씁쓸하게 웃었다.

비록 힘들고 어려운 시절이었지만 할머니에겐 어떤 어려움도 이길 수 있는 마술도구가 있었다. 바로 사진기. 할머니는 아이를 낳고 난

좌_ 안일옥에 가면 옛 안성장터 시절을 흑백사진으로 볼 수 있다.
우_ 안성장과 안성우시장, 호서은행, 그 전통 위에 안성은 서 있다.

뒤 사진을 찍기 시작했다. 일찍 어머니를 여읜 할머니는 학교 행사 때마다 부모와 함께 마음껏 사진을 찍는 친척들이 그렇게 부러울 수 없었다. '우리도 사진기를 사자!'는 말을 홀로 가정을 꾸려나가는 아버지한테 할 수 없었다. 나중에 아이를 낳으면 어릴 때부터 원 없이 사진을 찍게 해주겠다는 게 할머니 결심이었다.

할머니는 그 약속을 지켰다. 그리고 이따금 사진기를 둘러메고 여행을 갔다. 과거 안성천에서 고기 잡던 시절 사진이며, 한복 입고 속리산 놀러 간 사진까지 할머니 사진엔 그 시대 역사가 고스란히 담겨 있었다. 지금도 그 사진이 있는지 궁금했다.

"며칠 전에 다 찢었다. 우리 집이 옹색하거든. 나 떠나면 아이들한테 다 짐만 되잖아. 찢으면서 한 번씩 다시 봤지. 새롭더라구. 아! 그땐 그랬구나 싶은 생각도 들고."

옛 안성읍을 이틀 동안 둘러보고 안일옥으로 간다. 20년대 안성장이 열릴 때 장 한쪽에서 우탕을 끓여서 팔던 곳이다. 짧게 잡아도 역사가 80년이 넘는다. 1대 이성례, 2대 이양귀비를 거쳐, 3대 우미경, 김종열까지 이어졌다. 식당 벽엔 과거 안성장 모습이 흑백사진으

좌_ '우공이산'은 전설 속 이야기가 아니다. 100년 끓이는 설렁탕 정신이 그 증거다.
우_ 80년 넘는 역사가 진한 국물에 담겼다.

로 걸려 있다. 안성장과 안성우시장, 안성 최초 은행인 호서은행, 안성 최초 여관, 안성초등학교 최초 교사 등이다.

문 위에선 안일옥 역사가 전자글자 형태로 흘러간다. 벽 한쪽엔 고 이양귀비 할머니1918~2007가 남긴 말이 가훈처럼 박혀 있다. 역사가 어떻게 만들어지는지, 역사가 어떻게 전해지는지, 과거 화려했던 안성장 역사에 대해 뒷세대들이 어떻게 할지 알려주는 말처럼 느껴졌다.

"설렁탕, 100년 끓이는 거야. 내 자식들이 할 일이지."

중원을
뒤흔든 패기도
강물에 씻기고

충청북도 충주시

대한민국 팔도는 각 지역 대표도시 앞 자를 따서 만들었다. 평안도는 평양과 안주, 경상도는 경주와 상주, 전라도는 전주와 나주다. 그러면 충청도는? 이쯤이면 눈치챘을 것 같다. 충주와 청주다. 지금은 대전, 청주, 천안 등 지역을 대표하는 큰 도시에 가려진 감이 있지만, 오랫동안 충주는 충청도를 대표하는 도시였다.

> 고구려, 백제, 신라가 한강을 둘러싸고 천하 제패라는 꿈을 꿀 때 충주는 그 중심이었다. 고구려는 한강을 차지하고서 충주에 국원성을 설치했다. 국원성은 수도인 국내성과 동급인 성이었다.
> - 〈KBS 역사스페셜〉

고구려는 충주를 차지하고 중원고구려비를 세워 이를 기념했다. 신라도 마찬가지. 고구려와 백제를 멸망시키고 한강유역을 손아귀에

탄금대 앞 달천강. 충주는 고구려, 백제, 신라가 천하 패권을 놓고 다투던 곳이다. 오래전 여기선 칼과 칼이 맞부딪히고, 목숨이 또다른 목숨을 덧없이 앗아갔겠지.

넣고서 중원경中原京이라 불렀다. 중원中原이란 천하의 중앙 또는 정권 등을 두고 다투는 곳을 뜻한다. 중국에선 문명 발상지인 황허黃河강 중류를 일컬었다. 한 나라에서 중원이란 이름이 붙을 수 있는 곳은 단 한 곳뿐이다. 삼국은 그 이름을 충주에 붙였다.

당시 중원경은 5소경 나머지 원주, 김해, 청주, 남원 가운데 하나로, 5소경은 각 지역 중심지였다. 원성왕 때는 높이가 15미터가량 되는 중앙탑을 세웠다. 현재 남아있는 신라 탑 중 가장 높으며 국보 6호다.

고려에 들어가서도 마찬가지. 고려 기틀을 다진 3대 왕 정종과 4대 왕 광종은 충주 호족 유긍달의 딸인 신명순성왕태후 유씨의 아들이다. 고려 초기 충주가 가진 지분은 상당했다.

좌_ 충청도를 대표하는 도시였다. 당시 관아가 몇 곳 남아있다.
우_ 관아가 있는 곳이 공원으로 꾸며졌다.

충청도 대표도시로 이름을 떨치던 충주는 조선이 세워진 뒤에도 지위를 이어갔다. 1395년태조 4 충주에는 도감영이 설치됐다. 1449년세종 31 충청도가 좌우도로 나뉘었을 때 충주에는 좌감사가 배치됐고, 좌감사는 목사를 겸했다. 1896년고종 33 충청북도 도청소재지 또한 충주였다.

오랫동안 대한민국 중심도시로서 한강유역을 대표하던 충주는 어느 순간부터 조용히 사람들 관심에서 사라졌다. 그동안 무슨 일이 있었던 것일까.

가야 유민 우륵, 자결한 신립, 탄금대를 만든 인물들

2009년 어느 날 동서울터미널에 가서 고속버스에 자전거를 태웠다. 접이식 자전거는 기차에 싣고 가는 게 제일 좋지만, 서울서 충주 가는 기차가 없다. 1970년대 고속도로가 등장하기 전 육상교통 중심은 단연 철도였다. 전국 교통망 중심은 단연 서울이었는데 서울에서 가는 직행 열차가 없다니.

충주는 철도가 이 나라 기간교통이 됐을 때 이미 한쪽으로 밀려났다. 그 사실을 충주역에 가서야 알았다. 서울 가는 기차 시간을 알아 보려고 시간표를 한참 들여다보았더니 역무원이 이상하다는 눈길로 바라본다. 서울 가는 기차는 없단다. 조치원역에서 갈아타는 기차편이 있긴 한데, 그것도 하루 단 한 차례 운행이다.

어쨌든 버스로 경기도를 지나 충청도 땅에 들어선다. 서울서 충주까지는 1시간 40분. 넓은 짐칸에 짐이라곤 자전거 한 대가 전부다.

충주에 내리자마자 곱게 접혀 있던 자전거를 일으켜 세우고 페달을 밟았다. 첫 행선지는 탄금대. 신라시대 악성 우륵과 조선시대 명장 신립이 이름을 묻은 곳이다. 한 사람은 망해가는 나라를 떠나 이곳을 찾았고, 한 사람은 망할 위기에 처한 나라를 구하기 위해 나섰다.

탄금대彈琴臺란 이름을 만든 이는 우륵이다. 가야국 출신이었던 우륵은 나라가 망하고 나서 신라에 귀화해 충주 땅 바위 위에서 가야금을 연주하며 남은 생을 지낸다. 우륵이 가야금을 타던 곳이라 해서 탄금대인 것이다.

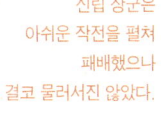
신립 장군은 아쉬운 작전을 펼쳐 패배했으나 결코 물러서진 않았다.

탄금대를 더욱 유명하게 만든 이는 신립이다. 신립은 1583년 철기병 500기만으로 여진족 1만 명을 무찔러 세상을 깜짝 놀라게 한 명장이다. 그의 기병은 무적이었으며 지상전에선 최강이라 여겨졌다. 당대 최고 명장 신립이 패전해 자결했다는 소식은 왕실뿐만 아니라 장군을 아는 많은 백성에게도 큰 충격이었다. 8,000명 병사가 목숨을 잃은 탄금대전투 패전 이후 선조는 한성을 버리고 피난길에 나선다.

 탄금대 앞을 도도히 흐르는 강은 달천강이다. 남한강과 만나 큰물을 만들고 주변 평야를 적신다. 물의 도시 충주는 이렇게 만들어졌다. 조선시대 남한강 최대 포구를 품은 충주는 중부내륙 최대 물류 중심지였다. 충주 가금면 가흥리엔 조선시대 큰 창고가 있었다. 충청북도, 경상북도, 강원도 일대에서 거둬들인 세곡이 여기에 모였다. 동강을 따라 강원도에서 온 뗏목이 쉬어가던 곳이기도 했다.
 신립 장군은 어떤 마음으로 이곳에서 왜군을 맞이했을까 생각하며 강을 바라보는데, 50대로 보이는 두 분이 이야기를 나눈다. 예전에 이곳이 온통 땅콩밭이었다는 옛 이야기다. 누군가는 그 시절을 기억하고, 그 시절은 시간에 조금씩 깎여나간다.

충주를 비켜간 경부선, 중앙선, 경부고속도로

 오랫동안 가장 중요한 물류이동수단이던 강은 어느 순간 땅에 그 자리를 내주었다. 충주에 먼저 들어온 교통수단은 승합차였다. 1913년 민대식은 서울과 충주를 오가는 버스 운송 사업을 시작했다. 그 당시 자동차는 8인승 포드였을 것으로 추측한다.

 1920년대엔 충북선이 놓였다. 충북선은 남한강 상류지역에 만들어질 15만 킬로와트 수력발전소에 들어가는 건설 자재 수송에 쓰일 예정이었다. 충북선은 쇠퇴 기미를 보이던 충주를 발전시키는 데 큰 도움을 줬다.   -《단양군지》

충주의 영광은 딱 거기까지였다. 당시 가장 중요한 물류이동 축이었던 경부선은 이미 충주를 비켜간 상태였다. 일제가 경부선에 이어 두 번째로 건설한 남북 종단선인 중앙선이 멈추는 역에도 충주라는 이름은 없었다. 충북 중심은 충주에서 청주로 옮아갔다.

그 시절을 기억하게 하는 충주역이 아직껏 남아있다. 물론 지금 기차가 다니는 충주역은 아니다. 과거 충주역은 지금 충주시내버스 회사 사옥 및 차고지로 쓰인다. 당시 구조물들이 아직 남아있다. 차고지에 들어섰을 때 '헉'하고 숨을 멈추었다. 큰 철기둥 위를 덮은 슬레이트 지붕, 겨울이면 바람이 숭숭 들어올 게 분명한 철창문 등은 나를 몇십 년 전 그 시절로 안내했다. 충주역은 1928년 12월 25일 보통역으로 영업을 시작했다. 충북선이 복선화하면서 도심에 있던 충주역을 1980년 3월 12일 외곽으로 옮겼다. 지금 시내버스 차고지는 옮기기 전 흔적이다.

좌_ 충주역은 1980년 외곽으로 옮겨졌다.
우_ 옛 충주역. 지금은 시내버스 차고지로 쓰인다.

일제가 남긴 흔적은 또 있다. 호암지는 충주시가 충주면으로 불리던 시절. 충주 수리조합장이었던 스즈키 세이찌鈴木政一가 1922년 시작해 1932년 만든 저수지다. 둘레가 4킬로미터나 되는 꽤 큰 저수지다. 자전거를 타고도 한참을 달렸다. 놀라운 사실은 아무런 기계 도움 없이 오로지 사람 힘으로만 만들었다는 점이다. 그 당시 노역에 동원된 사람들은 땅을 파면서 피눈물을 쏟았을 것이다. 그 시절 만들어진 호암지 수리조합장사업성공기념비, 호암지 일본인 위령묘원이 지금껏 전해진다.

아픈 역사지만 호암지는 아주 훌륭한 공원으로 바뀌었다. 역사를 기억하는 것은 후세인의 몫이다. 호암지는 단순한 공원이 아닌 역사공원이 돼야 할 것이다.

교현동으로 자전거를 돌렸다. 여기엔 교현초등학교와 충주교회가 있다. 교현초등학교는 충북에서 가장 오래된 학교다. 1896년 9월 17일 만들어진 충주소학교가 전신이다. 1905년 4년제 공립보통학교로 바뀌었다. 역사가 100년이 넘다 보니 한국 역사를 고스란히 품었다. 1, 2대엔 조선인 교장이었지만 3대부터 15대까지는 일본인이 교장을 맡았다. 광복이 되고 나서야 한국인이 다시 교장을 맡을 수 있었다. 태평양전쟁이 극에 달한 시기 여학생 여섯 명이 종군위안부로 끌려갔고, 한국전쟁 때는 북한군이 점령하면서 학교 건물 일부가 부서졌다. 이후 유엔군 공습으로 건물이 완전히 사라졌다. 대한제국 시기를 거쳐 일제강점기, 한국

호암지는 일제강점기 때 오로지 사람 힘으로만 만들어졌다. 피눈물 섞인 저수지다.

좌_ 교현초등학교는
충북에서
가장 오래된 학교다.
우_ 충주교회다.
사랑 고백을 하면
'딱' 좋을 정도로 예쁘다.

전쟁을 거쳐 지금까지 이어진 학교 역사가 놀랍기만 하다.

학교 담을 따라 뒤로 돌아가면 예쁜 교회가 한 채 나타난다. 성공회 교단인 충주교회다. 1931년 지어져 올해로 역사가 79년째다.

10대 기업 충주비료, 경제성장기 큰 역할

충주에서 빼놓을 수 없는 또 다른 유산은 충주비료공장이다. 자전거를 타고 충주 도심에서 북쪽으로 몇 십분 달려야 한다. 차도 옆에 자전거 전용도로가 있어 아주 타기 편하다.

마을 사이 골목길을 누비며 다니다 보니 다 탄 연탄이 자주 눈에 보인다. 처음엔 연탄을 떼는 집이 있구나 정도였다. 한둘이 아니었다. 검정비닐에 담긴 연탄, 쌀자루에 담긴 연탄, 그냥 밖에 쌓인 연탄. 다 탄 연탄들은 하나같이 차곡차곡 보기 좋게 쌓여 있었다. 한두 번 연탄을 땐 집들이 아니라는 증거다.

재미있는 문구가 눈에 띈다. '연탄은 문구점으로.' 연탄을 문구점에서 판다는 뜻이라고 생각했다. 철문이 내려져 있어 확인하진 못했지만, 지인에게 보여줬더니 반응이 다르다. "이것, 버리는 연탄은 문

충주비료공장은 한국경제성장사에 한 획을 그었다.

구점 앞에 쌓아두라는 뜻 아닌가요?" 그런가?

　자전거를 차곡차곡 달려 충주비료공장 굴뚝이 보이는 곳까지 갔다. 굴뚝은 찾았는데 들어가는 길이 애매하다. 물어 물어서 겨우 정문 앞에 이르렀다. 충주비료공장은 1955년 9월에 착공해 1958년 문을 열었다. 당시 우리나라 최대 질소비료공장이었다. 석탄, 전력, 비료는 신생 대한민국의 기간산업이었다. 1965년 국내 10대 기업에 충주비료공장운영주식회사가 포함될 정도였으니 그 위세를 짐작할 만하다.

　한국경제성장사에서 빼놓을 수 없는 충주비료공장운영주식회사는

우리나라에 석유화학이 시작될 때 또 한 페이지를 장식한다. 회사 경영진이 상공부 관리와 함께 석유화학 준공 계획을 짠 것이다. 지금으로서는 이해할 수 없는 상황이었지만, 경험과 지식이 부족했던 당시로써는 최선의 선택이었을 것이다.

석유화학에 대한 지식과 경험이 전혀 없는 한국에서 12개 공장을 동시에 준공시킨다는 것은 힘든 일이었다. 김정렴 당시 상공부 장관은 이런 무리한 계획을 당시 상공부의 공업 제1국장이었던 오원철, 충주비료 사장인 박진석, 충주비료 기술이사인 마경석 씨 등 전문 관료들과 힘을 합해 추진하기 시작했다.

- 《주식회사 대한민국 CEO 박정희》 홍하상, 국일미디어, 2006

김정렴 전 장관은 《최빈국에서 선진국 문턱까지》라는 책에서 '군인 출신으로는 보기 드문 경영자', '1급 석유화학기술자'라고 충주비료 경영인을 뽑은 이유를 설명했다. 경영은 박정희 전 대통령이 과거 좌익혐의로 체포돼 사형 선도를 받았을 때 구명운동을 펼친 바 있는 백선엽이 맡았다. 백선엽은 만주국 장교 출신으로 대한민국 창군 주역이다. 1969년부터 1971년까지 교통부장관을 지낸 백선엽은 1971년 충주비료주식회사 사장, 1972년 충주비료주식회사, 호남비료주식회사 사장 겸임을 거쳐, 1973년엔 한국종합화학공업주식회사 사장을 지냈고, 1975년 비료공업협회 회장에 취임한다. 정부 핵심 인사에게 경영을 맡길 만큼 충주비료주식회사는 당시 정부에게 중요한 곳이었다.

충주비료공장의 영광은 너무도 짧았다. 1967년 한국비료 울산공장이 만들어지면서 국내 최고 자리를 내줬다. 울산공장은 국내뿐만 아니라 단일요소비료공장으로서는 세계 최대였다. 1973년 충주비료와 호남비료를 합병해 덩치를 키웠지만, 1983년 결국 충주비료공장은 문을 닫았다. 지금 충주비료공장엔 새한미디어가 들어섰다. 그 당시 건물은 새한미디어가 고스란히 쓰고 있다.

권태응, 신경림, 함민복, '문학 도시' 충주

최근 100년 사이 충주에서 걸출한 시인들이 잇따라 나타났다. 제일 앞자리에 권태응이 놓인다. 1930년대 와세다대학 문학과에 입학했으니 대단한 문재였음에 틀림없다. 평소 일본인들의 부당행위에 불만이 많았던 시인은 일본경찰에 끌려가 1학년도 마치지 못하고 퇴학당한다. 식민지 백성은 슬펐다.

재일유학생들을 모아 독서회를 만들었다가 1939년엔 형무소로 끌려갔다. 시인의 가슴은 비분강개로 가득했을 터. 출옥 후엔 고향 충주로 돌아와 야학과 소인극素人劇 전문배우가 아닌 일반인들이 만드는 연극을 통해 항일운동을 펼쳤다. 시인의 삶은 찬란했으나 짧았다. 출옥한 뒤 계속 병에 시달린 시인은 한국전쟁이 일어나자 약을 구하지 못해 33세란 짧은 나이로 세상을 떠난다. 그는 훗사람들에 〈감자꽃〉이란 시를 남겼다. 세인들은 항일정신을 담았다고 평가했다.

충주는 권태응, 신경림, 함민복이라는 시인을 낳았다. 〈감자꽃〉을 쓴 권태응은 제일 앞자리에 놓인다.

자주 꽃 핀 건 자주 감자 / 파보나 마나 자주 감자
하얀 꽃 핀 건 하얀 감자 / 파보나 마나 하얀 감자

  탄금대로 가기 전 마을 입구엔 '권태응 선생 출생지'라는 표지판이 붙었다. 충주시민운동장이 있는 마을이다. 집은 낮고 마을은 한가롭다. 어느 집 담벼락엔 새끼에 엮인 시래기가 걸렸다. 된장 풀어 시래기 넣고 끓인 국 생각에 군침이 돈다.
  골목 사이사이를 다니니 담 없는 집, 대문 대신 기둥 두 개만 세운 집, 담은 없고 대문만 있는 집이 보인다. 집이 많진 않지만 다 다르다.
  이런 어느새 동네를 세 번째 돌고 있다. 가만, 권태응 선생 출생지는 어디지? 삽질하던 마을 주민에게 물었으나 눈만 껌뻑인다. 어느 황량한 집에 사람들 몇이 모여 있어 물었더니 이 집이란다. 집 옆 공터가 권태응 선생 생가터라고. 1972년 대홍수 때 집을 모두 쓸어가 버렸단다. 당시 남한강이 크게 범람한 것을 말하는 것이다. 그렇다면 벌써 40년이 가까워진다. 충주시는 생가를 복원하지도 않고, 생애를 담은 안내석 하나 없이 어쩌자고 도로 표지판만 만들었다는 말인가. 권태응은 갔지만, 충주에선 신경림, 함민복 시인이 충주문학을 잇고 있다. 시는 2007년 11월 충주문학관을 세웠다.

  비록 과거 중원을 호령했던 패기는 사라졌지만, 그 오랜 흔적은 도시에 아스라하게 남아있다. 새 도시, 신도시가 아무리 몸부림을 쳐도 가질 수 없는 재산이다. 충주호, 수안보온천, 청풍문화재단지도 좋지만, 충주에 가면 그 오랜 중원의 역사를 훑어볼 일이다.

아늑한 풍경에
긴장 풀고, 매끈한 미내다리에
넋을 놓다

충청남도 논산시 강경읍

한때 서해안에서 잡은 물고기는 모두 금강을 따라 강경포구에 모였다. 성어기엔 하루 100여 척 배가 드나드는 큰 포구였다. 물고기를 풀어놓으니 자연스레 시장이 생겼다. 사람이 모이고 돈이 넘쳤다. 강경시장은 대구, 평양 시장과 함께 조선 3대 시장이었다. 조선시대 소설 〈허생전〉에 강경에서 소금을 팔아 이익을 남겼다는 대목이 나올 정도로 강경은 유명한 시장이었다.

강경 사람들은 미내다리를 세웠다. 꽤 큰 돌다리였다. 나무다리야 마을 사람들이 어떻게 힘을 모아 세운다지만, 돌다리는 차원이 달랐다. 돌을 깎고 옮기려면 기술자와 꽤 많은 일꾼이 필요했다. 많은 품삯이 들 수밖에 없다. 국가가 나서야 하는 일이었다. 재력에 자신 있었던 강경 사람들은 국가 힘을 빌리지 않고 민간 물자 수송로를 닦았다. 미내다리는 1731년 영조 7에 세워졌다.

강경은 대구, 평양과 함께 조선 3대 시장으로 불렸다. 금강을 낀 도시엔 돈과 사람이 모였다.

논산군 사람이 죽어 저승에 가면 염라대왕이 다음과 같이 물어본다고 한다. "연산 가마솥과 은진 미륵과 강경 미내다리를 보았느냐?"라고. 미내다리 유명세가 잘 드러난다. 논산은 강경을 품은 도시다.

조선 후기 크게 번성했던 도시는 일제강점기 시절에도 이름값을 이어갔다. 누가 예상했을까. 그렇게 몰락할 줄. 군산항이 생기면서 금강 지역 항구는 두 개로 쪼개졌고, 경부선이 놓이면서 공주와 청주지역이 영향권에서 벗어났다. 주요 물자수송로가 강에서 철도로 옮겨가면서 강경이 지닌 매력은 눈에 띄게 사라졌다. 한국전쟁 때 집중된 폭격은 강경을 폐허로 만들었고, 1990년 만들어진 금강하굿둑은 항구로서 강경 역사에 마침표를 찍었다. 지난 100년 동안 강경은 숨 가쁘게 달려왔다. 세월은 과거를 흔적도 없이 지우지만 강경만은 그러지 못했다. 흥청거렸던 역사는 여전히 강경 시내 곳곳에 남아 있다. 조선과 일제강점기, 현대 역사를 품은 곳. 강경은 살아있는 역사박물관이다.

조선 3대 시장, 돈도 넘치고 사람도 넘치고

2009년 4월 4일 오전 8시에 강경 공주 경유행 고속버스에 올라탔다. 빈자리가 안 보인다. 헉! 강경 가는 사람이 이리 많단 말인가. 겨우 단 한 곳 남은 자리를 찾아 앉았다. 대부분 어르신이다. 옆 자리 어르신이 궁금증에 답해주신다. "평소엔 텅텅 비어서 다녀. 대여섯 명 탈까. 한식이라서 이리 많이 탄 걸 거야." 어르신은 강경이 고향이다. 평소엔 대여섯 명 정도 탈 정도로 강경은 사람들 왕래가 없는 작고 조용한 도시다.

한참을 달려 강경고속버스터미널에 닿았다. 터미널이라고 할 것도 없다. 건물도 없고 공터에 임시 건물 하나 있는 게 전부다. 버스 짐칸에서 자전거를 꺼내 편다. 어디부터 돌까 행복한 고민이다. 강경 지역 문화재는 표시가 제대로 돼 있지 않아 찾기 어렵다지만 상관없다. 강경이란 도시를 쉬엄쉬엄 달리다 문화재를 보게 되면 다행이고 아니면 그만이다. 강경이란 도시를 온전히 느끼는 게 목적이니 말이다.

마침 버스정류장 옆 복개 터에 오일장이 섰다. 노점이 잔뜩 깔렸고, 공터에선 뻥튀기 터지는 소리가 요란하다. 뻥튀기 기계가 무려

좌_ 화려했던 시절 강경은 이제 옛 이야기가 됐다. 그 시절을 이제 강경은 어떻게 기억하고 계승할 것인가.
우_ 꼬맹이 시절 뻥튀기가 터질 무렵이면 온 동네 아이들이 모였다. 강경에 장이 열리던 날 뻥튀기 기계 옆엔 어른들이 모였다.

여섯 대. 뻥뻥 터지는 곳마다 사람들이 모여 있다. 뻥튀기를 좋아하는 강경사람들이라……. 한곳에 가서 떡고물이라도 기다리는 사람마냥 버티고서 구경한다. 부부가 손발을 맞춰 일한다. 남편이 기계를 돌리다 시간이 되면 아내가 가마니를 입구에 댄다. 그러면 '뻥' 소리와 함께 연기가 모락모락 피어오르며 과자가 쏟아진다. 과자를 가마니에 퍼담는 것은 아내 몫이다. 뻥튀기 이동가게 집주인에게 말을 붙였다. 궁금한 게 많았다. 뻥튀기를 한 번 만드는 데 20분이 걸린단다. 한 번에 넣는 양이 쌀은 4킬로그램, 콩과 옥수수는 3.5킬로그램 정도다. 가격은 4,000원. 기계 두 대를 쉬지 않고 돌리면 한 시간에 2만 4,000원이다. 10시간이면 24만 원. 2,000원짜리 한 봉지를 사서 깨작깨작 먹으며 순서를 기다리는 어르신에게 말을 붙였다. 강경 역사가 '술술술' 나온다.

"열두서너 살 때 엄청났어. 배가 여기까지 들어왔는데 고기가 넘쳐서 밟고 다니고 그랬어. 돈도 넘치고. 부자도 많고 가난한 사람도 많고. 외지서도 일하러 오고. 그때 뱃사람들 많이 오니까 요기 포구에 대폿집들도 많았어. 아가씨들 나오는 데야. 지금 생각해보니까. 그때 짐 한 번 부리면 여기서 하룻밤 자고 그랬던 것 같아."

조선 3대 시장 이야기가 어김없이 나온다. 이야기를 듣던 뻥튀기

이동가게 집주인 아내가 추임새를 넣는다.

"그때가 좋았어요."

발길 닿는 곳마다 문화재

배도 부르고 놀 만큼 놀았으니 슬슬 움직여보자. 문화재급 오래된 집들을 일부러 찾는다는 게 부질없는 일처럼 느껴진다. 세월을 훌쩍 건너뛴 집들이 흔하다. 논산경찰서 당시 강경경찰서 앞엔 경찰관 83명이 폭격으로 몰살당했다는 표지석이 세워져 있다. 상주하는 경찰도 많았고 그만큼 피해도 컸다. 당시 도시 중심지 70퍼센트 이상이 파괴됐다니 한국전쟁이 강경에 준 피해를 짐작할 만하다.

강경 중앙초등학교가 나타난다. 2005년에 개교 100주년을 맞았다. 김우식 전 대통령 비서실장, 심대평 전 충남도지사, 탤런트 강부자, 바티칸 최초로 개인전을 연 사진작가 백남식이 학교 출신이다. 운동장에선 축구 경기가 한창이다. 양편으로 나눠 시합을 벌이는데, 감독 고함이 쩌렁쩌렁하다. 여자애들이 꽤 많다. 체격 조건이나 체력에서 남녀 차이가 없다. 강경 중앙초등학교에선 1937년 세워진 강당이 등록문화재 60호다. 빨간색 건물에선 70여 년 세월을 살아온 여유와 멋이 느껴진다.

멀지 않은 곳엔 강경 산업정보고등학교다. 1931년 신축한 사택이 등록문화재 322호다. 한창 보수공사 중이다. 도시는 오래된 건물의 가치를 뒤늦게 깨달았다. 건물을 꽁꽁 감싼 나무들이 부산스럽다.

자전거는 강경천을 건넌다. 미내다리 가는 길이다. 자동차 한 대가 지나갈 수 있는 비포장 길이다. 고무바퀴가 터지진 않을까. 걱정할

좌_ 보수공사 중인 강경 산업정보고등학교 사택. 떠난 뒤에 운다고 했던가. 이제 몇 개 남지 않은 옛 흔적들을 보존하기 위한 움직임이 부산하다.
우_ 강경중앙초등학교. 2005년 개교 100주년을 맞았다.

필요 없다. 오는 길에 자전거포를 봐둔 터다. 자전거를 끌고 쉬엄쉬엄 다녀도 될 일이다. 들은 너르고, 천은 잔잔하다. 아늑한 풍경에 마음은 긴장을 놓아버렸다. 봄 냄새에 취해 달리던 자전거 앞에 근사한 돌다리가 모습을 드러낸다. 다리는 미인을 닮았다. 부드러운 곡선에 과장하지 않는 맵시. 봄꽃과 눈높이를 맞추며 한참을 봤다. 미내다리 이름에 대해선 두 가지 설이 전한다. 미내渼奈 위에 세워졌다는 것과 '미나'라는 중이 감독했다는 설이다.

자전거는 시내로 들어간다. 돈이 발에 차이던 시절 발 빠르게 움직인 곳은 은행이었다. 1906년 11월 한성공동창고는 강경출장소를 세웠다. 한성공동창고는 물건을 창고에 보관하고, 보관한 물건에 대해 돈을 빌려주는 창고금융기관으로 고종이 상인들에게 구제자금으로 내려준 내탕금이 설립자금이었다. 1905년 9월 종로 상인 38명이 중심이 돼 세운 기관으로 한성 외엔 강경이 처음이었다. 1907년 인천과 평택에 출장소를 개설하며 3 출장소 체제로 운영된다.

1910년엔 한호농공은행漢湖農工銀行 강경지점이 세워졌다. 1911년 한일은행 또한 강경에 지점을 차린다. 지역 은행들은 이합집산을 거듭한다. 1931년 1월 21일 한일은행과 호서은행이 합쳐 동일은행이 되고, 1943년 10월 1일 동일은행과 한성은행이 합쳐져 조흥은행이 된다. 민족자본과 일본자본을 합쳐 조선자본의 힘을 줄이려는 일제의 의도가 다분히 섞인 합병이었다. 그 당시 만들어진 건물이 지금까지 전한다. 건물 외벽엔 '조흥은행강경지점'이란 글자가 희미하게 적혀 있다.

은행뿐만 아니라 강경엔 일찍부터 각종 기관이 들어섰다. 1902년 5월 이미 우편업무를 다루는 강경우편수취소江景郵便受取所가 문을 열었다. 일제가 조선을 삼킨 뒤에는 각종 기관이 들어섰다. 병실이 10여 개나 있었던 호남병원1914년을 비롯하여 강경경찰서1914년, 강경전기회사1920년, 강경전매서1921년, 강경극장1928년 등이 1910~20년대 선을 보였다.

노동조합 또한 1923년 결성됐으니 꽤 빠른 편이었다. 친목회 중심이던 노동자조직은 1920년대 들어서야 노동조합 형태를 갖추기 시작했다. 조선노농총동맹이 만들어진 것은 1924년이었다. 노동조합 결성 당시 800여 명에 이르렀던 강경노동조합은 1931년에도 조합원 합이 700여 명에 이를 정도로 큰 조직이었다. 강경노동조합은 1925년 2층짜리 새 건물을 짓는다. 지금 2층은 무너지고 1층만 남아 전한다.

좌_ 한약방이 오랜 세월 살아남아 결국 문화재가 됐다. 구 남일당한약방.
우_ 조흥은행 강경지점. 셈 빠른 이들은 일찍이 강경에 은행을 세웠다.

좌_ 어디선가
하야시 패거리가 나타나
'긴또깡'을
부를 것만 같다.
우_ 흡사 세트장 같은
분위기. 실제다.

구 남일당한약방도 일제강점기 시절 모습을 보여주는 건물이다. 2층 규모 한식 목조 건물로 1923년에 만들어졌다. 구조는 한식이지만 일식이 더해진 혼합 형식이다. 툇마루, 지붕 장식재, 차양지붕 등은 일식 느낌이다. 강경을 대표하던 건물은 대부분 흔적도 없이 사라졌다. 금성다방은 등록문화재 지정 전 헐렸다.

지역 주도권은 강경에서 논산 시내로 옮겨갔다. 하지만 강경이 주도권을 행사하던 시절 흔적이 모두 사라진 건 아니다. 대전지방법원 논산지원과 대전지검 논산지청은 여전히 강경에 있다. 지역 상권에 대한 강경주도권이 사라진 지금 법원과 지검을 옮기려는 움직임이 보인다. 강경사람들은 결사반대다. 이건 자존심 문제다. 마을 곳곳엔 결사반대 플래카드가 나부낀다.

높은 곳에서 마을을 살펴보자. 강경젓갈전시관 앞엔 전망대다. 3대째 가업을 이어오는 황산옥은 강경젓갈전시관 맞은편이다. 1993년 나온 《개정판 장터 순례》에는 '비록 그 외모는 허름하지만 메기 매운탕과 황복 매운탕, 우여회의 맛이 일품'이라고 표현했지만, 지금은 아주 큰 건물이다. 유명세를 타면서 허름한 건물은 최신 건물로 바뀌었다.

논산 사람이 죽어 저승에 가면 염라대왕이 "살았을 적 은진미륵과 개태사의 솥, 미내다리를 보았느냐?"라고 묻는다고 한다. 미내다리는 지역을 상징하는 곳이다.

전망대에 가려고 자전거를 메고 긴 계단을 오른다. 계단 입구엔 박범신문학비가 서 있다. 논산시 연무읍당시 전북 익산군 황화면 출신인 박범신 소설엔 강경이 자주 나온다. 〈논산댁〉, 〈더러운 책상〉, 〈들길〉, 〈시진읍〉, 〈읍내떡빙이〉와 같은 작품 배경이 강경읍이다. 강경은 박범신 문학의 자양분이 됐다.

전망대에 올라가니 어르신 두 분이 "어디서 왔느냐?"라며 먼저 인사를 건넨다. 서울에서 왔다고 하니 지난 강경 역사가 흘러나온다.

"우리 어릴 때 여기 고기 많이 살았어. 줄 하나 늘어뜨리면 그 뭐라 그래 빠가사리? 그래 빠가사리 같은 게 쑥쑥 올라왔어. 지금은 물이 더러워져서 잉어, 붕어 같은 것밖에 안 잡혀. 저기 저 다리가 독일 사람이 만든 거야. 1킬로미터 정도 돼. 밀면서 만들었어. 덜컹거리는 것 없애려고. 금강을 막아서 쌀 생산하려고 했는데, 그때는 옳았지. 쌀이 부족하던 시절이니까. 지금은 쌀이 남아돌잖아. 물은 썩고. 뚫어야지. 배도 다니게 하고. 이인제 의원이 그렇게 해준다고 하더만." 강경 토박이인 두 분은 여든이다.

전망대 아래에선 조선시대 유학의 자존심을 만날 수 있다. 죽림서원竹林書院은 율곡 이이, 우계 성혼, 사계 김장생, 정암 조광조, 퇴계 이황, 우암 송시열을 제사지내고 후학을 가르치고자 세운 서원이다. 1665년현종 6 '죽림'이라는 사액을 받으면서 서원으로 승격됐다. 근처 임이정臨履亭은 송시열의 스승이자 예학 태두인 김장생이 강의를 하던 정자다. 팔괘정八卦亭은 우암 송시열이 지었다. 상업이 번성하던 땅에선 유학이 번성했었다. 강경은 유학이 씨를 뿌린 땅에 상업이 꽃을 피웠다.

옥녀봉 꼭대기 구멍가게, 100여 년 전 건물

높은 데서 강경을 보는 지점은 전망대와 옥녀봉, 채운산이다. 가장 높은 채운산이 57.4미터, 두 번째 옥녀봉이 43.9미터에 불과하다. 평야지대인 강경에서 두 곳은 그나마 마을을 조망할 수 있는 곳이다.

옥녀봉에 올랐다. 쓸쓸한 집 한 채가 눈에 띈다. 누가 봐도 버려진 집이다. 하지만 우리나라 최초 교회인 강경침례교회다. 미국 침례교단에서 파송된 파울링 선교사 부부가 강경 지병석 씨를 전도하고 1896년 2월 9일 주일예배를 드리고 나서 설립한 교회다. 철거가옥 중 하나였지만 상징성 때문에 살아남았다. 마당에 풀이 가득하고 사람은 없다. 최초 교회 앞에 세워진 표지판이 오히려 쓸쓸하다.

여기서 조금만 발걸음을 옮기면 또 다른 집 한 채가 나타난다. 산꼭대기에 있던 오십 채 가운데 강경침례교회와 함께 살아남은 두 집 가운데 하나다. 옥녀봉에 단 하나뿐인 구멍가게다. 문을 열면 좌판에 부려놓은 먹을거리가 눈에 띈다. 100여 년 된 집이니 유서 깊은 구멍가게가 아닐까 싶다. 가게주인인 할머니는 75세다. 고향은 대전. 처음에 시집왔을 때는 "이런 데서 어찌 살아야 하나?" 한숨부터 나왔다. 전기는 일찍 들어왔지만, 수도가 없었다. 매일 산 아랫마을로 물을 길으러 다니는 게 일이었다. 수도는 20여 년 전 들어왔단다.

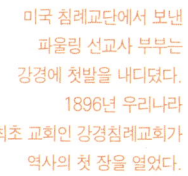

미국 침례교단에서 보낸 파울링 선교사 부부는 강경에 첫발을 내디뎠다. 1896년 우리나라 최초 교회인 강경침례교회가 역사의 첫 장을 열었다.

할머니는 시어머니를 모신다. 지금 109세다. 자식은 2남 3녀. 서울, 인천, 천안, 강경에 흩어져 산다. 75세 만큼의 역사를 품은 어르신 입에선 값진 이야기들이 나온다. 옛날 옥녀봉 꼭대기엔 신사가 있었다. 일제강점기 시절 이야기다. 그땐 신사에 참배하는 사람들로 발 디딜 틈이 없었단다. 그 전엔 봉수대가 있었다.

또 다른 어르신이 가게에 들어온다. 경기 안성에서 왔다. 논산 자식 집에 온 김에 오토바이를 몰고 강경 구경에 나섰다. 두 분은 세월을 논하고, 인생을 논하고, 호시절을 논한다.

"나는 동네서 연애해서 결혼했어요. 동생들도 모두 동네에서 연애했고. 그때가 좋았지."

"그때가 좋았죠. 정도 많았고 쌀 떨어지면 받으러 다니고. 그러면 주고. 지금은 어디서 쌀 떨어진 줄도 모르잖아."

오토바이 어르신은 진도에 놀러 간 이야기를 꺼낸다. 집이라곤 한두 집 있는 마을에 들렀는데, 85세 된 어르신 한 분이 살고 계셨다. 어르신이 꼭 자고 가라고 붙잡더란다. 할머니가 말을 보탠다. "외로워서 그래. 외로워서." 할머니는 지금껏 외로움을 모르고 살았단다. 마을 사람들이 모두 떠나고 맞은 지난겨울에 처음 외로움을 느껴봤단다. 목소리에 아련함이 가득하다.

초등학생 아이 세 명이 나타났다. 조잘대는 모양새가 영판 어린애들이다. 6학년쯤 됐을까. 한 아이가 "어릴 때부터 여기서 사먹었는데."라고 말하자, 다른 아이가 "그때 아이스크림 세 개를 먹어도 안 질렸어."라고 말을 받는다. 아이들도 그리운 과거가 있는 모양이다. 아이들 세 명은 20분 정도 걸어 내려간 읍내에서 다시 만났다. 집이 읍내인 아이들은 일부러 옛 기억을 더듬으며 산꼭대기 가게로 먹을거리를 사러 온 것이었다.

이제 강으로 나간다. 강경 황산포구가 있던 자리엔 등대가 서 있다. 1915년 4월에 세워진 등대는 금강을 오가던 어선과 여객선에 불을 비췄다. 오랫동안 금강을 비추던 등대는 1987년 황산대교가 만들어지면서 역사 속으로 사라졌다. 지금 강가에 서 있는 등대는 2008년 옛 강경 역사를 상징한다는 뜻으로 복원한 건축물이다.

등대 아래에선 아이들 네 명이 논다. 물가에 삐쭉삐쭉 나온 돌을 밟으며 뛰어논다. 말렸지만 기어이 무리를 하다 발이 빠진다. 아이들은 그렇게 신발과 옷을 버리며 뛰어논다. 이미 해가 지고 있으니 마르려면 시간이 좀 걸릴 게다. 아무렇지도 않게 뛰어놀던 강가에 한때 수백 척 배가 오르내린 사실을 아이들은 과연 알까. 지나간 세월이 문득 허망하게 느껴진다. 금강 하구에서 어선들이 떼를 지어 몰려올 것만 같다.

강경을 찾은 때는 2009년으로 나이는 모두 2009년 기준이다.

이제는 강경포구에 배가 들어오지 않는다. 수많은 배를 이끌던 등대는 할 일을 잃었다. 대신 그곳엔 놀거리를 찾는 아이들이 모였다.

도시, 곱게 나이들다 地

영웅은 전설을 만들고, 백성들은 술을 빚고   235
충청남도 당진군 면천면

애달프다! 역류하는 민초의 피와 고달픈 삶이여   250
전라북도 정읍시 고부면

흘러간 세월도 다가올 시간도, 가맥 한잔으로 어우러지네   270
전라북도 전주시 한옥마을

환란 속에서도 꿋꿋이 일어선 남도 대표고을   282
전라북도 남원시

경상도를 호령하던 살아있는 역사박물관   302
대구시 중구

흐르는 강
더
어디로 흐르다

너른 들판은 풍요를 상징한다. 천석지기, 만석지기는 땅이 만든 옛 부자들이다. 욕심은 풍요에서 피어난다. 욕심은 다툼을 일으키고 화를 부른다. 풍요로운 땅엔 어김없이 가혹한 관리들이 찾아왔고, 백성들은 결코 그 풍요를 제 것으로 가지지 못했다. 땅엔 슬픈 웃음이 배어 있다.

영웅은
전설을 만들고,
백성들은 술을 빚고

충청남도 당진군 면천면

당진군은 세 개 읍과 아홉 개 면으로 이뤄져 있다. 면천면은 그 중 하나다. 4,000여 명 정도가 사는 작은 마을이다. 전국 최초 꽈리고추 재배지로 전국 생산량 가운데 50퍼센트 정도가 여기서 만들어진다. 영락없는 농촌마을처럼 보이지만 100년 전으로 시계를 돌리면 상황은 달라진다. 이 지역은 면천으로 불리었다. 조선 태종 13년1413 이후로 면천은 14개 면에서 22개 면을 다스리는 군이었다. 고려 건국 공신인 복지겸과 박술희가 태어난 곳으로 왕건이 패권을 장악하는 데 큰 이바지를 한 지역이기도 하다. 백제와 통일신라 시절에는 수군창과 곡창이 만들어져 지역 거점 역할을 톡톡히 했다.

세월이 지나면서 그 시절 모습들은 대부분 지워지고 잊혔다. 1914년 4월 1일 당진군에 편입되면서 이름까지 마암면으로 바뀐 적도 있었다. 다행히 1917년 면천면으로 이름이 바뀌어 지금까지 전한다. 시

면천에 들어서면 제일 먼저 보게 되는 건 돌담이다. 과거 지역을 다스리던 시절 성이 있던 흔적이다.

간은 무심하게 시절을 지우지만 이름은 끈질기게 살아남는다. 이름은 잊힌 역사를 되살리고 과거를 여행하게 한다.

시외버스에 자전거를 싣고 면천 여행을 떠났다. 면천면 중심지에 도착하니 '천년의 문화유적지 면천'이란 간판이 눈에 띈다. 마을에 들어서니 한적하고 느릿한 바람이 분다. 사람들은 천천히 걸어 다니고 자동차도 몇 대 눈에 띄지 않는다. 군데군데 오래전 시간이 멈춘 듯한 건물들이 눈을 붙잡는다. 삼거리 쪽 잔뜩 녹슨 건물은 영단방앗간이라 불린 곳이다. 입구 철문은 활짝 열린 상태다. 인적은 없는 가운데 개 여러 마리가 입구를 지킨다.

이 건물에 대해선 지역에서 살펴볼 필요가 있다고 본다.《한국민중구술열전 2 : 김기송》20세기민중생활사연구단, 2005에 따르면 과거 각 지역 중심지마다 영단정미소가 있었다.

'영단'이란 이름은 1943년 일제가 식량 국가관리 중심기관인 조선식량영단을 설치한 데서 비롯한다. 식량통제를 강화하려는 조치였다. 각 도에는 영단지부가 설치됐다. 당시 전국에 정미소와 정맥소, 지방 임대 도정업소가 약 1만 5,400개 정도 있었는데, 식량 이출 및 조선 배급을 하는 정미소와 정맥소 1,400개가 통합됐다. 당진군의회에선 흉물이라고 지적한 바가 있지만, 만약 일제강점기에 만들어졌다면 역사자료로서 가치가 있다고 본다.

금성전파사와 면천전파사도 눈에 띈다. 다른 곳에선 좀처럼 보기 어려운 전파사가 면천면사무소 앞엔 두 군데다. 전파사는 이불집, 양복 수선집, 구두 수선집, 방앗간처럼 사양 산업이다. 전파사는 라디오, TV 등 전자기기를 주로 다루지만, 농촌을 낀 곳에선 모터 수리까지 하는 걸 알 수 있다.

술과 음식을 파는 가게 이름은 '희망집'이다. 전인권 버전 〈희망가〉가 떠오른다. '이 풍진 세상을 만났으니 너의 희망이 무엇이냐 부귀와 영화를 누렸으면 희망이 족할까'란 노래 가사가 귀에서 맴돈다.

좌_ 이제는 움직이지 않는 정미소다. 정미소 시대는 오래 전 저물었다.
우_ 녹슨 기계다. 돌지 않는 기계에 넝쿨이 타고 오른다.

백성 먹여 살린 쌀장수, 군수가 되다

오랫동안 지역 거점도시였던 면천은 근대사에도 뚜렷한 흔적을 남겼다. 면천초등학교를 찾는다. 낯선 이를 맞이하는 것은 개교 100주년 기념비다. 1908년 8월 사립 면양학교로 학교 역사를 열었다. 전국 5,700여 개 초등학교 중 100년을 넘긴 곳은 수십 개 정도다. 2009년 10월 기준 전국 41개 초등학교가 100년을 넘겼다. 충청남도로 범위를 좁히면 그 수는 더욱 적다. 면천초등학교가 개교 100주년을 맞을 당시 충남에서 더 역사가 오래된 곳은 대여섯 곳 정도에 불과했다. 지역 거점에 학교가 세워졌다는 점을 고려하면 면천이 당시 충남에서 차지한 위치를 짐작할 수 있다.

무엇보다 면천초등학교가 자랑할 만한 사실은 충남에서 가장 먼저 학생 독립운동이 일어났다는 점이다. 1919년 3월 10일 당시 면천공립보통학교 학생들이 만세운동을 벌였다. 면천초등학교 옆 평지엔 '삼월십일학생독립만세운동기념비'가 우뚝 서 있다. 비석 아래엔 당시 만세운동에 참여한 1~4학년 학생 107명 이름을 모두 기록했다. 2학년이 41명으로 가장 많은 게 눈에 띈다. 2008년부터 만세운

좌_ 1919년 3월 10일 면천공립보통학교 학생들이 만세운동을 벌였다.
우_ 고려 개국공신 복지겸은 면천이 자랑하는 인물이다. 복지겸 이야기와 관련된 나무가 면천초등학교 내에 남아있다.

좌_ 면천은 시골이다. 농촌을 낀 곳이라 전파사에서 모터 수리까지 한다.
우_ 살면서 잃지 말아야 할 게 '희망'이 아니던가. 허나 〈희망가〉엔 슬픔이 배어 있다.

동을 재현해 기념한다. 운동기념비 앞에선 아이들이 열심히 노는 중이다. 사방이 트여 있고 평평한데다, 풀이 깔려 놀기 좋다.

충남 최초인 것은 면천학생운동뿐만이 아니다. 면천교회도 눈여겨봐야 한다. 면천초등학교에서 바로 보이는 교회가 면천교회다. 이 교회는 류제가 면천 군수로 재직1895년 6월 18일~1896년 10월 14일할 때 세웠다는 게 특이점이다. 류제는 본디 서울 사람으로 쌀을 파는 중개상인이었다. 직업특성에 따라 전국을 많이 돌아다녔는데, 면천 지역에 와서 굶주린 이들을 많이 보게 됐다. 이에 쌀을 풀어 그들을 도와주었다. 이한웅이 쓴 《당진 기독교 100주년의 의미》에 따르면 당시 가격으로 수십만 냥의 쌀을 샀다고 한다. 2001년 방영된 드라마 〈상도〉에선 19세기 초 한 냥을 지금 가치로 4만 원 정도로 계산했다. 이 계산법을 적용한다면 10만 냥은 40억 원에 해당하니 엄청난 액수였다.

이러한 행동은 대번에 주민들 마음을 얻었다. 주민들은 고종황제에게 류제를 군수로 보내달라고 요청했고, 결국 쌀장수는 군수로 임명된다. 드라마 같은 이야기다. 실제 드라마로 만들면 딱 어울릴 것 같은 인물이 거의 알려지지 않은 것 같아 아쉽다. 면천교회 앞에 세워진 안내석을 보니 면천 군수로 재직할 때 초가 8칸 예배당을 마련했다고 한다. 당진 최초 교회이자 충청남도 최초 감리교회였다. 류제는 아펜

젤러 선교사에게 가르침을 받은 것으로 보인다. 1897년 〈조선크리스토인회보〉 10월 27일자에 아펜젤러 선교사가 류제 면천 군수를 류면천으로 이름 지었다는 내용이 실렸다.

조금 더 거슬러 오르면 대한민국 천주교 역사도 면천에서 시작한다는 점을 알 수 있다. 국내 최초 천주교 신부인 김대건1822~46은 면천 솔뫼마을지금 당진군 우강면 송산리 115, 116 출신이다. 김대건 집안은 증조부인 김진후를 비롯 조부 김한현, 부친 김제준까지 4대가 순교할 정도로 초기 선교 역사에서 큰 업적을 남겼다. 게다가 증조부인 김진후 또한 면천 군수를 지냈으니 이 지역 교회사는 남다른 측면이 있다.

순교 현황에서도 면천 지역이 꽤 활발했다는 사실은 잘 드러난다. 신유박해1801와 정해박해1827 당시 충남지방에서 순교한 수가 면천이 6명으로 덕산19명, 홍주10명 다음이었다. 기해박해1739와 병오박해1846 때도 면천은 4명으로 홍주9명, 덕산7명과 함께 그 수가 가장 많았다.

면천교회 앞엔 버려진 건물이다. 창문은 군데군데 깨져 있다. 면천 우체국이다. 1908년 처음 지었다가 1971년 다시 지었다. 세월이 흐르며 그때 건물도 세월의 때를 묻었다. 2004년 10월 새로 지은 건물로 옮긴 뒤, 이전 건물은 쓸모없는 채로 남았다.

좌. 면천교회는 눈에 띄게 큰 교회는 아니다. 허나 교회에 담긴 이야기를 더듬어 가다 보면 훨씬 큰 교회를 만나게 된다.
우. 우체국은 이전했으나 옛 건물이 남아있다. 1971년 지어 그리 오래진 않으나 사람이 떠난 건물은 금세 늙어버렸다.

조선에서 일제강점기로 넘어가는 시기 면천이 남긴 기록 중엔 동학혁명도 빼놓을 수 없다. 동학군이 일본군과 첫 전투를 벌인 곳이 바로 면천 승전곡勝戰谷으로 1894년 10월 24일 동학군은 승리를 거뒀다. 이 전투로 동학군은 면천을 점령하고 예산군 고덕면 구만포九萬浦까지 진출하며 위세를 떨친다. 무엇보다 동학군이 일본군에 맞서 승리를 거둔 기록이 거의 없다는 점에 비춰보면 이날 승리는 더욱 돋보인다.

〈공사관기록〉 승전곡勝戰谷 부근 전투상보戰鬪詳報를 보면 일본군은 한국병사 포함 90여 명 정도, 동학군은 2만여 명 정도였다. 이미 좋은 위치를 뺏긴 일본군은 변변히 대응도 못 한 채 퇴각했다는 기록이다. 우리 측 기록과는 차이가 난다. 동학 접주 조석헌이 쓴 《조석헌역사》는 일병 400명, 병정 500명, 유회군儒會軍 수천 명과 전투를 벌였다고 기록돼 있다. 안타까운 점은 동학군이 이후에 일본군에게 이와 같은 패배를 안기지 못했다는 점이다. 신식무기와 체계적인 훈련, 많은 전투 경험은 단순 병력숫자 이상으로 큰 전력이었던 셈이다.

면사무소와 초등학교에 조선시대 역사 '솔솔'

면천은 근대 유물과 고대 유물이 나뉘어 있지 않다. 바로 옆에 있는가 하면 그 자리에 후대 건축이 세워지기도 했다. 따라서 한 꺼풀 한 꺼풀 양파 껍질 벗기듯이 좀 더 과거로 다가가는 재미가 있다. 고려시대부터 조선시대를 거쳐 근대까지 1,000년이 넘는 시대를 한 동네서 보게 된다는 것은 꽤 흥미로운 일이다. 이제 조선이다. 1413년 태종 13 면천은 군으로 승격한다. 처음엔 14개 면을 다스리다 이후엔

22개 면으로 늘어난다. 1914년 4월 1일 당진군에 편입될 때까지 면천은 군으로서 이 지역을 다스렸다.

면천이 군이던 시절을 보려고 버스가 서고 떠나는 시내로 다시 나간다. 제일 먼저 눈에 띄는 것은 돌담이다. 면천읍성 가운데 남은 흔적이다. 1439년세종 21 11월 왜적 침입을 막고자 쌓은 성이다. 성벽 둘레는 1,336미터. 현재 우리나라에 남은 평지 석축 읍성은 15개에 불과해 문화재 가치가 높다. 현재 복원된 곳은 극히 일부분이다. 성벽을 모두 쌓고, 성 안에 있었던 건물들까지 복원하려면 꽤 많은 품을 들여야 할 듯싶다. 계획상으론 2017년까지 복원된다고 하나 지켜볼 일이다.

면천면 청사 앞 누각은 풍락루다. 1943년 철거됐다 다시 세워졌다.

면천면 청사 앞 누각은 풍락루다. 옛 면천군 문루지만 언제 세워졌는지는 정확한 기록이 없다. 1852년 당시 면천군수였던 이관영이 세우고 풍락루라 이름 지었다 한다. 1943년 철거됐다가 이후 다시 복원됐다.

지금 면사무소 자리는 과거 동헌이 있던 자리다. 옆 면천초등학교 자리엔 조선시대 객사가 있었다. 1969년까지 학교 교사와 사무실로 쓰다가 교사를 넓히면서 일부 헐었고, 1971년 남아있던 나머지를 헐면서 완전히 사라졌다.

면천면사무소에서 면천초등학교, 면천교회를 지나 언덕을 넘으면 넓은 저수지가 나온다. 바로 골정지다. 《면양읍지》에 주위 1,056자약 320미터, 수심 11자약 3.3미터라는 기록이 나온다.

저수지 한가운데 있는 정자는 건곤일초정이다. 1800년 정조 24 면천 군수 박지원 1737~1805이 세웠다. 역사에 획을 그은 또 한 명의 면천 군수다. 향교와 가까워 유생들이 자주 머물러 시를 읊고 학문을 익히기도 했다고 한다. 당시 땅에서 정자까지 가는 다리는 널조각으로 된 뜬 다리였다고 하나 지금은 돌다리로 바꾸었다. 뜬 다리였다면 지금보다 멋은 있었겠으나 안전상 어쩔 수 없는 선택이라고 본다.

50세에 처음 선공감 감역이 돼 관직에 나선 박지원은 면천 군수에 임명됐을 때 이미 61세였다. 조선후기 실학자였던 박지원은 깨끗한 관리였다. 면천 군수 부임 전 직책은 안의 현감이었다. 현감에서 물러날 때 안의현 백성이 송덕비를 세우려 하자 자기 뜻을 모르고 하는 일이라며 크게 꾸짖고 세우지 못하게 했다는 일화가 전한다. 면천 군수로 재직할 때도 봄에 흉년이 들자 안의현에서 했던 것처럼 봉급을 털어 백성을 도왔다. 없는 세금을 만들어 걷고, 나라에 바치는 세금을 착취하던 여러 관리와는 다른 모습이었다. 또한 면천군에 천주교가 성행했지만 크게 벌하지 않고 방면했다는 일화도 전한다.

박지원은 1797년부터 1800년까지 꽤 오래 면천에 머물렀다. 그 기간에 박지원은 큰 업적을 남긴다.《과농소초》,《한민명전의》,《면양

좌_ 면천교회를 지나 언덕을 넘으면 골정지가 나온다.
우_《열하일기》를 쓴 박지원이 면천군수이던 시절 세운 정자, 건곤일초정이다.

잡록》이라는 책을 쓴 것이다. 《과농소초》는 조선 후기 농서로 1798년정조 22에 펴냈다. 정조가 책을 보고 농서대전을 박지원에게 맡겨야겠다고 칭찬했으나 아쉽게도 이듬해 6월 정조는 세상을 떠난다. 《한민명전의》는 《과농소초》에 덧붙인 부록이고, 《면양잡록》은 면천 군수로 있으면서 쓴 글 모음이다. 실학자가 본 당시 면천군 모습을 잠깐 살펴보자.

경내에는 명산이나 대천이 없고 바닷가의 땅은 소금기에 절어 있으며 원야原野는 건조하고 시내는 항상 메말라 있으며 각처의 취락에는 샘이 드무니. 이것은 이곳의 토양이 취약하고 물기가 부족한 증거입니다. 게다가 산록은 벌거벗은 불모지로 남아있어 이것이 이곳의 수토와 풍기의 대략입니다.   －《한민명전의》

꽤 꼼꼼하면서 냉정하게 분석했음을 알 수 있다.
골정지에서 산 쪽으로 보면 잘 지은 기와집 여러 채가 보인다. 바로 면천향교다. 1392년태조 1 처음 생긴 향교는 국가 교육기관이다. 조선을 세운 왕인 태조는 향교 설치를 무척 강조했다. 1413년태종 13에는 전국 향교가 360개로 늘었다고 한다. 면천향교는 1392년 태조 원년에 세워졌을 것이라고 전해진다. 뒤에는 산이 있고, 앞에는 저수지가 있으니, 면천향교는 배산임수로 지어졌음을 알 수 있다.

이제 시간을 거슬러 올라 고려로 넘어간다. 면천이 역사에 가장 화려하게 등장했던 시기가 바로 고려 건국기다.

조선은 향교의 나라였다. 1392년 면천에 향교가 세워졌을 것이라 전해진다.

고려 건국 영웅들의 이야기

후백제, 후고구려와 신라가 각축을 벌이던 후삼국기. 결국 패권을 잡은 이는 왕건이었다. 지방 호족들은 이해득실을 따지며 바쁘게 움직였다. 줄을 잘 서면 일등공신이 되지만 그렇지 못하면 반대가 될 수 있었다.

신라가 백제와 고구려를 무너뜨리고 한반도 지배권을 차지하기 전부터 면천은 세력이 큰 마을이었다. 백제시대 때 이미 이곳에 수군창水軍倉이 있었고, 통일신라가 전국을 주군현으로 재편했을 때는 군이 되었고, 마을엔 곡창이 설치됐다. 바다를 끼고 있어 통행이 쉽고 중국과 가깝다는 게 이점이었다.

예로부터 교통이 발달한 곳에 돈과 사람이 모이는 법이다. 면천군

좌. 복지겸은 이름을 남겼고 술을 남겼다. 면천두견주는 지역을 대표하는 술이다.
우. 면천두견주는 안샘물로 지었다는 이야기가 전해진다. 안샘은 면천초등학교 옆에 있다.

실력자들도 어쨌든 새로운 나라를 세우는데 참여해야 했다. 이들은 왕건을 도왔다. 주역은 복지겸과 박술희였다.

면천 복씨 시조인 복지겸은 고려 1등 공신에 뽑힐 정도로 공이 컸다. 고려 개국 1등 공신은 복지겸을 포함 홍유, 배현경, 신숭겸 등 네 명에 불과했다. 고려 개국과 관련 워낙 큰 인물이기 때문에 지역에선 그를 대표인물로 내세운다. 곳곳에 그에 대한 흔적이 가득하다.

면천초등학교 내 높이 솟은 두 그루 은행나무는 1,100년쯤 된 것으로 고려시대 초창기 나무다. 두 나무 모두 높이가 20미터가 넘는다. 이들 은행나무에 얽힌 전설은 복지겸이 주인공이다. 낙향한 복지겸이 병을 얻었는데 어떤 약도 효과가 없었다. 딸은 아미산에 올라 백일기도를 드렸다. 100일이면 석 달이 넘는다. 그 긴 시간 동안 기도를 드려야 했을 정도면 꽤 깊은 병이었음을 알 수 있다. 정성이 통했던 것일까. 아미산 신령이 나타나 아미산 진달래꽃과 안샘물로 술을 빚은 뒤, 집 앞에 은행나무를 심으면 병이 나을 것이라고 일러주었다. 지금 면천초등학교에 있는 은행나무가 그때 심은 은행나무고, 그때 빚은 술이 면천두견주라는 이야기다. 안샘물은 학교 바로 옆에 있으니 이야기 구성은 대략 갖춰진 셈이다. 어떤 병이었는지 알 순 없으나 술로 병을 치료하게 한 산신령 계시가 재미있다.

현재 면천면에 면천두견주 제조장이 있다. 면천두견주는 '중요무형문화재 제86-나'호다. '중요무형문화재 제86호'는 '향토 술 담그기'인데, 문배주, 면천두견주, 경주 교동법주 등 세 개가 해당한다.

면천 은행나무 옆엔 작은 연못과 정자가 있다. 바로 군자정이다. 원래 군자정은 고려 공민왕 때 읍성 객사 옆에 지은 정자다. 여러 번 새로 지었다. 19세기 후반에 나온《면천읍지》에는 1863년에 새로 지었다고 돼 있다. 이후 허물어져 주춧돌만 남은 것을 면천 복씨 종친회장 복진구가 6모정을 지었다. 1994년 당진군이 잔뜩 낡은 6모정을 헐고《면천읍지》에 나온 대로 8모정으로 다시 지었다.

군자정 뒤에 작은 샘이 있으니 바로 안샘이다. 설명문엔 '면천읍성 안에 유일하게 있어 안샘'이라고 돼 있으나 어색하다. 유일했다면 안샘이 아니라 한샘―井이 돼야 하지 않을까.《신증동국여지승람》과

군자정은 고려시대 때 처음 지었다. 몇 번이나 허물어져 다시 지어졌다.

《여지도서》엔 면천읍성 내 우물이 모두 두 개였다고 나온다. 안샘은 꽃샘花井으로도 불리는데, 복지겸 전설과 관련된 안샘이 바로 이곳이다. 생가터를 둘러싸고선 여전히 논란이다. 태어난 때와 세상을 떠난 때가 전해지지 않으며 복태사묘 또한 시신이 없는 상징적 가묘에 불과하다.

복씨 가문이 다시 한번 역사에 나타난 때는 1293년충렬왕 19이다. 고려는 외침이 많았던 나라였다. 그 해 면천 출신 복규卜奎가 고려를 침략한 거란병을 물리쳤다. 거란은 발해를 멸망시킨 나라로 10세기부터 11세기까지 여러 차례 고려를 침략했다. 강감찬 장군이 귀주대첩을 벌였던 상대가 거란이었고, 서희가 외교 담판으로 물러가게 한 이들 또한 거란이었다. 복규의 공으로 면천은 면주沔州로 승격된다.

고려 건국에서 복지겸에 뒤지지 않는 박술희는 드라마 〈왕건〉을 통해 널리 알려졌다. 극 중 왕건 의형제로서, 김학철이 연기한 박술희는 코믹하게 그려져 시청자들로부터 많은 사랑을 받았다. 당시 〈왕건〉을 즐겨 봤던 나도 박술희 캐릭터가 무척 인상깊었던 기억이 난다.

면천 박씨 시조인 박술희는 최후가 비참했다. 왕건이 고려라는 나라를 세웠지만, 여전히 각 지역엔 호족들이 사병을 거느린 채 위력을 과시했다. 여러 명 왕비와 그의 자식들도 불안했다. 왕건은 믿을 만한데다 군사력이 강한 박술희에게 후사를 맡겼다. 박술희는 왕건의 맏아들인 혜종912~945년의 후원자가 됐다.

943년 왕건이 죽자 이복동생인 왕요와 왕소가 왕위를 넘봤다. 그들에게 박술희는 눈엣가시였을 터. 권력 다툼 와중에 박술희는 강화 갑곶이로 귀양을 가게 되고, 얼마 뒤 자객에게 살해당한다. 비참한 최후였다. 그는 면천을 고려 역사에 화려하게 등장시켰지만, 조선을 기획한 정도전이나 단종을 지키고자 한 김종서, 사육신처럼 참혹하게 생을 마감했다. 면천 은행나무, 면천두견주, 안샘 등 마을에 여러 전설을 남긴 복지겸과 달리 면천엔 그에 관한 흔적이 없다. 어쩌면 그에 대해 아무런 말도 남기지 못할 정도로 당시 정권이 철저하게 감시한 게 아닐까 하는 생각도 든다. 현재 남한 내에 박술희 후손은 5천 명 내외에 불과하다고 한다. 박술희가 죽은 뒤, 그가 그렇게 지키고자 했던 혜종도 2년을 채 못 넘기고 세상을 떠났다.

권력은 비정하고 기억은 무정하다. 그렇게 사람은 잊히고 지워진다. 그 시절을 되살리기 위해선 얼마 되지 않은 기록을 더듬어야 하니, 결국 역사는 기록하는 자의 몫이던가.

타임머신을 탄 듯 지금 세상에서 구한말 조선을 거쳐 고려까지 다녀왔다. 면천은 1,000년을 뛰어넘는 시대를 한 동네에서 볼 수 있는 몇 안 되는 곳이다. 어느 식당에 들어가 자장면을 주문한다. 음식을 나르던 분이 일부러 밖에서 이 동네를 보러왔다는 이야기를 듣고 대뜸 "복지겸 관련해서 볼 게 많은데."라고 말한다. 역시 면천에선 복지겸이다.

식사를 끝내고 나오니 저녁 6시 5분이다. 버스는 6시 40분과 50분에 있다. 대략 1시간에 한 대꼴이다. 기다릴까 망설이다 왔던 것처럼 자전거를 타고 가기로 한다. 당진읍에서 한 아주머니는 갓길이 없다면서 걱정스러워하셨다. 그래도 자동차들이 많지 않고, 언덕이 몇 곳 되지 않아 탈 만하다. 자전거 페달을 굴린다. 면천이 점점 멀어진다.

자전거여행이 좋은 건, 주변을 자세히 살필 수 있다는 점이다. 마을과 마을이 어떻게 이어지는지 보는 재미가 쏠쏠하다.

애달프다!
역류하는 민초의 피와
고달픈 삶이여

전라북도 정읍시 고부면

1894년 1월 9일 조병갑이 고부 군수에 임명된다. 벌써 세 번째였다. 1892년 1월 고부 군수에 부임한 그는 모친상으로 그만둔다. 그해 5월 고부 군수에 재임용된다. 예산 현감, 천안 군수, 보성 군수, 함양 군수, 김해 부사 등 전국 여러 마을을 다스렸던 그다. 함양과 김해에선 그를 위해 백성이 선정비를 세웠다. 그런 그가 다시 고부를 찾았다. 고부에 대한 애착이 남달랐던 탓일까.

당시 고부는 전라도를 대표하는 마을이었다. 넓은 평야에선 쌀이 쑥쑥 자랐고, 서해에서 잡아 올린 해산물이 이곳에 모였다. 풍요로운 땅이었다. 김해와 함양에서 선정비를 받고 온 조병갑은 1892년 고부에 새 만석보萬石洑를 세운다. 당시 예동보 또는 광산보라고 불린 만석보가 이미 있었다. 아무리 가물어도 주변 배들평야에서 만석 이상 농사를 지었다는 뜻에서 붙여진 만석보란 이름에서 고부가 얼마나 풍요로운 땅인지 느껴진다. 보는 논에 물을 대기 위한 목적이니

오래전, 이 다리 근처엔 만석보가 있었다. 농민들 눈물 쏙 뺀 보였다. 고부 군수 조병갑이 세웠더랬다. 눈물 섞인 물은 저 멀리 흘러가고 이젠 무심한 물만 흐른다.

농사에 도움을 주려고 만든다. 하지만, 고부 농민들은 그렇게 생각하지 않았다. 새 만석보는 너무 높아 홍수가 나면 냇물이 넘쳐 상류 논들이 피해를 보았다. 조병갑은 새로운 물 세금 명목으로 보세洑稅를 거뒀다. 보세를 줄여달라는 농민들은 매를 맞았다.

1893년 11월 전봉준이 지역 농민들과 함께 조병갑에게 가서 잘못된 행정을 고쳐달라고 요구했다. 요구는 묵살됐다. 그달 전봉준은 사발통문을 만들고 '조병갑 처형', '고부성 점령', '탐관오리 처단', '전주성 점령', '서울 진격'을 내건다. 하지만, 조병갑이 익산 군수로 발령이 나면서 계획은 보류된다. 그리고 이듬해 1월 9일 조병갑이 다시 고부 군수에 임명되면서 전봉준은 그 뜨거운 전쟁을 시작한다.

조병갑이 세 번이나 고부군을 찾은 이유가 무엇이었을까. 그 답은 조병갑이 재부임하자마자 고부군 농민 수천 명이 모여 봉기한 데서 찾을 수 있지 않을까. 고부는 19세기 후반 조선 전체서 가장 뜨거운 땅이었다. 삼국시대 이후 지역에서 가장 큰 고을이자 풍요로운 땅이었기에 역사가 만들어진다. 조선 후기 8명창 가운데 한 명인 박만순이 그때 고부에서 태어났고, 〈동아일보〉와 '경성방직'을 설립한 김성수 가문이 고부 지역에서 부를 쌓아나가며 호남 제일 부호로 떠올랐다. 증산교를 세운 강일순이 1871년 고부에서 태어나 새로운 사상을 만들기 시작했다.

삼국시대 이후 전라도를 대표하던 고을이었던 고부는 19세기 말 너무도 뜨겁게 용트림했다. 끝은 화려했고, 장렬

깨진 선정비다.
선정비가 어떻게
세워지는지 안다면 누군들
이러고 싶지 않았을까.

했다. 동학농민혁명의 꿈이 사라지고, 전봉준이 형장에서 생을 다하던 그 해, 고부군은 전주부 관할로 들어갔다. 1914년에 고부군과 태인군은 정읍군으로 통폐합되고, 고부군이란 이름은 역사 속에서 사라진다. 지금 고부라는 이름은 정읍시 고부면이란 이름에 조용히 남아있다. 한 세기 전 조선을 뜨겁게 달군 땅이 지금은 어떤 온기로 남아있을지 찾았다.

백제 5방 가운데 하나, 고려·조선시대 대표고을

　삼국시대와 고려시대, 조선시대를 거치는 동안 고부는 전라도를 대표하는 큰 고을이었다. 백제가 다스리던 시절 고사부리군古沙夫里郡으로 불리던 고부는 지방을 다스리던 백제 5방 가운데 중방中方을 책임진 것으로 알려진다. 백제는 사비시대 이후 방·군·성(현)제城(縣)制를 채택했다. 가장 큰 단위인 방에는 700~1,200명 정도 군사가 머물렀고, 7~10개 군을 다스렸다.

　고려로 왕조가 바뀌고서도 위치는 달라지지 않았다. 936년태조 19 중앙 정부는 고부를 영주瀛州라 고치고 관찰사를 파견했다. 관찰사는 지금 도지사에 해당하는 높은 관직이다. 951년광종 2엔 지방체제 개편에 따라 안남도호부를 설치했다. 고려는 당시 경상도 상주에는 안동도호부를 설치하고, 전라도 지역인 고부에 안남도호부를 둬 두 지역을 다스렸다. 이후 도호부가 폐지되고 다시 설치되기를 반복하다가 고려 충렬왕 때 잠시 영광군에 병합되기도 했으나 곧 되돌아왔다.

　조선시대에도 고부는 고부군으로 불리며, 정읍을 속현으로 다스렸다. 19세기에서 20세기로 넘어가던 시기 역사는 고부의 운명을 바꾸었다. 지금 고부는 정읍과 부안으로 쪼개졌다. 정읍시 고부면, 영원면, 이평면, 덕천면, 소성면, 부안군 백산면 일대가 과거 고부군이다.
　이 중 고부면에 옛 고부군 흔적이 많이 남아있다. 고부리古阜里는 고부군 관아가 있던 곳이다. 고려시대 입석리에 있었던 고부 관아는 고부리 성황산으로 옮겼다가 1765년영조 41 지금 고부초등학교 자리로 내려왔다. 일제는 고부 관아를 헐었다. 1906년 지역 인사들은 '광

좌_ 고부초등학교. 1906년 세워졌으니 역사가 100년이 넘는다.
우_ 성황산 정상부에선 고사부리성 발굴 작업 중이다. 고려시대 또는 통일신라시대 때 만들어졌다고 추정되는 오래된 성이다.

화학교'를 세웠다. 현재 고부초등학교의 모태다. 역사가 100년이 넘는다. 당시 고부가 꽤 중요한 마을이었음을 고부초등학교 역사에서 알 수 있다.

시는 고부 옛 읍성과 관아 터를 복원한다는 계획을 세웠다. 고부 관아가 복원된다면 1,000년 넘게 지역 대표고을로 자리매김했던 자긍심과 더불어 동학을 일으킨 수탈의 역사를 함께 살펴볼 일이다.

고부초등학교 뒤 성황산 정상부엔 고사부리성 발굴 작업이 한창이다. 고부리에 있는 성황산132미터엔 고부구읍성고사부리성이 있었다. 고려시대 또는 통일신라시대 때 만들어진 것으로 추정된다.《동국여지승람》에 따르면 읍성은 둘레가 2,639척1,050미터에 높이가 13척이다. 우물 3개와 건물지 12개소가 확인됐다. 세월이 흘러 성벽 돌은 모두 석재로 쓰였고, 토루土壘 침입을 막기 위해 쌓은 흙 담 흔적만 남았다. 상부상항上部上巷이라 새겨진 백제시대 기와와 기마병 모습이 새겨진 기와가 출토돼 백제시대 5방성인 중방성 터로 추정된다. 아직 눈으로 확인할 수 있도록 복원이 이뤄지진 않았다. 들에 가득한 봄꽃을 보며 아쉬움을 달랬다. 조선시대 마을 중심지엔 향교를 세웠다. 고부향교 또한 고부면에 있다.

고부면 입석리 두승산444미터엔 두승산성이 있었다. 삼한시대 때 쌓았다고도 하고 고려시대 때 쌓았다고도 한다. 영원면 은사리엔 금사동산성金寺洞山城이 있었다. 성 둘레는 2,365미터였다 한다. 고부읍성, 두승산성, 금사동산성은 각각 전라북도 기념물 53, 54, 55호다. 이들 산성에선 백제시대 유물들이 발견돼 백제 때 이미 성을 쌓았을 가능성도 무시할 수 없다.

이곳에 들어가려면 말에서 내려 들어가야 했다. 향교의 위엄이 느껴진다.

고부의 풍요를 상징하는 것은 저수지인 눌제訥堤다. 4세기경에 이미 그 기록이 남아 있는 눌제는 김제 벽골제, 익산 황등제와 함께 호남 삼호三湖로 불렸다. 수자원 개발 사업은 벽골제, 눌제, 황등제에서부터 시작된 것으로 본다. 호남이니 호서니 하는 지명도 이들 호수에서 만들어졌다. 호수 서쪽에 있다 해서 호서, 남쪽에 있다 해서 호남인 것이다. 눌제는 1873년고종 10 폐지될 당시 제방길이가 1.5킬로미터에 둘레 16킬로미터였다고 한다.

조선시대 각종 기록에 보면 눌제는 벽골제와 함께 자주 등장한다.

벽골제 아래 진지陳地가 거의 6천여 결이고, 눌제訥堤 아래 진지가 1만여 결結인데, 다만 그곳의 거민을 가지고서는 능히 다 경작할 수 없습니다.   - 1418년태종 18 판광주목사 우희열이 올린 상서 가운데

좌_ 만석보는 고부 사람들 삶에 큰 영향을 미쳤다. 정자 이름에 '만석'을 붙였다.
우_ 만석보터에 섰다. 농민군들 함성이 들리는 듯하다.

고부와 줄포를 잇는 지방도 710호선은 과거 눌제 제방 위에 놓은 도로다. 호남을 대표하는 눌제보다 더 유명한 건 만석보다. 1892년 고부 군수로 부임한 조병갑은 만석보 아래 새로 보를 하나 쌓았다. 새 만석보다.

조선 후기 순국지사인 황현이 쓴 《동학농민전쟁의 역사》를 번역한 《오하기문》 김종익, 역사비평사, 1994에 따르면 조병갑은 농민들을 강제로 동원해 새 만석보를 만들어 수세를 거둬 100여 섬을 착복했다. 부임한 이듬해인 1893년엔 흉년까지 들었다. 부유한 농민들을 갖가지 명목으로 잡아들여 2만 냥가량 재물을 빼앗았고, 아버지 공덕비를 세운다고 다시 천 냥을 거뒀다.

새 만석보로 인해 농민들은 떨쳐 일어섰고, 1898년 고종 광무 2 군수 안길수는 만석보를 완전히 없앴다. 배들 농민은 안길수 만석보 혁파 선정비를 세웠다. 현재 만석보터 근처엔 양성우 시인이 쓴 시를 담은 만석보시비가 세워져 있다.

……
못살겠네, 못살겠네. 보리쌀 한 톨이 없어도
억세풀 묵은 밭 천수답 다랭이 물세를 내고

죽자사자 낸 물세를 또 내고 또 내라고 하고

못 내면 끌려가서 죽도록 얻어맞고

아아, 전창혁이 곤장 맞아 죽던 날 밤엔

만석보 긴 둑에 무릎 꿇고 앉아

하늘에 빌었다. 장내리 사람들

차라리 마을마다 통문이나 돌릴까?

이 야윈 가슴팍에 비수를 꽂을까?

아비들은 주먹으로 허공을 가르고

아아, 전창혁이 곤장 맞아 죽던 날 밤엔

피눈물만 있었다. 그 산비탈.

……

재벌과 명창을 낳은 땅

〈동아일보〉와 '경성방직'을 만든 김성수 가문은 고부에서 부를 쌓았다. 김성수 가문은 오랫동안 장성에서 지내온 뿌리 깊은 양반 가문이었다. 김성수 가문이 고부로 옮겨온 것은 김성수의 조부인 김요협이 고부 지방 토착 지부 정계량鄭季良의 딸과 결혼하면서부터다. 결혼 뒤 김요협은 장성을 떠나 고부로 터를 옮겼다. 당시 고부는 현 전북 고창, 부안, 정읍 일부를 포함하는 땅이었다.

고부는 김요협에게 큰 부와 명예를 안겨주었다. 고부에 자리를 닦은 김요협은 1872년고종 9에 관직에 나아가 고속 승진을 거듭한다. 화순, 진안, 군위 군수를 역임하고, 중추원 의관, 비서원승, 시종원 부경을 잇따라 지낸다.

김유협의 아들 김경중은 1만 5,000석 지기 호남 최대 거부로 성장한다. 1923년 소작인만 2,000여 명에 이르렀다. 김성수 가문의 성장세는 그칠 줄 몰랐다. 김경중의 아들 김연수는 당대 최고 재벌인 '삼양사'를 세웠고, 1891년 고부군 부안면 인촌리_{지금 고창군}에서 태어난 김성수는 제2대 부통령을 지내며 할아버지의 관운을 뛰어넘는다.

고부는 빼어난 예술인도 배출했다. 조선 후기 8명창 가운데 한 명인 박만순은 그 중 소리에 대한 자부심이 남달랐다. 그에 대해 전해지는 일화다.

대원군이 불러서 한양으로 향하던 박만순은 도중에 충청도를 거치며 충청 감사 조병식의 부름을 받는다. 소리를 들려달라는 요청이었다. 박만순은 대원군이 입을 봉하고 올라오라고 했다는 핑계를 대고 거절한다. 목이 달아날 수 있는 괘씸죄였다.

한양으로 올라간 박만순은 1년 가까이 대원군 집에서 묵는다. 낙향할 때가 되자 충청 감사에게 당할 일이 걱정돼 고민을 털어놓았다. 대원군은 "죽어 마땅한 죄이나, 소리를 들어보고 죽이라."는 서찰을 내린다. 박만순은 내려가던 도중 충청 감사 조병식에게 불려간다. 조병식은 감탄하며 풀어주었다 한다. 박만순이 얼마나 대단한 예술인이었는지 엿볼 수 있게 하는 일화다.

큰 시인인 서정주 또한 1915년 고부군 부안면 선운리_{현 고창}에서 태어났으니 고부는 예술 기운 또한 남달랐음을 알 수 있다.

고부면에선 고부민속유물전시관도 둘러보는 게 좋다. 유물 1,000여 점 있는 작은 전시관이지만, 중학교 교사로 일했던 은희태 고부 문화권 보존사업회장이 30여 년 동안 흘린 땀을 느낄 수 있는 곳이다.

좌_ 내장산 단풍을 구경하려는 사람들이 정읍역에 내린다. 정읍은 단풍도 유명하지만 동학농민혁명에서 한 획을 그은 곳이다.
우_ 정읍역 광장 한쪽에 전봉준상이 세워져 있다.

조병갑이 백성을 쥐어짜던 곳, 전봉준이 떨쳐 일어난 곳

정읍역에 내리면 양쪽 두 개 상징물을 보게 된다. 하나는 현재까지 유일하게 전해지는 백제 노래인 〈정읍사〉 동상이고, 또 하나는 동학농민혁명 동상이다. 동학농민혁명은 정읍을 상징하는 자랑이다. 고부는 동학이 종교에 머무르지 않고 혁명이 되게 만든 땅이다. 옛 고부군에 속한 마을엔 '동학혁명발상지'라는 말이 자랑스레 붙어 있다.

고부면 신중리 주산마을은 동학농민혁명과 관련해 많은 이야기를 품은 곳이다. 1893년 11월 전봉준을 포함해 20명은 사발통문을 만든다. 여기엔 거사를 계획한 이들의 이름이 적혀 있는데, 주도자를 알 수 없게 원을 따라 돌려가며 이름을 쓴 게 독특하다. 사발통문이 만들어진 곳은 주산마을 송두호 집이다. 송두호 집은 전봉준 아버지 전창혁이 관아에 따지러 갔다 몰매를 맞고 돌아와 치료했던 곳이기도 하다. 송두호 집 앞집은 당시 훈련대장인 송대화宋大和 집이었다.

최초 모의를 기념해 주산마을 언덕 위에는 동학혁명모의탑이 세워졌다. 여기서부터 시작됐을 고부 농민들의 발길을 따라가 보는 것도 괜찮겠다. 걸어서 간다면 좀 더 실감날 것이다. 언덕 경사도, 거리감, 시간감을 자동차로선 제대로 느끼기 어렵다. 나는 작은 바퀴 자전거를 타고 길을 따라간다.

전봉준 등은 1893년 12월부터 이듬해 초까지 군수에게 계속 시정을 요구했으나 받아들여지지 않았다. 결국, 행동에 나선다. 1894년 2월 15일 음력 1월 10일 전봉준, 김도삼, 정익서 등 3장두를 대표로 한 농민 수백 명이 말목장터에 닿는다. 삼거리라 사람들 발길이 많았던 곳이다. 여기서 대표단은 일장연설을 했을 것이다. 이내 발길을 내쳐 만석보를 파괴하고 고부 관아로 쳐들어갔다. 그러나 거기서 끝이었다. 신임 군수가 내놓은 회유책에 아무런 계획 없이 해산하고 만다. 이 점 때문에 고부 봉기를 동학농민혁명 기포일로 보기는 무리란 지적이 나타났다. 고부 봉기를 동학농민혁명에서 따로 떼어내 민란으로 나누었다.

학자들에 따라 동학농민혁명 출발점은 무장기포와 백산기포로 갈라진다. 무장에선 포고문이 발표된다. 4,000여 농민군이 모인 자리에서였다. 백산에선 호남차의대장소가 설치되고 전봉준이 대장으로 추대된다. 농민군 4대 행동강령이 선포되고 악질 관리와 양반 부호

좌_ 전봉준묘단이다. 동학농민혁명 60주년인 1954년 세워졌다.
우_ 전봉준 고택이다. 농사와 훈장 일을 하던 전봉준이 가난하게 살던 곳이다.

타도, 아전들에게 궐기를 촉구하는 격문을 만들어 뿌렸다. 모인 농민군은 8,000여 명을 헤아렸다.

최초 기포지를 찾는 게 쉽진 않다. 지역이 모두 갈리기 때문이다. 오랫동안 동학농민혁명을 상징해온 고부는 정읍시에 속해 있다. 백산은 부안군, 무장은 고창군이다. 솔로몬의 지혜가 필요한 상황이다.

기포지와 상관없이 고부가 동학농민혁명에 미친 영향은 절대 적지 않다. 고부 군수의 폭정이 동학농민혁명에 불을 붙인 만큼 고부는 동학농민혁명의 도화선이라 불릴 만하다. 말목장터에 집결한 농민군이 제일 먼저 고부 관아를 들이친 데서도 그 사실은 잘 드러난다.

만석보혁파선정비. 보를 없앤 게 얼마나 좋았으면 선정비까지 세웠을까.

말목장터에서 다시 나아간다. 여기서 6~7킬로미터 정도를 더 가면 만석보다. 만석보에 닿기 전 만석보 혁파선정비를 먼저 보게 된다. 1898년 고종 광무 2 군수 안길수가 만석보를 완전히 없애자 농민들이 세운 비석인데, 얼마나 좋았으면 그랬을까 싶다. 더 일찍 해야 했을 일이고, 후임 군수가 전임 군수의 잘못을 대신 빌어야 했을 것. 군수선정비 대신 군수가 농민들에게 사죄비를 지어 올렸어야 하지 않을까.

쌓인 불만을 참지 못해 나섰지만, 누구도 동학농민혁명이 수십만 명이라는 많은 목숨을 앗아갈 줄은 몰랐을 터. 그들을 위로하는 상징물은 주산마을에 있는 무명농민군위령탑이다. 무명농민군을 상징하는 얼굴과 당시 무기로 사용한 농기구를 이용해 상징물을 만들었다.

동학농민혁명기념관은 황토현 전적지에 자리를 잡았다. 황토현은 동학농민혁명군이 최초로 승리를 거둔 곳이다. 관군과 치른 전투에서 큰 승리를 거두면서 동학군은 자신 있게 혁명을 확대할 수 있게 된다. 황토현 전적지에 동학농민혁명기념관이 들어선 이유기도 하고, 황토현전투를 동학농민혁명 기념일로 삼아야 한다는 말이 나오는 이유이기도 하다.

뜨겁게 시작한 전쟁은 뜻을 이루지 못하고 막을 내린다. 우금치전투에서 패해 순창 피노마을에 숨은 전봉준을 밀고한 이는 고부 사람 김경천이었다. 동학군에 가담해 함께 전장을 누비던 이였으니, 전봉준으로서는 유다를 보는 예수의 심정이 아니었을까.

동학과 관련해 재밌는 사실은 조선이라는 양반의 나라를 뒤흔들었던 동학이 두 명의 절대 권력자와 깊이 연관돼 있다는 점이다. 한 명은 대원군이고 한 명은 박정희다. 대원군과 동학군이 깊이 연결돼 있다는 사실은 동학농민혁명기념관 전시물에서 잘 드러난다. 기념관 자료들은 대원군과 동학군이 깊이 연관돼 있었음을 암시한다.

좌_ 민군위령탑.
이름 없이 떨쳐 일어선 이들은 죽어서도 그랬다.
우_ 동학농민혁명기념관 동판에 새겨진 농민군 얼굴이 생생하다.

동학농민혁명이 실패로 돌아가고 전봉준이 잡혀 일본군에게 심문받을 때 대원군과 연관성을 추궁당한 기록도 나온다.

이전까지 난으로 불린 동학농민혁명을 혁명으로 재평가한 건 독재자라 불린 박정희 전 대통령이다. 1959년 국사편찬위원회가 만든 책이 《동학란기록》이다. 당시 동학농민혁명에 대한 평가는 '민란' 이었다. 1961년 5월 16일 군사혁명이 일어나고서 달라진다. 1963년 갑오동학혁명 기념탑이 세워진다. 동학란에서 동학혁명으로 격상된 최초 기념물이다. 1967년엔 갑오동학혁명기념사업회가 만들어진다. 1968년 제1회 갑오동학혁명기념문화제가 열리고 이듬해엔 동학을 계승한 천도교 중앙본부 건물인 수운회관이 세워진다. 1974년엔 만석보 유지비가 만들어졌다. 박정희 정권 내내 동학농민혁명을 기념하기 위한 사업들이 활발했다.

이유에 대해 해석이 분분했다. 쿠데타를 옹호하기 위해서라는 분석이다. 또 하나는 부친인 박성빈1871~1938이 동학에 가담했기 때문이라는 분석이다. 해방 후 작성된 《선산군지》에는 박성빈이 '동학란에 연좌되어'라는 구절이 나온다. 2005년 4월 14일 동학농민혁명유족회가 《선산군지》를 인용해 박성빈이 동학농민혁명에 가담했다고 밝혀 화제가 되기도 했다. 이렇게 보면 박정희 전 대통령의 관심이 동학농민혁명 실패 뒤 사라진 동학을 살렸다고 볼 수도 있겠지만 그렇진 않았다.

동학을 계승한 천도교는 일제강점기에도 큰 인기를 누렸다. 1926년 7월 10일 자 〈동아일보〉를 보면 동학을 계승한 천도교인 수가 200만 명이라는 기사가 나온다. 당시 기독교는 35만 명, 불교는 20

좌_ 만석보가 있어 만석식당이다. 고부에 가면 식당이름에서도 동학농민혁명이 스치고 지나간 흔적을 보게 된다.
우_ 넓고 비옥한 배들평야. 그곳에선 곡식도 자라고 탐학도 자랐다. 그래서 농민들은 눈물을 흘렸다. 이발관 이름에 배들이 새겨졌다.

여만 명이었다. 1930년 잡지 〈삼천리〉 10월호에도 천도교당 수는 군 단위 400여 개소, 면 단위 포함 1,000개소 이상에 이를 정도로 광범위했다. 물론 그 당시엔 이미 천도교가 친일 행태를 보였다는 점이 문제이긴 하다.

교세만으로 볼 때 동학농민혁명 이후 꽃을 피운 것처럼 보이나 실상을 들여다보면 반론이 가능하다. 박정희 정권 때 천도교는 다시 크게 교세를 확장하지만 이후 쪼그라든다. 동학농민군의 꿈은 후세에 어떤 영향을 미쳤을까. 고부를 거닐면서 다시 한번 농민군의 꿈을 생각한다.

당시 고부엔 전봉준 말고도 또 한 명의 걸출한 인물이 새로운 사상을 열고자 애쓰고 있었다. 바로 증산교를 만든 강일순이었다. 그가 자기 이름을 걸고 따로 종교를 세우지 않았으니 그가 종교를 세웠다고 하는 게 틀린 말일 수도 있겠다. 교단이 생긴 것은 강일순이 세상을 떠난 뒤다.

고부 출신인 그는 동학 교도였으나 무장봉기엔 반대했다. 전봉준과는 생각이 달랐다. 그는 동학혁명이 실패할 것으로 판단했다. 황토현전투에서 승리하고 동학 접주인 박윤거에게 "동학군이 고부에서 난리를 일으켜 황토마루에서 크게 승리하였으나 결국 패망할 것이다. 그대가 접주라고 하나 전란에 휘말려 들지 말 것이며 무고한 생민들도 전란으로 끌어들이지 말라. 섣달이면 망하리라." 〈대순진리회 회보〉 3호라고 했다. 하지만, 그가 동학혁명을 모른 체한 것은 아니다. 그는 동학혁명군을 따라다니며, 전쟁에 참여해 목숨을 버리지 말라고 말렸다. 동학군 지도부에도 무고한 목숨을 잃게 하지 말라고 외쳤다. 그러나 일제 탄압에선 그 또한 자유롭지 못했다. 1907년 의병을 모으려 했다는 혐의로 모진 고문을 받는다. 후유증 탓인지 강증산은 38세에 세상을 뜬다. 전봉준이 세상을 떠난 때는 40세였다.

  강증산은 죽기 1년 전 차경석의 집에서 큰 굿판을 열었다. 차경석은 동학농민혁명 10대 접주 중 한 사람이었다. 강증산의 사상은 이후 여러 갈래로 이어지는데, 그 중 차경석이 만든 보천교는 조선총독부 집계로 170만 명을 웃돌았다 한다. 보천교 본사인 십일전 건물이 경복궁 근정전보다 컸다 하니 그 위세를 짐작할 만하다. 차경석 사후 보천교는 쇠락했고, 십일전 건물은 서울 조계사에 팔려 대웅전으로 남았다. 고부 관청리 고택은 원래 보천교 건물이었다. 보천교 몰락 후 일제강점기 때 고부 지방 대지주인 조상원이 산 뒤 해체해 1940년 새로 지었다.

  동학이란 초에 불을 붙여 심지까지 태운 고부는 일제강점기 증산도라는 새로운 종교에 불을 붙인다. 고부에서 싹튼 사상은 그렇게 찬란했으나, 지금은 한쪽으로 밀려나 버렸다. 시간이 흐르면 역적도 영웅이 되고, 영웅도 역적이 된다. 지금 평가만으론 훗날을 알 수 없으니 100여 년 전 그때의 뛰어난 사상가들은 이날을 내다보았을까.

꽃은 피고 진다. 그리고 또 피어난다. 역사도 마찬가지다. 피고 지고, 또 피고 진다. 그러면서 익어간다.

백운선사의 평생 공력이 담긴 세계 최초 금속활자 《직지》

고부면사무소 앞엔 작은 연못이 하나 있고, 연못 가운데 정자가 한 채 있다. 군자정이다. 연꽃이 주위를 감싸 연정蓮亭이라고도 불린 군자정君子亭은 조병갑이 탐

연못을 파고 정자를 고친 후 인재가 많이 나왔다는 이야기가 전해지는 곳이다. 고부 군수 조병갑이 노닐던 곳이기도 하다.

학을 일삼던 현장이라 알려진다. 이 정자엔 다음과 같은 이야기가 전해진다. 과거 고부 마을엔 인재가 나지 않았다. 과거 급제자가 없고, 수령이 내려오면 얼마 지내지 못하고 금세 관직에서 물러나곤 했다. 관직 운이 없는 마을이었다. 연정이 황폐해서라는 이야기가 나왔다. 1673년현종 14 이후선이 연못을 파고 정자를 고쳤다. 이후 인재가 많이 나왔다 한다.

그러나 정자를 고치기 전에 이미 위대한 인물은 있었다. 고려 후기 고승으로 《불조직지심체요절》을 쓴 백운경한1298~1374이다. 《직지》라고도 부르는 이 책은 세계 최초라 인정받았던 구텐베르크의 금속활자본보다 앞서 세상을 깜짝 놀라게 하였다.

《직지》는 구한말 주한 프랑스 공사인 콜랭 드 플랑시Colin de Plancy가 갖고 가 프랑스 파리국립도서관에 보관 중이었다. 1967년 프랑스 파리국립도서관에서 일하던 박병선 박사가 《직지》를 봤다. 이 책이 금속활자로 찍은 것이라면 구텐베르크가 금속활자로 찍은 책보다 73년이나 앞선다는 것을 깨달았다. 고증을 거쳐 1972년 프랑스 파리에서 열린 '책의 역사 종합 전람회'에 출품했다. 결국, 《직지》는 세계 최초 금속활자본으로 공인받았고, 2001년 유네스코 세계기록유

산에 등재됐다.

《직지》는 1377년 흥덕사에서 금속활자로 인쇄됐으며, 1972년 세계 최고 금속활자본으로 인정받았다. 책은 역대 부처와 고승들의 대화, 법어, 편지 등에서 중요한 대목을 뽑아 정리했다. 책을 만들었을 때 백운의 나이는 75세. 2년 뒤 입적하는 백운선사에게 《직지》는 평생 닦은 공력을 쏟은 책이었을 터다.

백운경한은 1298년 충렬왕 24 고부에서 태어났다. 채 열 살이 되기 전 출가해 고려에서 수행하다 54세 되던 해 원나라로 유학을 떠난다. 중국 유학을 거쳐 귀국하고서 태고 보우국사 1301~82 나 혜근 나옹화상 1320~76 과 더불어 대선사 大禪師로 추앙받는다.

고려 말 대학자인 목은 이색은 "선비가 한 세상에 나서 서로 만나지 못한 이가 한없이 많겠지만, 지금 백운에 대해서는 더욱 유감스럽게 여겨진다. 그 도道의 높이와 법어法語의 깊이는 나의 식량識量으로서는 알 수 없는 것이요, 도道의 안목을 가진 자가 증명할 것이다."라며 백운선사의 도력을 높이 평가했다. 백운선사가 세상을 떠난 18년 뒤 고려는 새 나라 조선에 나라를 넘긴다. 백운선사가 살았던 시기는 고려가 호흡기에 의존한 채 마지막 숨을 헐떡이던 때였다.

국운이 기울어져 가는 때에 태어났다는 점에서 백운선사는 전봉준이나 강증산과 맥이 닿는다. 한 나라가 기울어져 갈 때 큰 인물을 만들어낸 고부. 누구에겐 풍요의 땅이었으나, 누구에겐 고통의 상징이었던 고부. 또한, 동학혁명의 발상지라는 자부심과 동학혁명 지도자를 밀고해 새로운 세상에 대한 꿈을 꺾었다는 죄의식을 동시에 품은 땅. 먼 훗날 고부는 또 어떻게 기억될 것인가.

흘러간 세월도
다가올 시간도, 가맥 한잔으로
어우러지네

전라북도 전주시 한옥마을

"띠리링."

어느 날 휴대폰이 울렸다. 자전거를 타고 문화 홍보 일을 하는 이근삼 씨였다. 전주에 놀러 가자는 제안이었다. 전주는 예정된 여행지 중 한 곳이었다. 좋다는 신호를 보냈다. 결국, 음악을 하는 두 명과 함께 네 명이 자전거를 고속버스에 싣고 길을 나섰다. 목적지는 전주 한옥마을. 교동과 풍남동 3가 일대 한옥 700동이 밀집한 마을을 가리키는 지명이다. 우리나라 도시에서 이처럼 큰 한옥마을은 전주 한옥마을을 빼곤 서울 북촌 한옥마을이 유일하다.

전주 한옥마을에 사람들이 몰려들기 시작한 것은 일제강점기부터. 대한제국을 무력으로 빼앗은 일본인들이 전주 지역 상권을 잡고 세를 넓히자, 한국인 신흥부자들은 교동과 풍남동 일대 한옥 촌을 만들며 민족 자존심을 지켰다. 이후 교동과 풍남동은 우리나라 고유문

전주 교동은 한옥마을이다. 지붕과 지붕이 이어져 만들어낸 선이 참 곱다.

화를 지키면서 부촌이라는 자긍심을 이어갔다. 1960년대에는 전주 남중학교, 전주 여자상업고등학교, 전주 공업전문대학 등이 들어서며 교육중심지로서도 명성을 떨쳤다.

　이러한 분위기가 바뀐 것은 1977년 '한옥보존지구'로 지정된 뒤다. 집을 짓고 고치는데 제한을 받으면서 중산층들이 대거 마을을 떠나기 시작했다. 빈자리는 싼 집을 찾던 사람들이 메웠다. 부촌으로 불리던 교동과 풍남동은 빈촌 또는 판자촌으로 불리기 시작했다. 주민들 불만은 높아졌다. 재산권이 침해된다며 정책 해제를 요구했고, 1987년 '미관지구'로 바뀌고, 1995년엔 이마저 폐지됐다. 그러던 마을이 지금은 전주를 대표하는 관광지로 자리를 잡았다. 사람이 나이를 먹는 것처럼 마을도 나이를 먹는다. 사람 몸에 주름이 새겨지는 것처럼 마을에도 세월의 흔적이 남는다. 전주 한옥마을엔 일제강점기를 기억하게 하는 70여 채가 넘는 일제 가옥과 전주를 대표하는

좌_ 볕이 따뜻하다. 이불 속에 '쏙' 들어가 온기를 가득 느끼고 싶다.
우_ 왕은 사라졌고 왕조도 잊혀졌다. 허나 한옥마을엔 여전히 황손이 산다.

최명희 작가의 흔적이 남아있다. 그런 흔적을 때론 안고, 때론 지우며 한옥마을은 변하는 중이다. 그 흔적을 찾아 나섰다.

고종 황제 손자가 사는 마을, 전체가 미술관인 마을

일행은 황손의 집인 승광재承光齋에 묵었다. 승광재는 고종 황제 손자이자 의왕 아들인 황손 이석이 사는 집이다. 그는 1970년대 '비둘기처럼 다정한 사람들이라면'으로 시작하는 노래 〈비둘기집〉으로 많은 사랑을 얻었다. 집은 2004년 10월에 문을 열었다. 방들은 모두 작다. 제일 큰 방이라도 들어가면 빠듯한 크기다. 마당 입구에 장작이 쌓여 있어, 장작불을 때나 싶었는데 난방은 현대식이란다. 한옥 체험을 하게 만들었지만, 현대식 생활에 익숙한 이들이 불편하지 않도록 배려했다. 초기엔 완전 전통방식을 고집했지만, 불편해하는 이들이 많아 바꾸었단다. 문고리에 숟가락을 끼워 넣도록 한 점은 애교스럽다.

동네 또 다른 민박집을 구경삼아 찾아 나섰다. 원불교가 운영하는 민박집에 들어갔다. 처마에 메주가 매달려 있어 가까이 가서 보니 메주 모양 전등이다. 처마 밑줄에 이불이 걸려 있다. 이불을 햇볕에 쬐면 뽀송뽀송해진다.

어린 시절 어머니는 빨래를 빨고 나면 나를 불렀다. 어머니와 함께 대야에 담긴 빨래를 들고 옥상에 올라간다. '탈탈' 털면서 너는 소리가 그렇게 경쾌할 수 없었다. 그럴 때면 이웃집 옥상에도 빨래를 널고 있어 이웃과 인사를 나누곤 했다. 반나절 뒤면 빨래를 개어오라 심부름을 시키셨는데, 햇볕을 가득 머금은 이불에 들어가면 그렇게 푸근할 수가 없다. 동생과 함께 이불에 들어가 포근함을 즐기노라면 곧이어 어머니가 재촉하는 소리가 들린다.

민박집 방 앞엔 살짝 걸터앉을 수 있는 작은 마루가 있다. 방에 들어가기 전 발을 딛는 계단 역할을 하기도 하지만, 잠시 쉬는 쉼터이기도 하다. 볕이 좋은 날이면 이곳에 걸터앉아 쉬기가 참 좋다. 민박집을 관리하는 어르신이 이런저런 손님 이야기를 해주신다. 하룻밤 자고 몰래 줄행랑 치는 사람, 아침에 돈을 내지도 않고 나가면서 "종교단체에서 무슨 돈을 받느냐."라며 큰소리를 치던 사람 이야기다. 이어 "초창기 그랬다."라면서 웃는다.

한옥마을 집은 다양하다. 100평이 넘는 신식한옥이 있는가 하면, 세월이 잔뜩 내려앉은 오래된 한옥도 있다. 일본식 집도 적지 않다. 전주문화재단이 펴낸 《전주 근대생활조명, 100년》에 따르면 2006

좌_ 춘추당은 일제강점기 때 건물이다. 건물이 지닌 무게감이 괜히 만들어진 게 아니다.
우_ 문을 열고 들어가 '주모, 여기 막걸리 한 사발 주소'라고 외치고 싶은 곳, 모아주막이다.

년 말 기준, 일본식 집이 74채다. 일본식 집은 한눈에 봐도 주변 집들 사이에서 튄다.

각기 다른 집에 사는 주민들은 생각도 다르다. 누군가는 이곳을 과거 부촌으로 만들길 바라고, 누구는 전통 관광지로 지정된 이후 공사 소음과 관광객들 발길을 부담스러워한다. 누구는 집값이 뛰는 걸 바라지만 누구는 생각이 다르다. 그런 다양한 사람들이 한옥마을에 어울려 산다. 전주 토박이로 〈전통문화지구 정책이 주민 사회에 미친 영향-전주 한옥마을을 사례로〉라는 논문을 쓴 이선희 씨는 한때 주민 갈등이 무척 심했다고 말했다. 물론 지금도 어느 정도는 남아있단다.

한옥마을을 걷다 보면 왠지 예사롭지 않게 보이는 간판과 그림들이 눈에 띈다. 공공미술 작품들이다. 집중된 곳은 동문거리 쪽이다. 1970년대 전주 최고 상권이었던 동문거리는 1980년대 이후 눈에 띄게 몰락했다. 1977년 새로운 동서 관통로가 생기고, 1980년대 후반부터 학교와 관공서를 잇달아 옮겼기 때문이다. 2000년대 들어 동문거리 활성화 필요성이 제기됐고, 이에 따라 공공미술 계획이 세워졌다. 2007년부터 본격 시작된 공공미술 작품들은 마을을 새롭게 바꿨다.

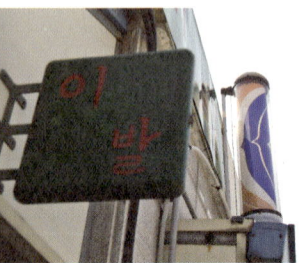  

전주 한옥마을을 새로 단장하면서 간판을 고쳐 달았다. 간판이 달라지니 집 분위기가 달라지고, 집 분위기가 달라지니 마을 분위기가 새로워졌다.

좌_ 벽에 꽃이 피었다. 솔거가 그린 소나무엔 새들이 날아와 부딪혔다는데, 전주 한옥마을 꽃 그림엔 벌이 날아올까.
우_ 나무가 자란다. 벽을 벗어나 하늘로 솟아오를 것처럼 줄기 색깔이 싱그럽다.

잘 단장한 가게 간판들이 예쁘다. '곰비곰비 문구'는 흰 바탕에 파랑과 빨강이 섞인 간판이 예쁘다. 푸른 하늘과도 잘 어울린다. 나무에 흰색으로만 이름을 쓴 '코스모스식당' 간판도 깔끔하다. 찻집 'nonoletto' 간판은 작지만 아기자기하다. 아담한 크기라 눈을 어지럽히지 않고, 네 가지 색깔이 어우러지며 눈을 붙든다. 이발소 간판은 떼서 방에 붙여놓고 싶은 마음이 들게 한다.

벽은 큰 도화지다. 어느 흰 벽 가득 꽃이 가득하다. 활짝 입을 벌린 분홍 꽃, 수줍게 오므린 주황 꽃, 필 지 말 지 고민하는 듯한 꽃. 가시 꽃. 곧게 뻗은 파이프와 꽃이 어우러지면서 묘한 즐거움을 준다. 자동차, 권총, 로봇, 헐크 등이 벽에 덕지덕지 붙은 벽도 있다. 무심코 지나는 발길을 붙든다. 어느 벽엔 석고 사람이 매달렸다. 누구는 몸을 굽혀 절을 하고, 누구는 야단을 맞아 속상한지 두 팔로 무릎을 앉은 채다. 누구는 의자에 앉은 자세다.

가장 재미있었던 작품은 벽을 꽉 채운 나무 그림. 간판이 '콩나루'다. 어린 시절 읽은 동화 〈재크와 콩나무〉가 생각난다. 그런 나무가 정말 있을 거라 믿었던 시절, 마당에 심은 씨앗이 집을 무너뜨리지 않을까 걱정하곤 했다. 벽 가득한 나무는 즐거운 상상을 하게 한다.

공공미술 작품은 하늘 위에도 있다. 건물과 건물 사이 줄을 매달아 각종 조형물을 매달았다. 몸은 새, 머리는 사람인 조형물을 보면서 나도 그만 날고 싶어졌다.

한옥마을 여행에서 먹을거리를 논할 때 빼놓을 수 없는 곳이 '가맥'이다. 이게 뭔 말인가 하니, '가게맥주'의 준말이다. 전주 한옥마을 안내를 맡은 토박이들은 우리 일행을 그곳으로 이끌었다. 새벽 가게는 시끌벅적했다. 또 다른 세상이었다. 여러 개 탁자에 사람들이 모여 앉아 열심히 술을 따르며 인생을 논했다. 가게에서 술과 간단한 안주를 사서 마시는 거야 어느 도시에서나 일어나는 일이다. 이곳 '가맥'이 유명해진 것은 다름 아닌 갑오징어 안주 덕분. 잘 말려 구운 갑오징어와 며느리도 비법을 모른다는 소스가 이곳 일대 '가맥'의 인기 비결이다. 갑오징어를 시켜 소스에 찍어 먹었다. 독특한 맛. 간장, 고추, 참기름 등이 섞인 것 같은데, 그 나머지를 알기 어려웠다. 이곳을 자주 찾는다는 전주토박이는 집에서 흉내 내려다 결국 포기했다며 웃었다.

한옥마을을 둘러보며 하루가 고단했다면 '가맥'에서 피로를 풀 일이다. '가게맥주'는 전주에서 맛볼 수 있는 독특한 술 문화다.

《혼불》 작가 최명희가 태어나고 자란 곳

한옥마을은 각종 전시관으로 가득하다. 공공기관이 국내 최초로 만든 술 박물관을 비롯해 옛날 만화, 잡지, 교과서, 만화영화 포스터를 볼 수 있는 추억박물관, 공예전시관 등이 인기다.

교동아트센터는 교동 역사를 엿볼 수 있는 곳이다. 내의류 업체

어른이 되어도 장난감에 대한 관심은 여전하다. 벽에 붙은 장난감들을 하나하나 살폈다.

BYC의 옛 상표인 백양 메리야스를 만들던 항흥물산주식회사와 백양섬유주식회사 공장이 1980년까지 있던 곳이다. 한때 전국 내의류 시장 80퍼센트를 차지할 정도였다니 인기가 대단했다. 당시 노동자 숫자가 500여 명이었다. 옛 공장 터는 약 500평. 그 터 일부에 최명희문학관과 중앙초등학교가 들어섰다. 지금은 공장 굴뚝, 염색 공장 일부가 남았다. 봉제공장 건물 일부를 살려서 2007년 4월 개관한 게 교동아트센터다.

교동아트센터 옆은 최명희문학관이다. 전주를 대표하는 작가인 최명희1947~98는 한옥마을에서 태어나 자랐다. 마을 곳곳에 작가의 흔적이 배어 있다. 1980년 중앙일보 신춘문예 〈쓰러지는 빛〉이 뽑히면서 등단한 뒤, 1981년 동아일보 창간 60주년 기념 장편소설 공모에서 《혼불》제1부이 뽑히며 세상에 이름을 알린 작가는 불꽃처럼 살다 갔다.

문학관에 들어가니 작가가 쓴 엄청난 양의 원고 뭉치가 보는 이를 아찔하게 만든다. 가위와 칼, 만년필 묶음용 끈에선 장인정신이 느껴진다. 이시영 시인이 쓴 글을

최명희는 한국문학사에 큰 획을 그었다. 그는 전주의 자랑이 되었다.

읽자니 작가가 어떤 마음으로 작품을 썼는지 어슴푸레 느껴진다.

한길사가 있던 신사동 어느 카페였는데 고정희와 함께 셋이서 이슥토록 맥주를 마신 것 같다. 밤이 늦어 방향이 같은 그와 함께 택시를 탔을 때였다. 도곡동 아파트가 가까워지자 그가 갑자기 내 손을 잡고 울먹였다. '이형, 요즈음 내가 한 달에 얼마로 사는지 알아? 삼만 원이야, 삼만 원……. 동생들이 도와주겠다고 하는데 모두 거절했어. 내가 얼마나 힘든지 알아?' 고향 친구랍시고 겨우 내 손을 잡고 통곡하는 그를 달래느라 나는 그날 치른 학생들의 기말고사 시험지를 몽땅 잃어버렸다. 그리고 그날 밤 홀로 돌아오면서 생각했다. 그가 얼마나 하기 힘든 얘기를 내게 했는지를. 그러자 그만 내 가슴도 마구 미어지기 시작했다. 나는 속으로 가만히 생각했다. 《혼불》은 말하자면 그 하기 힘든 얘기의 긴 부분일 것이라고.

한옥마을 가운데는 실개천이 흐른다. 물이 주는 힘이 얼마나 대단한지. 물장난치고 싶은 마음이 가득하다. 2008년 이곳을 찾았을 때 초등학생으로 보이는 아이 둘이 물장난을 친 게 떠오른다. 뭘 그리 재미있게 노나 엿보았는데 다슬기였다. 도시 한복판에서 보는 다슬기라니! 아이들이 노는 모습에 푹 빠져 한참을 가만히 앉아서 구경했었다.

순교자들의 넋을 위로하는 전동성당

한옥마을 전체를 보려면 전통공예전시관 뒤 오목대 방향으로 나있는 역사탐방로를 걸어보자. 천천히 산길을 밟으며 오르노라면 한옥이 바다를 이룬 모습에 절로 감탄사가 쏟아진다. 무엇보다 흙길은 걷기에 좋다.

산꼭대기에 있는 오목대는 태조 이성계 4대조인 목조 대왕 이안사_{李安社}가 놀던 곳이다. 고려 우왕 6년₁₃₈₀ 이성계가 왜구를 무찌르고 돌아가는 길에 들러 종친들과 전승축하잔치를 벌였다. 이성계와 경쟁 관계였던 정몽주의 단심가가 걸려 있어 이채롭다. 당시 정몽주는 이성계의 종사관이었다. 서로에게 칼을 겨눈 두 사람은 후대에 이르러 이렇게 한 건물에서 만났다.

전동성당이다. 200여 년 전 이곳 일대는 피비린내가 진동했다. 이제 핏빛은 사라지고 연인들은 그곳에서 낭만을 이야기한다.

산에서 아래를 굽어보면 성당 건물이 눈에 들어온다. 전동성당이다. 한없이 포근하게만 보이는 성당 건물과 달리 200여 년 전 이곳 일대는 피비린내가 진동했다. 성당 일대는 한국 최초 순교자인 윤지충_{바오로}과 이종사촌인 권상연_{야고보}이 순교한 곳이다. 1791년 여름 어머니상을 당한 윤지충은 국교인 유교 상례

도시에서 흙을 보는 것은 반갑고 고마운 일이다. 한옥마을 흙벽에 몸을 기대고 온기를 느꼈다.

대신 천주교식 제례를 따랐다. 그 해 12월 8일 권상연과 함께 참수 됐다. 잘린 머리는 9일간 저잣거리에 매달렸다. 왕명에 의해서였다.

개혁군주로 이름 높았던 정조도 유교가 흔들리는 것은 지나칠 수 없었던 것이다. 1801년 9월 17일에는 윤지충 아우인 윤지헌프란치스코, 유항검과 아우 관검이 대역부도죄로 육시형을 당했다. 시체를 여섯 조각으로 찢어 소금에 담가 여러 지역에 보내 사람들에게 공개한 형벌이다. 이 외에도 김유산토마스과 이우집이 이 일대서 참수됐다. 한국에서 처음 일어난 이 천주교 박해 사건을 신해박해辛亥迫害라 부르며 진산사건珍山事件으로도 불린다.

1세기가 지나 보두네Baudoune 신부는 수많은 사람이 피를 뿌린 땅 위에 성전 건립을 계획한다. 1907년에 시작해 1914년에 완공된 성당이 바로 전동성당이다. 건물 주춧돌이 풍남문 성벽을 헐어낸 돌로, 호남 최초 서양식 건물이다. 영화 〈약속〉 촬영지가 바로 전동성당이다. 극 중 깡패로 나오는 박신양과 연인인 전도연이 무릎 꿇고 앉아 슬픈 결혼식을 올린 곳이다.

전동성당은 피를 자애와 사랑으로 씻어냈다. 그 자리에선 어떠한 처절함도 찾아볼 수 없다. 그렇게 전동성당은 나이를 먹었고, 한옥마을 속에 곱게 자리를 잡았다. 겉에서 보기엔 예쁘기만 한 한옥마을이지만 마을엔 사람이 산다. 마을이 자랑스러운 사람도 있고 불편한 사람도 있다. 한옥도 있지만, 일제강점기 시절 흔적도 남아있다. 전주 한옥마을은 그렇게 역사를 쌓고 쌓으며 또 다른 미래를 만들어가는 중이다.

환란 속에서도
꿋꿋이 일어선
남도 대표 고을

전라북도 남원시

　백제와 고구려를 무너뜨린 신라는 685년 옛 고구려와 백제 땅에 작은 수도를 하나씩 세웠다. 도읍인 경주가 한쪽에 치우친 점을 보완하기 위해서다. 중원경충주, 북원경원주, 금관경김해, 서원경청주, 남원경남원 등 각 지역을 대표하는 도시들이 5소경이 됐다. 이때 나타난 '남원'이란 이름은 무려 1,300년을 뛰어넘어 지금까지 이어진다. 우리나라에서 이렇게 오랜 역사를 자랑하는 도시 이름은 찾아보기 어렵다.

　고려가 들어서고 나서도 남원은 전라도 지역을 대표했다. 940년태조 23 남원부로 이름을 바꾼 뒤, 2개 군순창, 임실과 7개 현운봉, 장수, 장계, 적성, 거령, 구고, 구례를 다스린다. 조선시대에 들어서고서도 지위는 변함없었다. 1413년태종 13엔 남원도호부로 승격했다. 담양부, 순창군과 9개 현임실, 무주, 곡성, 진안, 용담, 옥과, 운봉, 창평, 장수를 아래에 두었다. 1455년세조 1엔 지방 군사 조직을 크게 고치면서 각 도 거점에 거진巨鎭을 설치했다. 전라도 지역엔 전주도와 남원도에 두었다.

남원 하면 '춘향'과 '변 사또'다. 그것이 전부가 아니다. 풍요로운 곳에서 탐학이 생기고 기생문화가 꽃핀다. 남원은 전라도를 대표하는 큰 도시였다. 남원성 복원 작업이 이뤄지고 있다.

조선 초기 1,000호 이상 되면 큰 도시라 여겨 목이 되었다. 《세종실록지리지》에 보면 남원 호구는 1,300여 호에 4,912명이나 되었다. 당시 호구조사에선 누락된 이가 많았던 실정을 고려하면 실제 남원 인구는 이보다 많았을 것이다.

조선시대 동안 현으로 강등된 적도 있었으나 잠깐이었다. 1789년 정조 13 편찬된 《호구조사》에서도 남원은 전라도에서 다섯 번째 손가락 안에 드는 큰 도시였다. 당시 남원은 1만 1,157호에 호구 수 4만 3,411명을 넘길 정도로 큰 도시였다.

조선 막바지인 1895년 고종 32 남원엔 관찰부가 설치돼 전라남도 15개 군 남원, 구례, 운봉, 곡성, 순천, 광양, 임실, 장수, 진안, 담양, 순창, 옥과, 창평, 용담, 무주를 다스렸다.

양사재는 향교에 딸린 건물이다. 오래전 이곳에선 글 읽는 소리가 듣기 좋았을 게다.

    1,300여 년 꾸준히 그 지역을 다스린 큰 도시가 흔치는 않다. 지금 인구가 9만에도 미치지 못하며, 전라북도에서도 여섯 번째에 불과한 겉모양만 보고선 남원을 평가해선 안 된다. 역사가 하루아침에 쌓이는 것은 아니기 때문이다. 지금은 춘향과 이도령 이야기로 사랑받는 조용한 도시지만 오랫동안 남원은 대도시였다. 그 흔적을 찾아 남으로 떠났다.

인물이면 인물, 소리면 소리, 명품이면 명품, 빠질 게 없네

    큰 도시 남원에선 인물이 많이 났다. 조선 500년간 소과 합격자 수가 384명으로 10위 안에 들어간다. 전라도 지역에서 10위 안에 들어간 곳은 남원 빼곤 전주가 유일하다.

남원엔 향교가 세워졌고, 이어 양사재가 들어섰다. 양사재는 향교에 딸린 건물로 유생들이 모여 과거 공부를 하던 곳이다. 2010년은 남원향교가 세워진지 600년, 양사재가 세워진 지 368년이 되는 해다. 양사재는 공부하던 곳이었지만, 마을 기강을 잡는 곳이기도 했다. 경로효친을 앞장서 실천하고 이를 어긴 이들을 찾아내 훈계하고 덕석 몰이까지 했다. 향교와 양사재는 지역 문화와 정신의 자존심이었다.

남원은 전라도와 경상도를 잇는 교통 요충지여서 이야기가 만들어지기가 좋았다. 당시 대부분 이야기란 사람들이 입에서 입으로 전하며 살을 붙이는 형식이었기 때문이다. 그렇게 서민문학인 〈춘향전〉, 〈홍부전〉, 〈변강쇠타령〉이 남원에서 태어났다. 몰락해가는 양반가 며느리 3대 이야기를 다룬 최명희의 《혼불》 또한 남원이 배경이다.

산지리산과 강요천이 어우러진 자연 풍경은 소리도 낳았다. 삼국사기에 따르면 거문고 명인 옥보고가 지리산 운상원雲上院에서 50년 동안 거문고를 익혔다. 운상원은 남원 운봉 고을이다. 옥보고는 운상원에서 50년 동안 거문고를 익히며 수십 곡을 만든 뒤, 후대에 가르침을 전했다. 조선 숙종 때는 운봉에서 송흥록이 태어나 동편제를 만들었다. 동편제는 서편제와 함께 전라도 판소리를 가르는 두 개 유파 가운데 하나다. 철종 때는 운봉에서 장재백 명창과 줄타기 명수 장재봉 형제가 태어났다. 고종 때 가야금 명인 장행진과 대금 명인 강백천, 지금 인간문화재인 안숙선 명창이 남원 출신이다. 남원 출신 예술인을 꼽자면 손이 아플 정도다.

산 깊고 골이 깊었으니 좋은 나무가 많았다. 여기에다 장인들 솜씨가 어우러져 목기가 만들어졌다. 남원목기라 불리는 명품이다. 조선시대 절과 일반 가정에서 널리 쓰인 남원목기는 왕실에도 진상했다. 그 전통은 이후에도 이어졌다. 1940년 2월 4일 자 〈동아일보〉 기사가 '고대 전래의 명물 운봉목기 해외진출'이다. 남원목기가 쓰인 것은 신라시대 때부터이니 참 오래됐다. 승려가 3,000명이 넘었던 신라시대 절 실상사에선 스님들 밥그릇이 많이 필요했다. 여기서 비롯한 목기가 남원목기로 이어진 것이다. 당시 실상사가 있었던 지역은 운봉현이었기 때문에 운봉이 남원에 합쳐지기 이전엔 운봉목기라 불렸다. 지금도 우리나라 목기 절반은 남원산일 정도로 그 솜씨를 인정받는다.

지금은 그 전통이 사라졌지만, 남원에선 화려한 도자기 문화가 꽃피었다. 정유재란1597 때 왜군은 남원성을 함락하고 도공을 많이 납치해갔다. 남원성에서 끌려간 도공은 80여 명을 헤아렸다. 임진왜란이 '도자기 전쟁'이라고 불리는 이유다.

당시 납치된 박평의는 사쓰마 도자기 창시자. 박평의와 함께 끌려간 도공들은 한 마을에 모여 살았다. 이들은 추석이면 마을 동산에 올라 제사를 지낸 뒤, 〈오늘이 오늘이소서〉를 부르며 나라를 그리워했다. 박평의가 살던 마을 동산엔 '사쓰마도기창조박평의기념비'라고 쓴 묘비가 있다. 박평의 가문은 성을 '도오고東鄕'로 바꿨다. 만인의총 앞에 1995년 〈오늘이 오늘이소서〉 노래 탑이 세워졌다.

1999년 시행된 〈남원 도요지 지표조사 보고서〉에서 도요지 24개소, 토기 가마터 9개소, 옹기 가마터 23개소, 기와 가마터 9개소, 옹기 가마터 23개소, 기와 가마터 11개소, 야철지 3개소 등 70개소 가마터가 조사됐다. 15~16세기 만들어진 10여 곳 분청사기 가마터, 18~19세기 만들어진 14개소 백자 가마터가 확인됐다. 대부분 논밭과 묘를 만들며 사라졌다.

솜씨 좋은 남원 사람들은 욕심도 많다. 목기와 도자기에 이어 일제강점기엔 또 다른 명품을 만들어냈다. 남원식도다. 남원시 노암동에 살던 한영진은 이발소에서 쓰는 면도칼 원리를 이용해 남원식도를 만들었다. 칼은 인기를 끌었다. 1922년 6월 조선부업품공진회에서 한영진은 칼을 출품했다. 결과는 금상. 남원식도는 전국 최고 식칼이라는 명성을 얻었다. 지금도 대를 이어 식칼을 만드는 대장간이 남원엔 여럿이다. 2004년 드라마 〈대장금〉에서 한상궁 양미경이 쓰던 칼이 바로 남원식도다. 3대째 칼을 만드는 은성식도 박판두 대표 작품이다.

명품은 시간을 정성으로 버무리며 만들어진다. 뚝딱 만들어지는 게 아니다. 남원에서 중요무형문화재 65호 황영보가 작업하는 모습을 봤다. 그는 담뱃대인 백동연죽장을 만든다. 그는 철판을 조금씩 두드려 담뱃대 몸통을 만들고, 부분 마디를 만들었다. 한참을 바라봤는데도 작업은 더디기만 하다. 철판이 둥글게 말리기까지 얼마나 망치질을 해야 하는지 헤아릴 수 없다. 담뱃대를 하나

남원에 솜씨 좋은 이들이 많다. 장인이 많다는 뜻이다. 담뱃대인 백동연죽장을 만드는 황영보가 작업하는 모습을 보면서 공들인다는 것을 생각했다.

만드는 데 걸리는 시간은 대략 보름에서 한 달. 결국, 명품이란 정성이자 자존심이다.

자존심은 평화 시에도 드러나지만, 위기상황에서도 드러난다. 1919년 3·1운동이 일어났을 때 남원에서는 19차례나 만세운동이 일어났다. 당시 목숨을 잃은 이가 42명이다. 전북에선 가장 많은 숫자였다.

임진왜란, 동학농민혁명, 한국전쟁 거치며 역사유적 대부분 소멸

시내에서 큰 도시 남원의 흔적을 찾기란 쉽지 않다. 대부분 파괴됐기 때문이다. 중심 도시는 유사시가 되면 표적이 되기 쉬웠다. 유난히 남원은 그런 피해를 많이 입었다. 임진왜란, 동학농민혁명, 한국전쟁 기간 남원은 주격전지였다. 그때마다 도시는 부서졌고, 남은 건 폐허였다. 지리산과 섬진강을 낀 좋은 자연조건 또한 격전지가 될 수 있는 요건을 제공했다.

임진왜란 남원성 전투는 특히 처참했다. 남원성은 둘레가 2킬로미터가 넘는 큰 성이었다. 1592년 일으킨 제1차 조일전쟁에서 뜻을 이루지 못한 일본은 패인을 전라도 장악 실패로 봤다. 1597년 제2차 조일전쟁정유재란 당시 진격 방향을 전라도에 맞춘 것은 그래서였다. 14만 대군 중 일본 우군은 전주성을, 좌군과 수군 5만여 명은 남원성을 공격했다.

남원성 안엔 1만 명이 있었으나 군인은 관군 1,000명, 명나라군 3,000명 등 4,000명 정도에 불과했다. 군인수로 따지면 10대 1이 넘는 차이였다. 남원성 사람들은 끈질기게 버텼으나 5일이 한계였다. 9월 23일음력 8월 13일 시작된 전투는 26일음력 8월 16일 막을 내렸다. 일본군은 사정을 두지 않고 성 안에 있던 모두를 죽였다. 그렇게 죽은 이가 1만 명이었다. 남원성 전투 기간 대부분 건물이 불타고 남은 민가가 몇 채 되지 않았다. 백제, 신라, 고려를 거치는 동안 쌓여왔던 남원은 그렇게 재가 돼 사라졌다. 남원성 전투의 처참한 소식을 들은 전주 부윤은 싸움도 하지 않고 성을 버리고 도망쳤다. 왜군은 유유히 전주성에 입성했다.

성내 사람들이 모두 죽임을 당한 상황에서 일일이 사람을 찾아낸다는 것은 불가능했다. 전쟁이 끝나고 피난에서 돌아온 사람들이 죽은 사람을 한데 모아 무덤을 만들었다. 이것이 만인의총이다. 1612년광해 4 충렬사를 세우고 제사를 지내기 시작했으나 일제강점기 땐 중단됐다. 일제가 제단을 부수고 제사를 금지했기 때문이다. 오랫동안 방치됐던 무덤은 1963년 당시 박정희 대통령 지시로 정비 작업을 시작해 1979년 끝마쳤다. 만인의총기념공원 안엔 그 당시 무기와 남원성내 지도, 전투도 등이 전시돼 있다.

부서진 성은 오랫동안 방치됐다. 1752년영조 28 남원 역사지리서인 《용성지龍城誌》 고적조古蹟條엔 다음과 같은 대목이 나온다.

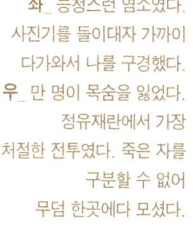

좌_ 능청스런 염소였다. 사진기를 들이대자 가까이 다가와서 나를 구경했다.
우_ 만 명이 목숨을 잃었다. 정유재란에서 가장 처절한 전투였다. 죽은 자를 구분할 수 없어 무덤 한곳에다 모셨다.

토성 읍 서남쪽 5리 …… 지금은 폐허 된 지 오래며 많은 부분은 농부들이 침할侵害하여 밭으로 되었다. 역시 수풀도 나무도 없어 읍 사람들이 옛날대로 복원하고자 하였으나 아직 못하고 있다.

1875년고종 12 남원 사람 이계순이 부서진 토성에 흙을 쌓고 나무를 심어 옛 모습으로 살려냈으나 동학농민혁명 와중에 또다시 피해를 본다. 김개남이 지도하는 전라좌군은 1894년 6월 25일 남원에 진입했다. 그 해 8월 20일엔 남원성과 남원 교룡산성을 점령했다. 김개남군은 남원에 전라좌도 집강소 총본부를 설치했다. 전쟁 피해는 역시 남원을 피해가지 못했으니, 당시 동학군과 싸운 운봉민보군이 남원성 남문과 서문을 방화했고, 이는 결국 복구되지 못했다.

일부 남은 성은 일제강점기와 개발 시기를 거치며 또다시 사라졌다. 세월이 흐르면서 방치되고 주변 농민들이 경작지로 만들었기 때문이다. 최근 북벽 일부를 복원했으나 성 전체를 가늠하기엔 여전히 부족하다.

성을 찾은 날 근처에선 염소 떼가 한가로이 풀을 뜯고 있었다. 사진기를 갖다대니 염소 한 마리가 느릿느릿 다가와 바라본다. 호기심이 많은 녀석이다. 사진기를 바라보며 모델처럼 자세를 취하는 것 같기도 하다. 염소와 사진 찍으며 놀다 보니 세상이 참 태평하게 느껴진다.

동학 창시자 최제우 남원에 머물며 동경대전 완성

동학군은 남원 시내 곳곳에 흔적을 남겼다. 혼란스런 시기 많은 이들이 새로운 세상을 꿈꿨다. 동학 창시자 최제우1824~64는 남원에

교룡산성은 당대 영웅들이 거쳐 간 곳이다. 영웅들이 꿈을 품은 곳, 꿈이 스러진 곳, 교룡산성이다.

머물며 마지막 혼을 불살랐다. 1861년 12월 남원 교룡산성 안 암자 은적암에 들어가 포교활동을 하고 동학천도교 성전인 동경대전을 완성했다. 최제우는 얼마 뒤 잡혀 처형됐으니, 남원에서 최제우가 보낸 시간은 동학을 정리하고 널리 알리는데 황금 같은 시간이었을 것이다.

최제우가 떠난 교룡산성을 수십 년 뒤 동학군이 찾아온다. 남원을 점령한 동학군은 요천에 모였다. 1894년 동학농민혁명 당시 전라좌도농민군을 이끌었던 김개남 장군이 전봉준 장군과 함께 음력 7월 15일 남원대회를 열었다. 전라좌도 농민군은 요천변에서 훈련을 했다. 주력은 청주성을 공격하고, 남은 병력은 방아치남원시 산동면전투에 참여했다.

교룡산을 걸어서 올라간다. 교룡산을 에워싼 산성은 둘레가 3.1킬로미터에 이른다. 경사가 가파른데다 남원 시내를 한눈에 굽어볼 수 있어 전략상 요지다. 백제시대 쌓은 것으로 추측되며, 임진왜란1592 때 승병대장 처영이 고쳐 쌓았다. 성 안에는 우물이 99개나 있었다. 지금 한창 성을 고쳐 쌓는 중이지만 언제 마무리될지는 알 수가 없다. 성 안엔 사람이 없는 집 몇 채만 남아 쓸쓸한 분위기를 더했다.

교룡산을 걷다 보면 곳곳이 돌무더기다. 돌 크기로 봐선 과거 교룡산성 흔적임을 쉽게 알 수 있다. 돌들은 어느 집 담벽으로 쓰이기도 하고 바닥 돌로 쓰이기도 한다. 적을 막아야 할 필요성이 사라졌을 때 성은 있어야 할 이유가 사라진다. 만리장성 또한 그렇게 폐허가 되었고, 지금도 파괴되고 있다지 않은가.

성 입구에 '김개남동학농민군 주둔지', '동학과 동학농민군의 유적지 교룡산'이란 안내판이 서 있다. 성 입구는 비석 군이다. 비석 옆 돌에 붙은 이끼가 눈에 들어온다. 이끼는 작고 부드러운 식물이지만 생존력이 무척 강하다. 실험 결과 우주공간에서도 살 수 있다는 게 밝혀졌다. 꽃도 없고 씨앗도 없는 이들은 축축하고 그늘진 곳에 산다. 엉켜 사는 이들, 강인한 생명력을 지닌 이들을 보면서 동학군의 넋이 이끼로 환생한 것은 아닌가 생각해본다. 동학군이 꾸었던 꿈은 스러지고 조선은 망했다.

폐허 속에서 역사를 더듬다

산과 강을 낀 수려한 땅, 교통이 편리한 도시는 한국전쟁도 비켜가지

좌_ 남원역은 한국전쟁 당시 처참하게 파괴됐다. 새 건물에선 그때 흔적이 전혀 남아있지 않다.
우_ 남원역이 이전하자 옛 남원역 거리는 한산해졌다. 기차역이 지역에서 차지하는 비중을 알 수 있다.

못했다. 1950년부터 1951년까지는 국군과 빨치산이 벌이는 전투로 큰 피해를 봤다. 1950년 11월 20일 국군 제11사단 전차공격대는 남원이 빨치산 거점이라는 이유로 민간인 30여 명을 집단 총살했다. 1951년 3월 9일엔 경찰이 좌익혐의자 가족이라는 이유로 민간인 20여 명을 집단 총살했다. 4개월 동안 공비토벌 작전과 빨치산 거점 제거라는 이유로 살해된 남원 지역 민간인만 90여 명. 얼마나 더 많은 이들이 무고하게 목숨을 잃었을지는 알 수 없다. 40가구가 살던 고기리 내기마을은 완전히 잿더미가 됐다.

1950년 10월 15일 한국전쟁 중 남원역은 폭격으로 사라졌다. 1933년 문을 연 역사였다. 폐허가 된 역사는 1956년 7월이 돼서야 다시 세울 수 있었다. 2004년엔 2킬로미터 떨어진 곳에 만들어진 새 역사에 자리를 내주었다. 옛 역사는 공원으로 바뀌는 중이다. 역사 철로변엔 운동기구가 설치되어 지나는 사람들이 운동한다. 한쪽에선 꽃밭을 가꾸느라 일손이 바쁘다.

남원역 근처는 여관 골목이다. 주변이 한산하다. 문을 닫은 가게도 많다. 역사를 옮기니 기존 상권이 무너진 탓이다. 대부분 건물이 부서지고 사라졌으나 부스러기처럼 옛 흔적들이 남아있어 얼마나 다행인지 모른다.

양사재 근처에 있는 만복사는 김시습1435~93이 쓴《금오신화》가운데 나오는 〈만복사저포기〉 무대다. 만복사는 매우 큰 절이었다. 전하는 이야기에 따르면 만복사 경내 둘레는 2킬로미터나 됐다. 승려들 숫자는 수백 명에 이르렀다. 시주를 얻으러 나갈 때와 돌아올 때 모습이 장관이라 만복사 귀승은 예로부터 남원 8경 가운데 하나였다. 만복사 앞 냇물은 수심이 깊어 명주실꾸러미를 다 풀어도 바닥에 닿지 않았다 한다. 물론 과장이겠지만 절이 워낙 크다 보니 나온 이야기이리라.

만복사 터에 있는 석인상이다. 5미터가 넘는 높이도 높이지만, 표정에서 위엄이 느껴진다.

> 만복사 앞 돌은 백돌이라 불렀는데, 승려들 빨래터였다. 옷을 너무 많이 빨아 돌이 하얗게 됐다는 이야기가 전한다. 신종동 파출소 부근 논은 썩은 밥배미라 불렀다. 수백 명 승려 밥을 하면 자연히 식은 밥이 나왔다. 여름엔 식은 밥이 쉬어 버린 채 썩어 쌓여갔다.
>
> – 관광지식정보시스템 www.tour.go.kr

《동국여지승람》에 따르면 만복사는 고려 문종1046~83 때 처음 세웠다. 일설에는 도선 국사가 신라 말에 만들었다고 하기도 한다. 절은 사라졌지만, 절에 있던 탑과 불상이 전한다. 오층석탑보물 30호, 불상좌

대보물 31호, 당간지주보물 32호, 석불입상보물 43호은 모두 보물이다.

석인상은 우리나라 어느 절에서도 보기 어려울 정도로 크다. 전체 높이는 5.5미터, 몸길이는 3.75미터다. 원래 경내 울타리 밖 도로변에 얼굴만 내놓은 채 파묻혀 있었다. 교통사고 위험도 있었지만, 남원에 재앙을 준다는 이야기가 떠돌았다.

당간지주는 높이가 5미터다. 우리나라에서 가장 큰 당간지주가 강원도 강릉시 구정면 학산리 굴산사지에 있는 통일신라시대 당간지주로 높이가 5.4미터니 만복사 당간지주 또한 높이가 만만치 않다. 오층석탑은 높이가 5.75미터다. 1968년 탑 수리 중 1층 몸체에서 사리 보관함이 발견됐다.

조선시대 관원들 숙소인 용성관 또한 일부 흔적이 남아서 전한다. 용성관은 매우 커 광한루, 관왕묘와 함께 남원 고대 건물 3걸에 속했다. 통일신라 때인 691년신문왕 11 세워졌다. 조선 태조 전패殿牌를 모셔 일명 휼민관恤民館으로 불렸다. 용성관은 여러 차례 불탔다. 정유재란 때 병마사 이복남이 태조의 전패가 왜적에게 욕을 당할까 걱정해 불태웠다. 1620년광해군 12 다시 지었으나 얼마 뒤 다시 불이 나 남쪽 중문만 남았다. 1680년숙종 6 다시 짓기 시작해 1690년숙종 16

좌_ 높이가 5미터에 이르는 당간지주. 당간지주에서 절 크기를 짐작할 수 있다. 만복사는 큰 절이었다.
우_ 1968년 오층석탑에선 사리 보관함이 발견됐다.

대청을 완성했다. 불타고 짓기를 반복하던 이 건물은 결국 한국전쟁 때 다시 불타며 역사 속으로 사라졌다. 지금은 건물 기단 일부와 계단 석물 1기만 남아있다.

용성관 자리에는 남원 용성초등학교가 들어섰다. 1906년 개교해 역사가 100년이 넘었다. 2006년 6월 3일 100주년 기념행사를 열었고, 2010년 2월 9일 100회 졸업식을 열었다. 100회 동안 졸업생 수가 2만 2,900명이다. 남원 출신으로 용성초등학교를 졸업한 조형수 씨는 어린 시절 학교에 다닐 때 학교 나무에 총알자국이 있는 것을 본 적이 있다고 말했다. 한국전쟁이 남긴 흔적이다.

용성관 자리에 용성초등학교가 들어섰다. 용성관은 무너진 돌무더기로만 남았다.

광한루에 올라 옛 자취를 더듬다

옛 건물 중 가장 보존 상태가 좋은 것은 광한루다. 소설 〈춘향전〉에 등장해 유명해진 이 건물은 1434년세종 16에 세워졌다. 원래 건물은 정유재란 때 불타고 1626년 다시 세운 건물이 지금까지 전해진다.

광한루는 유명한 역사 인물들이 자취를 많이 남긴 곳이다. 광한루 자리는 원래 황희 정승이 1419년 남원으로 유배를 왔을 때 '광통루'란 작은 누각을 지었던 곳이다. 광한루란 이름을 얻게 된 것은 역시 정승을 지낸 정인지1396~1478에 의해서다. 충청·전라·경상 삼도 순찰사였던 정인지가 누각에 올라 경치를 감상하다가 달나라 미인 항아가 사는 궁과 같다며 감탄했다고 한다. 항아가 사는 궁 이름이 '광한전'이었으니 광한루라는 이름엔 이 세상 경치가 아닌 것 같다는 감탄이 담겨 있다.

처음 광한루 입장료에 실망해 투덜투덜하던 친구는 광한루에 오르고서 불만스런 표정을 감췄다. 광한루는 확실히 절경이었다. 평일인데도 사람들이 가득했다. 광한루 앞은 연못이다. 팔뚝만한 잉어들이 가득하다. 그 수가 3,000여 마리다. 사람 얼굴을 닮은 인면어도 10여 마리 정도 있다.

이언동대 윤영채 가옥도 얼마 남지 않은 옛 건물 가운데 하나다. 과거 남원도호부 관청 별당이었다. 1511년 남원도호부 내 48방 가운데 하나인 이언방에 세워진 관청건물이다.

과거 전라도를 호령했던 시절을 생각하면 지금 남원은 지나치게 옹색해진 느낌이다. 풍요로웠고 그래서 가혹한 수탈이 이뤄진 것은 계급 사회의 어쩔 수 없는 모순이었다. 대략 조선 영조에서 순조 때까지 만들어진 것으로 알려진 소설 〈춘향전〉에선 그런 남원의 특성이 잘 드러난다.

춘향전이 만들어진 것으로 추측되는 시기, 남원은 나라로부터 정말 가혹한 처벌을 받는다. 1739년 영조 15 찬규의 난이 일어난다. 경상

좌_ 광한루엔 변 사또가 놀았다. 이젠 잉어가 놀고, 그 잉어를 보러 사람들이 찾아온다.
우_ 광한루에 단체로 놀러온 어린이들이다. 표정이 해맑다.

도에서 반란을 일으킨 찬규는 어느 절 머슴의 아들이었다. 조선시대 중은 천한 신분이었다. 여기에 딸린 머슴이었으니 천민 가운데 천민이라 할 수 있었겠다.

반란은 경상도에서 일으켰으나 핍박을 받은 것은 남원이었다. 나라에선 이 일을 가혹하게 다뤘다. 남원 부민으로서 찬규와 교분이 있거나 찬규 이름만 알고 있다고 해서 수백 명이 억울하게 옥살이를 했다. 옥살이 8년 만에 무고한 죄인들이 방면됐다 하니 이들은 얼마나 억울했을까. 무엇보다 전라도 대표 고을이었던 남원은 이 일로 인해 일신현新縣으로 강등됐다. 전국 360개 고을 중 제일 마지막 자리로 떨어졌다. 사정이 이러했으니 남원 사람들이 벼슬이나 제대로 했을까. 그러나, 나라에선 1750년영조 26 남원도호부로 다시 되돌려놓는다.

찬규의 난은 최명희가 쓴 《혼불》에 잘 묘사돼 있다. 전라남도 남원의 유서깊은 가문인 매안 이씨 문중이 서서히 몰락해가는 과정을 다룬 소설에는 노비 신분인 춘복이 나온다. 작가는 춘복을 통해 찬규를 들여다본다. 또한 남원과 신분제 아래서 고통받았을 남원 백성을 떠올렸으리라.

얼떨결에 얻어 마신 '공짜' 술, 남원 찾은 불청객 호강하다

남원을 찾아갔을 때 사람들 친절함을 많이 느꼈다. 동사무소 앞에서 남원역을 찾으려고 지도를 물끄러미 보고 있을 때다. 공익요원이 다가와 어디를 찾느냐고 물었다. 위치를 말하니 친절하게 말해주었다. 택시에 탄 채로 사진을 찍고자 자세를 잡으니 택시기사가 잠시 멈춰줘 뒤차로부터 경적소리를 듣기도 했다.

남원에서 만난 이들 중 특별한 분이 남원시 공설시장 상인회 이병식 회장이다. 종일 남원을 걸어 다녔더니 목이 컬컬해 전 안주에 막걸리 생각이 간절했다. 친구와 함께 재래시장을 찾았다. 용남시장을 찾아서 이곳저곳 누볐다. 없었다. 근처 공설시장을 찾았다. 남원 시내에서 제일 큰 시장이다. 광한루원 주차장과 정문 일대에 조선시대부터 있었던 '성밖시장'이 있었다. 1970년 불이 났다. 이후 광한루원을 넓히기로 하면서 금동에 남원 공설시장이 문을 열었다. 점포 약 370개가 입주했다.

4월 중순인데도 눈이 내린다. 추운 날씨다. 눈을 맞으며 1시간 넘게 시내와 재래시장을 누볐는데도 전과 막걸리를 먹을 수 있는 곳이 없다. 막걸리는 팔지만 찌개나 고기 안주다. 난감한 마음으로 누비

남원에서 자전거 타는 이들을 많이 봤다. 레저가 아닌 생활용 자전거였다. 그들은 자전거를 탔고 도시는 자전거 속도만큼 흐르는 듯이 느껴졌다.

는데, 아저씨 한 분이 어디를 찾느냐고 묻는다. 사정을 말하니 자기를 따라오라며 앞장선다. 어느 가게 문을 연다. 메뉴판을 보니 전 종류는 없다.

"이분들이 전 안주에 막걸리를 먹고 싶다고 하는데 재료 있으면 좀 해주세요."

이런. 아주머니는 재료는 있지만, 곧 문을 닫아야 한다고 했다. 우리를 이끈 분이 또다시 앞장서 어디로 간다. 시장 입구 쪽 어느 식당에 들어간다. 역시 메뉴판에 전 종류는 없다. 아저씨는 사정을 말하고 전을 해 달라 부탁한다. 아주머니가 들어오라 한다.

단지 지나가는 사람을 위해 이리 애쓴 아저씨가 고맙기만 하다.

이끼는 생존력이 강하다. 우주공간에서도 산다. 남원 군민들은 정유재란 때 모두 목숨을 던졌다. 동학군은 관군에게 깨져 뿔뿔이 흩어졌다. 그러나 끝내 그 정신은 먼 훗날 되살아났다. 이끼가 "그렇지 않으냐?"라고 속삭이는 듯하다.

비록 서울에서 내려왔다 하나 그게 뭐 특별할 것은 없다. 아저씨는 좀 있다 오겠다며 맛있게 먹고 있으란다.

   음식은 맛있었다. 막걸리를 세 병째 비웠을까. 아저씨가 일을 끝내고 돌아오셨다. 아저씨는 우리보고 인생 재미있게 살라고 강조하셨다. 제일 중요한 것은 돈도 아니고, 재산도 아니라며, 건강을 잘 챙기라고 말씀하셨다. 그래야 재미있게 살 수 있다고.

   화장실을 다녀온 사이 아저씨가 음식값을 대신 계산하고 떠난 것을 알게 됐다.

   남원에서 광한루를 빼곤 제대로 된 역사유적을 보긴 어렵다. 성은 허물어지고 옛 관청 건물들도 대부분 사라졌다. 건물은 사라졌지만, 문화는 여전하다. 총이나 포로 건물을 없앨 수는 있지만, 문화를 없앨 수는 없다. 전라도 대표고을 남원 사람들은 자존심 강한 문화를 만들었다. 그 문화와 사람들 인심을 통해 면면히 이어져 온 남원을 봤다.

   4월 중순인데도 그날은 눈이 펑펑 내렸다.

경상도를 호령하던 살아있는 역사박물관

대구시 중구

　대구광역시를 이루는 8개 구·군 가운데 2009년 12월 현재 가장 인구가 많은 곳은 달서구로 60만 4,938명이며, 가장 적은 곳은 중구로 7만 8,226명에 불과하다. 10만 명 이하인 곳은 중구가 유일하며, 중구 인구는 달서구 인구의 13퍼센트 정도에 불과하다. 중구는 인구 변화가 가장 적은 곳 가운데 하나다. 달성군은 2004년 대비 2008년 말 인구가 8.7퍼센트가 늘었고, 서구는 같은 기간 11퍼센트가 줄었다. 동구와 남구는 각각 3퍼센트대 인구가 줄었다. 중구는 같은 기간 1.3퍼센트 인구가 주는데 그쳤다.

　인구로 도시의 힘을 판단하는 요즘 중구는 대구에서 가장 성장이 더디다. 그러나 중구를 빼놓고서 대구를 말할 수는 없다. 옛날 달구벌로 불린 대구 역사를 이해하려면 중구를 돌아봐야 한다. 한때 경상도를 총괄하던 경상감영이 있었고, 대구 읍민들이 살았던 대구읍성이

묵은 맛이 장맛이다. 장은 묵어야 맛이고 도시는 익어야 맛이다. 오래된 도시에선 그 도시만의 맛과 향이 배어 나온다.

있었으며, 근대에 들어오고서도 경제와 문화 중심지 역할을 하던 곳은 중구였다. 중구를 알면 대구 절반을 안다는 말이 있을 정도로 중구는 오랫동안 대구 그 자체였다.

여름이면 가장 덥다고 알려진 도시, 해방 직후 좌익세가 가장 강했으나, 지금은 보수 도시로 불리는 곳 대구. 앞으론 근·현대 문화가 가장 잘 어우러져 있고, 골목을 누비기 쉬운 도시로 불러야 할 듯하다. 거리문화시민연대라는 지역단체는 2000년부터 대구 골목 알리기를 해왔다. 지금 그 성과가 드러나 대구 중심가는 책자 하나를 들고 풍성하게 도심여행을 즐길 수 있는 곳이 됐다. KTX에 자전거를 싣고 경상감영과 대구읍성의 흔적을 찾아 떠났다.

동성로, 서성로, 남성로, 북성로는 대구읍성 때문에 생긴 이름

서울역에서 KTX를 타고 동대구역에 내리기까지 채 2시간이 걸리지 않았다. 지루한 장마가 이어지던 7월, 비가 살짝 숨을 머금은 틈을 타서 대구를 찾았다. 아침에 비가 심하게 퍼부어 걱정했지만, 중앙로에 도착하자마자 비가 그쳐 발걸음이 가볍다. 목적지는 경상감영공원과 대구읍성이 있던 곳. 가는 길에 '본영당서점'이란 글자가 대문짝만하게 적힌 건물이 보인다.

본영당서점은 대구를 대표하는 서점 가운데 하나였다. 1990년대 중반까지 반월당역-대구역 구간 중앙로엔 청운서림, 학원서림, 제일서적, 대구서적, 본영당서점 등 토종 대형 서점 다섯 곳을 비롯해 10곳의 토종 서점이 있었다. 그러다 1999년 교보문고, 2003년 영풍문고가 대구에 진출하면서 타격을 받았고, 인터넷서점이 커지면서 하나둘 문을 닫았다. 지금 대구 시내 중앙로에 남은 토종 서점은 한 곳도 없다. 지역에선 토종 문화와 토종 기업이 쓸쓸히 퇴장하는 데 대해 우려하는 목소리가 컸으나 시대 흐름을 뒤집을 순 없었다.

대구 중심가는 북성로, 동성로, 남성로, 서성로에 둘러싸였다. 동

좌_ 1969년 동성로에 세워진 대구백화점은 여전히 대구를 대표한다.
우_ 한때 중구엔 토종 서점이 강력한 힘을 발휘했다. 지금 남은 곳은 한 곳도 없다.

네 이름은 모두 대구읍성 때문에 생겼다. 성 북쪽에 있다고 해서 북성로, 동쪽에 있다고 해서 동성로다. 읍성은 오로지 동 이름에만 남았다. 과거 성이 있던 흔적을 알리는 표지석들이 서 있으나, 왠지 쓸쓸하다. 유일하게 남문인 영남제일관이 복원됐으나 망우공원에 있다. 망우공원은 중구가 아닌 동구에 있는 공원이다. 제자리에 있지 못하고 멀리 다른 공원에 모셔져 있는 영남제일관은 우리에 갇힌 야생동물을 떠올리게 한다.

원래 대구엔 성이 없었다. 임진왜란이 일어나기 직전인 1590년부터 1591년선조 24까지 급히 토성을 쌓았다. 급히 쌓은 성은 오래가지 못했다. 곧바로 임진왜란이 터지면서 1592년 부서졌다. 그로부터 100여 년이 지난 1736년영조 12 석성을 다시 쌓았다. 둘레 2.7킬로미터, 높이 5미터인 성이었다. 안타까운 점은 토성은 왜군들이 부쉈지만, 석성은 조선인이 부쉈다는 점이다. 1906년 읍성은 경북 관찰사 서리였던 박중양에 의해 사라졌다. 일본인들이 오랫동안 바라던 숙원이었다. 당시 대구 상권은 성읍 안과 밖으로 나뉘어 있었고, 안은 조선 상인들 구역이었다. 성 안으로 상권을 넓히기를 원했던 일본 상인들은 성을 허물 것을 오래전부터 요구해왔다. 정부 허가도 받지 않고 독단으로 한 것이었지만, 박중양은 오히려 평남 관찰사로 승진했고, 이어 1908년부터 서리 딱지를 떼고 경북 관찰사가 되었다.

3·1운동 진압을 직접 지휘한 박중양은 일제 치하에서 부귀영화를 누리며 중추원 고문과 귀족원 의원을 지냈다. 조선 식민통치 25년을 기념하여 일제가 펴낸 《조선공훈자명감朝鮮功勳者名鑑》에 '이토 이하 총독부의 대관으로부터 역량·수완이 탁월하다고 인식되고 비상한

때에 진실로 믿을 수 있는 사람은 지사知事급에서는 박중양이다.'라는 기록이 나올 정도다.

300년가량 경상도 관찰사가 머무르던 곳

경상감영공원에 들어선다. 경상감영은 조선 8도 가운데 하나인 경상도를 맡은 관청이다. 처음에는 상주에 있다 1601년선조 34에 대구로 옮겼다. 경상도 중심은 상주에서 대구로 바뀌었다. 300년가량 경상도 대표 도시이던 대구는 1896년고종 33 지방 행정제도가 13도제로 바뀌면서 경상북도 중심지로 강등됐다. 1910년에는 경상북도 청사로 이름이 바뀌었다. 1965년까지 청사로 쓰이다 1966년 청사가 산격동으로 옮기면서 공원이 됐다.

이후 감영 자리는 1970년 중앙공원이 됐다가 1997년 경상감영공원으로 이름이 바뀌었다. 종로초등학교, 무궁화백화점 자리까지 경상감영이었으나, 지금은 남은 곳만 공원으로 꾸며 상당히 소박한 쉼터다. 자전거로 둘러보면 채 5분도 걸리지 않을 정도로 작아 한쪽에 세워두고 천천히 걸었다. 어르신들이 앉아서 세월을 낚고 있다.

공원에 있는 선화당宣化堂은 대구시 유형문화재 1호, 징청각澄淸閣은

좌_ 경상감영공원엔 대구가 경상도를 다스리던 시절 건물이 몇 곳 남아있다.
우_ 수많은 관리가 대구를 거쳐 갔다. 그들은 비석으로 흔적을 남겼다.

2호다. 첫 번째가 지닌 상징성에 비춰본다면 경상감영이 대구에서 어떤 위치인지 짐작할 수 있으리라. 선화당은 관찰사가 일하던 곳, 징청각은 관찰사 숙소였다. 두 곳 다 1601년선조 34에 만들어졌다. 여러 번 불타고서 1807년순조 7에 다시 세워져 지금에 이르고 있다.

감영 입구엔 관풍루가 있었으나 대구읍성이 헐리면서 달성공원으로 옮겨졌다. 지금 관풍루는 1973년에 복원했다. 공원 입구에 있는 '절도사이하개하마節度使以下皆下馬'라는 글자가 쓰인 돌에선 경상감영 위세가 느껴진다. 병마절도사兵馬節度使보다 지위가 낮은 사람은 말에서 내려 감영에 들어오라는 뜻이다. 병마절도사란 도의 병권을 맡은 책임자로 보통 종2품 관인 관찰사가 겸임했다. 이 비석은 원래 관풍루 앞에 서 있다 공원 안으로 옮겨졌다.

공원 한쪽엔 비석이 줄을 맞춰 섰다. 비림碑林이다. 경상 관찰사, 대구 판관을 지낸 사람 29명 치적을 담은 선정비善政碑다. 이런 선정비를 볼 때마다 느끼는 점인데, 자기가 잘한 일을 비석으로 세운다고 했을 때 과연 낯부끄럽지 않았을까. 지금 시청이나 도청 앞에 갔는데, 앞 시장이나 도지사가 잘한 일을 비석으로 세운 걸 본다면 어떤 기분일까. 백성이 스스로 세운다고 해도 부끄러울 듯한데, 이 중 백성들이 앞장서서 세운 게 몇 개나 될까. 선비는 염치를 중요하게 생각한다는데, 이런 비석을 보면 그 말이 말뿐인 것은 아니었는지 고개를 갸우뚱하게 된다.

빚갚기 운동 펼쳐 국가 예산 17퍼센트 거둔 국채보상운동

오랜 역사를 살펴볼 때 대구를 보수 도시라고 쉽게 판단하는 것은 곤란하다. 2·28의거와 국채 보상운동을 기억해야 한다. 경상감영공원에서 10분쯤 자전거를 달렸을까, 2·28 기념 중앙공원과 국채보상운동기념공원이 나온다.

'더운 도시'로 불리는 대구다. 여기에도 찬바람은 분다. 국채보상운동기념공원 숲길이 시원하다.

1960년 2월 28일 대구에서 고등학생들은 자유당 정권에 항의하는 시위를 일으켰다. 이날은 일요일이었으나 민주당 정·부통령 후보인 장면 박사가 유세하기로 한 날이었다. 학생들이 유세장에 갈 것을 우려한 당국은 학생들에게 등교 지시를 내렸고, 2월 28일 오후 1시 학생 800여 명이 대구 중심가인 반월당에서 도청으로 걸어가면서 자유당 정권을 규탄했다. 학계에서는 3·15마산의거와 4·19혁명의 도화선이 됐다고 평가하니 의미가 크다. 전후 학생운동의 효시이기도 하나, 3·15마산의거와 4·19혁명에 가려져 거의 알려지지 않았다.

최근 들어 조금씩 재평가를 받고 있다. 2000년 40주년 기념식에 참석한 김대중 대통령은 '대한민국 민주화 운동 효시는 2·28의거'라고 밝혔다. 2004년엔 2·28 기념 중앙공원이 문을 열었다. 원래는 대구 중앙초등학교였던 곳이다. 2009년 12월에는 2·28의거를 민주화운동으로 인정하는 법이 국회를 통과했다. 2010년 2·28의거는 50주년을 맞았다. 앞으로 교과서를 비롯한 각종 자료에 달라진 2·

28의거 관련 내용이 실린다니 살펴볼 일이다.

2·28의거가 해방 후 대구를 대표하는 운동이라면 해방 전을 대표하는 운동은 국채보상운동이다. 일제가 우리나라를 야금야금 집어삼키던 대한제국 말기인 1907년 1월 29일 대구 지역 계몽단체인 대구광문회 회장 김광제에서 서상돈이 나랏빚을 갚자고 제의했다. 일본 차관 1,300만 원을 갚아 국권과 국토를 지키자는 게 운동 취지였다. 2월 21일 북후정에서 국채보상대구군민대회가 열리면서 나랏빚 갚기에 전 국민이 나서게 됐다.

외채는 당시 정부 예산인 1,320만 원과 맞먹었다. 게다가 정부는 세입 1,320만 원, 세출 1,400만 원으로 80만 원 가까이 적자인 상태라 빚을 갚기란 불가능했다. 당시 정부가 이 정도로 심각한 상황이라는 것은 거의 알려지지 않았다. 소식이 신문을 통해 알려지자 전 국민은 비분강개했다. 젊거나 나이 든 사람을 가리지 않고 술 파는 노파, 불구 거지 아이, 제기 차는 아이들까지 참여했다고 당시 기록은 전한다. 운동이 점점 달아오를 무렵 고종 황제가 보상운동에 참여하면서 큰불이 붙었다. 5월까지 채 3개월이 안 되는 기간에 보상금을 낸 사람이 4만여 명, 금액은 230만 원에 달했다. 국가 예산의 17.4

좌_ 3·15마산의거 이전에 2·28의거가 있었다. 4·19혁명의 도화선이 된 사건이다.
우_ 1907년 서상돈이 나랏빚을 갚자고 제의했다. 대한제국 경제독립을 위한 운동이었다. 대구 사람들은 국채보상운동 기념공원에 서상돈조형물을 세워 그를 기린다.

퍼센트를 불과 3개월여 만에 국민 성금으로 거뒀으니 일제가 화들짝 놀란 것은 당연한 일. 일제가 국채보상운동을 반일운동으로 규정하고, 국채보상기성회 총무이던 양기탁을 의연금 횡령이라는 누명을 씌워 체포하면서 운동은 점차 힘을 잃었다. 국채보상운동기념사업회에 따르면 당시 모인 돈은 국채보상금처리회 회장 유길준가 교육사업에 쓰기로 결의하면서 이후 민립대학 설립운동의 재정 기초가 됐다.

여성 국채보상운동도 대구가 처음으로, 공원엔 여성 국채보상운동 기념물이 세워져 있다. 안타까운 점은 당시 여성들 이름은 없다는 점이다. '정운갑 모 서씨', '서병규 처 정씨', '정운하 처 김씨' 등일 뿐이다. 여성이 앞장서 운동에 나섰으나 남편과 아들 이름만 나올 뿐 정작 당사자 이름은 없다. 여성 지위가 얼마나 낮았는지, 이와 같은 일에도 이름을 내밀 수가 없었다. 100년이란 시간 동안 여성 지위가 어떻게 바뀌었는지 기념물을 보면서 생각했다.

350여 년 약령시가 이어져 내려온 곳

대구를 대표하는 곳 가운데 하나가 대구약령시 한방특구, 이곳 말로 약전골목이다. 1601년에 경상감영이 설치되고 50여 년 후 근처에 약령시가 생겼으니 역사가 350여 년이 넘는다. 경상감영이 헐리고 지금 자리 남성로로 옮겨온 뒤로만 따

중구 한방특구에 가면 약 냄새가 진동한다.

져도 100여 년이다. 한약 관련 업소 350여 곳이 몰려 있는 약령시에는 은은한 약 냄새가 풍긴다. 약탕기 상징물도 자주 보여 약초를 다루는 곳임을 대번에 알 수 있다. 한 다방은 '약차전문점'이라고 간판을 달았다. 연기가 나는 찻잔이 그려져 있는데, 잔 속엔 진한 탕약이 들어 있을 것 같다.

약령시 가운데는 약령시 한의약문화관이다. 과거 약령시 재현 공간, 인물 소개, 약초 유래, 역사의 거리 등 볼거리가 많았다. 약초 잎을 잘 말려서 벽에 전시한 게 인상적이었다. 문화관 안엔 체지방, 혈압 등을 잴 수 있는 기계가 있어 슬쩍 몸을 맡겼다. 모니터로 약초에 얽힌 이야기를 들을 수도 있었는데, 할아버지에게 옛날이야기 듣는 것처럼 재미있었다.

흥미로운 인물은 이육사1904~44였다. 안동에서 태어난 이육사는 1920년부터 1937년까지 17년 동안 약령시 근처에서 살았다. 약전골목 석재 서병오 선생 아래서 한약 심부름을 하면서 시서화를 배웠다니, 이육사와 약령시는 꽤 인연이 깊은 셈이다. 이육사는 조선일보 대구지국 기자 생활1929~37을 하면서 약령시에 관해 기사와 평론을 여러 편 썼다. 1932년 1월 네 차례에 걸쳐 〈대구의 자랑·약령시 유래〉라는 평론을 실었다. 〈광야〉와 〈청포도〉라는 시를 쓴 항일 시인으로만 알았는데, 시인의 새로운 모습을 엿본 듯해 흥미로웠다.

조선시대 역사도 역사지만 근대 건축물도 중구엔 가득하다. 중구는 아예 '근대 골목길 여행 코스'를 만들어놨다. 입구엔 '근대로의 여행'이라는 표지석이 서 있고, 옆엔 친절하게 지도를 그렸다. 시인 이상화가 말년1939~43을 보낸 고택을 비롯해 국채보상운동의 주역

중구는 찬란한 역사를 낳았다. 근대 역사도 빼놓을 수 없다. 일제강점기 시절 대구 역사를 알려면 반드시 중구를 봐야 한다.

서상돈과 서예가 박기돈의 고택, 선교사 스위츠와 챔니스, 블레어의 주택, 계산성당과 제일교회, 3·1운동길 등 골목길 전체가 문화유적지다. 굳이 어디라고 콕 찍을 필요 없이 그냥 다니다 보면 광복 전 그때를 만나게 된다. 이상정 장군1897~1947 고택도 여기에 있다. 시인 이상화의 형인 그는 광복 때까지 중국에서 독립군을 이끌었다. 대구 최초 서양화가이기도 했다니, 항일정신이 투철했던 형제는 예술감각도 남달랐다.

서성로 쪽에는 이상화 생가터, 이상화의 백부 이일우 고택, 시인 이장희 생가, 이장희의 부친 이병학 고택, 일제 신사 등이 있다. 한 동네에 모여 산 이들의 관계를 더듬어보는 것도 재미있다. 이장희는 친구가 매우 적었는데 그 중 한 명이 이상화였다. 아버지와는 매우 사이가 나빴다. 아버지 이병학은 대구 부호로 조선총독부 중추원 참

의까지 지냈다. 생모가 일찍 세상을 떠나 계모 밑에서 자랐다. 아버지가 총독부 관리 자리를 주겠다 했으나 거절하고, 아버지가 주는 도움도 거절했다. 부귀영화를 누릴 수 있었으나 가난하게 살다 1929년 11월 음독자살했다. 시인의 고집이 놀랍기만 하다. 두류공원에 이장희 시비가 세워져 있다.

북성로 쪽에는 근대 건축물인 타미무라서점지금 미원회초밥, 야마구찌도자기점, 모나미다방지금 낙원식당, 삼미여관, 경산여인숙을 비롯해 대구 최초 대중목욕탕인 조일탕이 있으니, 대구읍성 터 일대는 살아있는 역사박물관인 셈이다.

신천으로 돌아온 수달에서 동구의 희망을 보다

후덥지근한 날씨 속에 6시간 넘게 걷다 보니 물이 보고 싶다. 신천으로 발길을 돌린다. 신천에는 천연기념물 제330호며 환경부 멸종위기 1급으로 지정된 수달이 산다. 일본에서는 이미 수달이 사라졌으며, '야생 동·식물의 국제 거래에 관한 협약CITES'과 '국제자연보존연맹IUCN'이 멸종 위기종 중 가장 먼저 지켜야 할 종으로 정했다. 수달은 생태계 최상층으로서 생태계 건강 여부를 알 수 있는 지표가

좌_ 대구제일교회 벽을 담쟁이풀이 뒤덮었다. 1898년부터 역사가 시작되는 유서깊은 교회다.
우_ 이상화 고택과 서상돈 고택이 붙어 있다. 한 지역에 걸출한 인물들이 모여 산 게 놀랍기만 하다.

된다. 대구시에 따르면 신천에서 수달이 처음 발견된 것은 2005년으로, 발견 당시 4마리이던 수달은 2006년 들어 16마리로 늘었다.

　수달이 다시 는다는 것은 희망을 품을 만한 일이다. 수달은 다른 야생동물과 달리 인간 가까이에서 산다. 도심이라도 잘만 가꾸면 야생동물과 더불어 살 수 있음을 수달은 보여준다. 중구와 같은 옛 도시 또한 가치를 지키며 신도시와 더불어 살 수 있을 것이다. 수달이 뒤늦게 가치를 인정받은 것처럼 대구 원형을 고스란히 보존한 중구 또한 그럴 수 있을 것이다.

신천을 거닐다 노랗게 잘 익은 꽃에 발길이 머물렀다. 꽃은 눈을 붙드는 힘이 있다.

자전거로 달리고, 카메라에 담다

굽이굽이, 골목골목, 어디든 함께한 자전거

바퀴 크기 16인치40.64센티미터면 족했다. 작은 크기에 느린 속도. 2~3초면 접히는 자전거를 타고 전국 도시를 누볐다. 2008년 10월 12일 내 품에 들어온 자전거는 신품 같은 중고였다. 가뿐하게 주행거리 1,000킬로미터를 넘기더니 이제 6,000킬로미터가 가까워져 온다.

많이 다녔다. 자전거는 내 발이었다. 자전거를 타고 세상을 누볐다. 작은 자전거는 좁은 길, 구부러진 길, 숨겨진 길로 나를 이끌었다. 오르막에선 끌고 내리막에선 탔다. 서울은 물론이거니와 강원도, 경상도, 충청도, 전라도, 심지어 제주도까지 함께 했다.

자전거만으로 다닌 건 아니었다. 친구가 있었다. 바로 대중교통. 제주도에 갈 때는 접어서 비행기에 태웠고, 육지 먼 거리를 갈 때는 기차나 버스에 태웠다. 전철은 수시로 탔다. 때때로 택시 짐칸이나 뒷좌석에 싣기도 했다.

물론 가끔 '딴지'를 거는 이들도 있었다. 강화도에 갈 때는 버스

기사님이 승차거부를 했다. 몇 달 전 짐칸에 실은 산악자전거MTB에 흠집이 나 꽤 많은 돈을 물어줬기 때문이다. 워낙 비싼 자전거라 작은 흠을 고치는 데도 적잖은 돈이 들었다며 기사님은 손사래를 쳤다. 비싼 자전거가 아니고, 정 안되면 안고 탈 수도 있다고 했지만 이미 호되게 당한 기사님은 회사방침을 들며 완강한 태도를 보였다.

시내버스 기사님 중에도 있었다. 차를 차에 태우는 법이 어디 있느냐며. '자전거가 차'라는 점을 안다는 게 반갑기도 했지만, 태우고서도 씁쓸한 기분이었던 기억을 잊지 못한다.

자전거를 타고 다니다 보면 종종 타이어가 펑크 날 때가 있다. 대부분 시내 쪽에서 펑크가 나 그다지 어렵지 않게 자전거포에서 고칠 수 있었다.

작은 자전거라 속도가 느린 단점은 곧 도시여행에선 장점이었다. 느리니 그만큼 찬찬히 보고 많이 볼 수 있었다. 웬만하면 옆길로 새고 많이 보자는 여행 목적과도 잘 들어맞았다. 작고 귀여운 자전거라서 사람들이 친근감을 느끼는 것은 큰 장점이었다. 자연스레 사람들이 말을 걸어왔고, 아이들은 '태워 달라'라고 조르며 사진모델이 돼 주었다.

긴 거리를 달리며 이제 자전거도 많이 늙었다. 바퀴는 이미 한 차례 갈았는데도 어느새 또 갈 때가 됐다. 접이식 핸들은 몸통에서 '슬슬' 빠지며, 몸통 접히는 부분은 빡빡하다. 위쪽 이음매 부분은 가끔 접을 때 '쑥' 빠진다. 브레이크 패드는 갈아야 한다는 진단을 받았다. 다 주인 때문이다. 그래도 이렇게 많은 곳을 구경시켜준 주인이 어디 있을까 자위해본다. 부품이야 갈면서 앞으로도 계속 탈 수 있다고 생각한다. 같이 늙어가고 싶다. 잔뜩 흠이 난 자전거 몸통을 보면서 자전거와 함께 달린 그 장소, 그 골목들을 떠올리고 싶다. 그때쯤 되면 과연 이 자전거 거리속도계엔 몇 킬로미터가 찍혀 있을까?

도시의 숨겨진 이야기를 담아내는 카메라

컴퓨터 여행 폴더 안엔 지역별로 하위 폴더가 만들어져 있다. 지자체별 폴더는 47개다. 서울을 클릭하면 동 이름 폴더가 펼쳐진다. 대략 150개다. 자전거로 누비고 두 눈으로 확인한 흔적은 고스란히 사진에 담긴다. 카메라는 내 여행을 증명하는 가장 훌륭한 친구다. 찍힌 사진을 보면서 내가 다녀온 동네의 길 모양과 지붕 모습, 동네 사람들 표정과 꽃냄새를 떠올린다.

아쉽게도 몇 차례 컴퓨터 도난과 고장으로 2005년 이전 사진은 모두 사라져버렸다. 사라진 사진 속 장소를 다시 못갈 수도 있고, 애써 찾았다 해도 그 모습이 아닐 수도 있다. 때로는
잊고 잊히는 것도 자연스러운 게 아닐까 생각하며 스스로 위안한다.

기록에 중점을 뒀기에 손에 '쏙' 들어오는 작은 카메라만 들고 다니다 DSLR 카메라를 산 게 2007년 12월이었다. 캐논 EOS 400D 몸통에 탐론렌즈를 달았다. 카메라에 대한 안목이 유치원 수준인 내게 사진을 아는 주위 사람들이 남대문시장에 가서 직접 골라준 제품이었다. 그 뒤부터 카메라는 내 동행이 됐다. 둘러볼 곳에 도착하면 카메라는 언제든지 세상을 담을 준비를 했다. 눈비 오는 날, 바람 부는 날 상관없이 자전거를 탄 것처럼 카메라도 마찬가지였다.

날씨에 상관없이 다니다 보니 비를 맞을 때가 종종 있었다. 어느 지역은 도착한 날 온종일 비가 내렸다. 한 손엔 우산을 들고 한 손엔 카메라를 들고 다녔다. 대낮에도 잔뜩 어둠이 내린 날씨에 제대로 사진을 찍을 능력이 없었다. 며칠 뒤 다시 찾았다. 그날도 비가 내렸다. 그렇게 그 지역 사진은 비 오는 풍경으로만 남았다.

어느 지역에선 내내 화창하다가 정작 중요한 지점에서 비가 내려 애를 먹은 적이 있다. 아주 오래된 이발소에 들어갔을 때였다. 이발소 내부는 세월이 고스란히 담겨 있었다. 비를 막으려고 비닐로 꽁꽁 둘러싼 카메라를 꺼냈다. 헉! 전원을 켰으나 보이는 건 뿌연 안개뿐. 10분이 지나고 20분이 지나고 30분이 지나도 상태는 나아지지 않았다. 사진관에 가도 나아지지 않던 상태는 결국 이튿날이 돼서야 정상으로 돌아왔다. 공교롭게도 두 군데 이발소에서 모두 그런 현상이 일어났다. 밖은 추웠고, 이발소 실내는 따뜻했기에 일어난 현상이었다.

당혹스러웠던 순간은 또 있다. 여행지에 도착해서 카메라 전원을 켰는데 '카드가 없습니다.'라는 메시지가 뜰 때다. 전날 메모리카드를 컴퓨터에 끼워놓은 상태로 빼지 않은 것이다. 어쩔 수 없이 새 카드를 사야만 했다. 한 번은 쓸 수 없는 카드를 선물 받아 난감했던 기억도 있다. 배터리를 충전기에 꽂아놓고 집을 떠나 난감했던 기억도 있다. 당시는 아찔했지만 돌이켜보면 아련한 추억이다.

얼마 전 함께 여행한 선배가 꺼낸 10년 된 카메라를 봤다. 카메라는 여전히 현역이었다. 내 카메라 또한 그러고 싶다. 같이 정들고 늙어가며 이런저런 세상 같이 놀러다니자 말해야겠다.